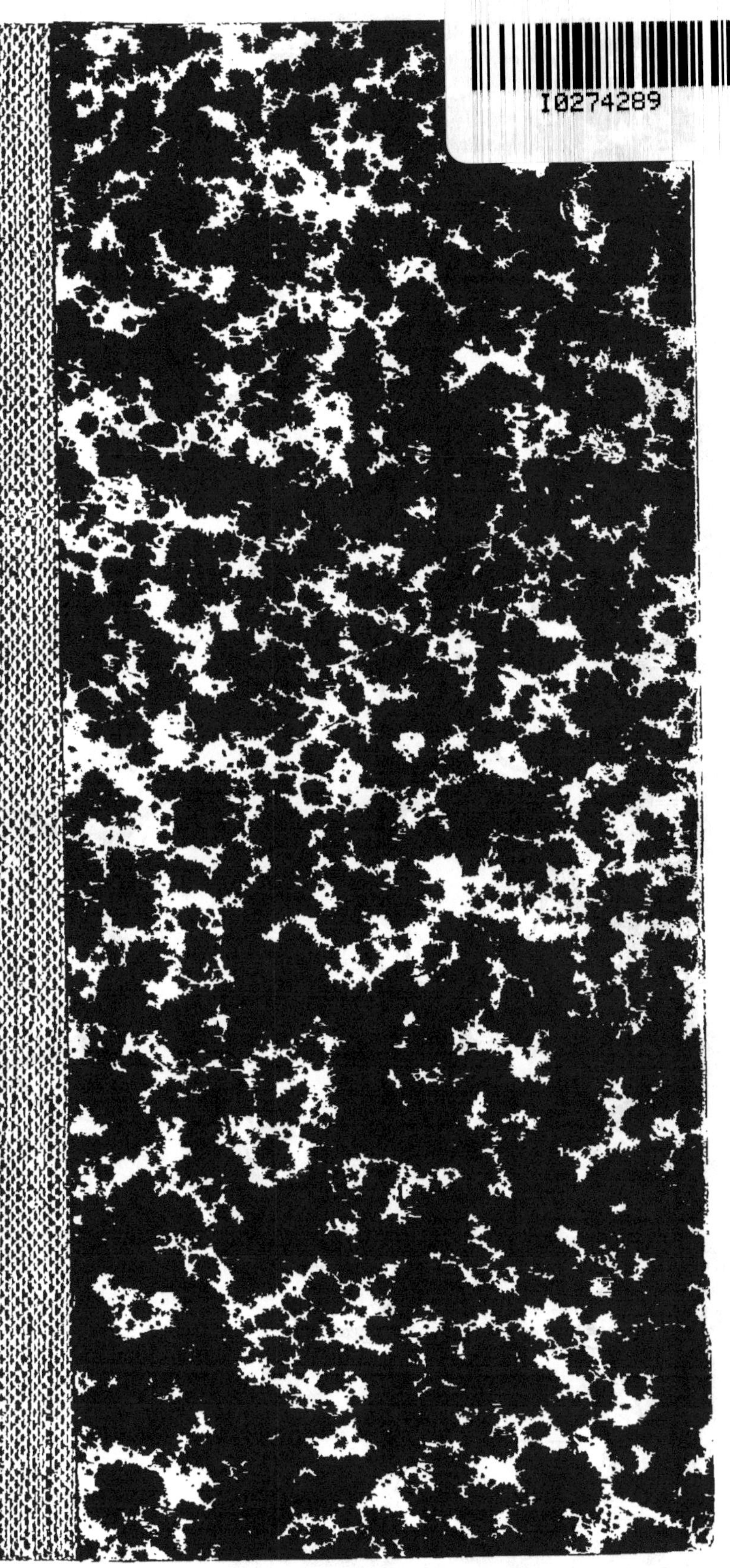

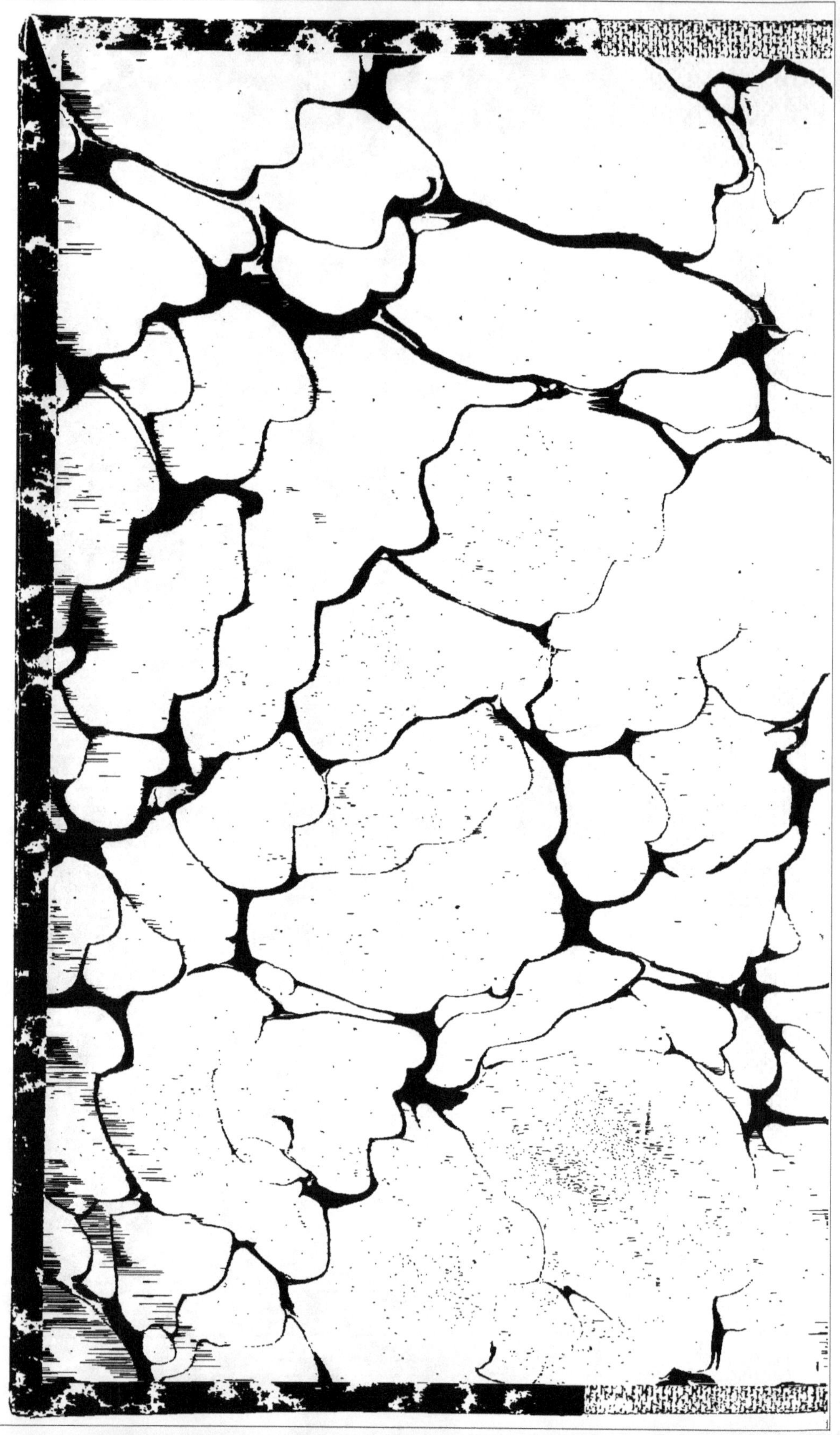

DOCUMENTS MILITAIRES DU LIEUTENANT GÉNÉRAL
DE CAMPREDON

DÉFENSE DE DANTZIG

EN 1813

JOURNAL DE SIÉGE
JOURNAL PERSONNEL ET NOTES
DU GÉNÉRAL DE DIVISION DE CAMPREDON
COMMANDANT LE GÉNIE DU Xe CORPS
LETTRES DIVERSES

ANNOTÉS ET PUBLIÉS PAR CHARLES AURIOL

PARIS
LIBRAIRIE PLON
E. PLON, NOURRIT ET Cie, IMPRIMEURS-ÉDITEURS
RUE GARANCIÈRE, 10

1888

DÉFENSE DE DANTZIG

EN 1813

PRÉCÉDÉE DE LA

RETRAITE DU Xe CORPS DE LA GRANDE ARMÉE

DE LA DWINA SUR DANTZIG

DU MÊME :

Pour paraître prochainement :

LA DÉFENSE DU VAR

CAMPAGNE DE L'AN VIII

(1800)

PARIS. TYP. DE E. PLON, NOURRIT ET Cie, RUE GARANCIÈRE, 8.

DOCUMENTS MILITAIRES DU LIEUTENANT GÉNÉRAL
DE CAMPREDON

DÉFENSE DE DANTZIG

EN 1813

JOURNAL DE SIÉGE
JOURNAL PERSONNEL ET NOTES
DU GÉNÉRAL DE DIVISION DE CAMPREDON
COMMANDANT LE GÉNIE DU Xe CORPS
LETTRES DIVERSES

ANNOTÉS ET PUBLIÉS PAR CHARLES AURIOL

PARIS
LIBRAIRIE PLON
E. PLON, NOURRIT ET Cie, IMPRIMEURS-ÉDITEURS
RUE GARANCIÈRE, 10

1888

ÉTATS DE SERVICE

Du Général de division du génie

Baron Jacques-David Martin de Campredon

Né le 15 janvier 1761 à Montpellier,
Département de l'Hérault

NOMINATIONS

Sous-lieutenant à l'École royale du génie, 1er janvier 1780.

Reçu ingénieur, lieutenant en second, le 1er janvier 1782 (1).

Lieutenant en premier, le 15 avril 1785.

Capitaine, le 1er avril 1791.

Chef de bataillon, 7 brumaire an IV, 29 octobre 1795.

Sous-directeur des fortifications, 27 décembre 1795.

SERVICES

Aide-de-camp du général **Légier**, 25 juillet 1791.

Aide-de-camp du général **Beylié**, août 1792.

Aide-de-camp du général en chef **Servan**, 23 mars 1793.

Employé à **Cette**, à la défense des côtes, 1er mai 1793.

Professeur à **l'Ecole Polytechnique**, 31 octobre 1794.

Campagne d'Italie.

Attaché à la 2e brigade du génie. Siège de **Mantoue**.

Après la levée du siège il prend part à la bataille de **Solférino** avec la division Serrurier, qui

(1) Choisi pour être attaché à la maison des princes, comme sa qualité de protestant exigeait qu'il se fît naturaliser Suisse, il ne put se décider à sacrifier sa nationalité.

enfonça le centre des Autrichiens et les força à la retraite dans le Tyrol.

Chargé de la direction des travaux des places de la **Lombardie** et de la construction des têtes de pont.

Prise du château de **Bergame** où il commandait les troupes.

Expédition d'Autriche. Chef d'état-major du génie de l'armée d'Italie, mars 1797. **Passage du Tagliamento**, 14 mars 1797, attaque de **Palmanova**.

Prise de **Gradisca** où il guida les troupes de la division Serrurier.

Expédition de Rome. Commandant en chef le génie.

Envoyé à l'armée **d'Angleterre.**

Campagne d'Italie.

Repris les fonctions de chef d'état-major, 18 octobre 1798.

S'est trouvé à toutes les grandes actions, notamment aux **batailles des 6 et 16 germinal, 8, 23 et 27 floréal, 2 messidor an** VII. A dirigé l'attaque de **Ceva**, organisé **le passage des Apennins**.

Nommé général de brigade par le général en chef Championnet, sur le champ de bataille de Fossano, 4 novembre 1799, 13 brumaire an VIII.

Commandant en chef le génie de l'armée d'Italie, 15 juillet 1791.

Présent à toutes les affaires autour de **Coni** et à la bataille de **Fossano**.

Membre du comité central du génie, 22 novembre 1799.

Renvoyé à l'armée d'Italie, 16 janvier 1800.

Commandant en chef le génie du corps du général Suchet.

Chargé des dispositions défensives sur le **Var**.

Défense du Var. Dirigé l'attaque de **Savone**.

Confirmé dans ce grade par le Gouvernement, 14 ventose an VIII, 5 mars 1800.

Directeur des fortifications, 7 germinal an VIII, 29 mars 1800.

Employé à la mise en état des places de la **République Cisalpine**. Organisation du génie italien. Route du **Mont Genèvre**. Création de la place de **Rocca d'Anfo**.

Inspecteur général, 3 frimaire an X, 26 novembre 1801.

Membre de la Légion d'honneur, 11 décembre 1803.

Commandeur, 25 prairal an XII, 14 juin 1804.

Commandant le génie de l'armée d'**Italie**.

Chargé de la défense des côtes de la Méditerranée. Fortifications de **l'Isle d'Elbe**.

Expédition d'Angleterre. Appelé au commandement du génie du **camp de Saint-Omer** (Boulogne), 20 mars 1805.

Armée d'Italie. Renvoyé précipitamment pour défendre **Mantoue** pendant la campagne d'Austerlitz, 27 août 1805.

Armée de Naples. Commandant en chef le génie, 15 janvier 1806.

Sièges **d'Amantea, de Coltrone, de Civitella del Tronto**. **Siége de Gaëte**, dont il dirige en personne les attaques. Capitulation le 14 juillet 1806.

Général de division, 14 août 1806.

Commandant en chef le génie français et le génie napolitain, 27 août 1806.

Passé au service du royaume de Naples.

Directeur des ponts et chaussées et premier inspecteur génie du royaume des Deux-Siciles.

Grand dignitaire des Deux-Siciles, 19 mai 1808.

Ministre de la guerre et de la marine. Prise de **l'Isle de Capri**, défense des côtes du royaume contre la descente des Anglais, 1809.

Campagne **de Calabre** pour passer en Sicile, 1810.

Réintégré au corps du génie français, 10 janvier 1812.

Grande-armée. Commandant en chef le génie du 10e corps. **Campagne de Russie**. Gouverneur général de la **Courlande**. Désigné pour diriger le siège de **Riga**. Retraite **1812**. Commandant en chef le génie à la défense de **Dantzig** en **1813**. Prisonnier le 2 janvier **1814**. Rentré en France en juin **1814**.

Chevalier de Saint-Louis ou du Mérite militaire.

Grand officier de la Légion d'honneur, 29 juillet 1814.

Inspecteur général.

Inspection générale.

Admis à faire valoir ses droits à la retraite, en vertu de l'ordonnance du Roi, du 1er août 1815.

Membre du conseil de perfectionnement de l'École Polytechnique et du jury d'admission 1816.

Inspecteur général des écoles militaires, le 5 août 1818.

Commandeur de l'ordre de St-Louis ou du Mérite militaire, le 20 août 1823.

Grand croix, le 3 novembre 1827.

Démissionnaire des fonctions d'inspecteur général, 2 août 1831.

Remis dans le cadre de réserve de l'état-major général 7 février 1831.

Pair de France, 1er septembre 1835.

Mort, le 11 avril 1837.

Nom inscrit sur la face sud de l'arc de triomphe de l'Étoile.

Centjours. Inspection des places plus fortes de la frontière du Nord. Défense de la ligne de la Marne.

Rapport qui contribua à faire maintenir l'École Polytechnique dont la suppression était proposée (1).

(1) Sur ce rapport, qui fut distribué aux Chambres, le général de Campredon fut désigné comme directeur de l'École. Ayant fait choix de M. Guizot comme professeur d'histoire et de belles-lettres, il ne put le faire agréer par Monsieur Lainé, ministre de l'intérieur, qui opposa la religion du candidat. Le général comprit que l'on ignorait qu'il fut lui-même protestant. Il crut devoir, avant sa nomination officielle, en informer le ministre, qui lui demanda en effet de résigner ses fonctions.

PRÉFACE

L'heure semble passée d'écrire l'histoire en périodes sonores qui, plus d'une fois, peignent les événements sous un jour d'emprunt, les défigurent inconsciemment et les montrent à la postérité tout autres qu'ils n'étaient aux yeux des contemporains. Un public d'élite recherche, en toutes choses, les sources. Dans tous les ordres d'idées, lettres, notes, journaux, mémoires sont mis au jour et rectifient mille notions fausses reçues avec le temps comme vraies. En matière d'histoire militaire surtout, l'on tend à exhumer tout ce qui se rapporte aux époques de nos grandes guerres, tout ce qui concerne le temps où nous enseignions aux autres à se battre.

Le chercheur y trouve de quoi satisfaire sa légitime curiosité, l'écrivain de quoi fixer certains points d'histoire, tandis que le soldat puise dans le passé un enseignement pour l'avenir. C'est ainsi que la correspondance de plusieurs généraux du premier Empire vient de voir le jour : à ce même ordre de documents se rattachent les pages que nous présentons au public. Ce sont, en majeure partie, les notes mêmes. prises un jour de combat, à bâtons rompus, ou les appréciations écrites au lendemain des faits, par le lieutenant général du génie de Campredon, pair de France, qui, de 1790 à 1837, fut sans interruption mêlé aux grands événements de l'époque.

C'est donc à ceux-là seuls qui ne craignent pas d'aller trouver le fait, malgré la forme un peu abrupte, à ceux qui demandent aux documents originaux de quoi réédifier certains épisodes oubliés, à ceux enfin qui recherchent dans le passé l'analogie avec le présent pour se faire une expérience, que nous entendons nous adresser [1].

Les épisodes de l'histoire, comme toutes les

1. Le fond de cette publication est constitué par le journal de siège et par le journal personnel que tenait au jour le jour le commandant en chef du génie de la défense. Nous y avons ajouté des notes ou appréciations écrites de sa main à la fin des opérations. Ce dernier ordre de documents tient une plus grande place dans le chapitre relatif au blocus, parce que le journal fut en partie brûlé pendant le bombardement et ne fut refais que dans ses grandes lignes.

Quelques lettres de l'Empereur, du major général Berthier prince de Neufchâtel, du général Rapp, gouverneur de Dantzig, et du duc de Wurtemberg, commandant l'armée russe, complètent, avec quelques renseignements empruntés aux rapports de différentes armes ou aux témoins oculaires, l'ensemble de la relation du siège.

La retraite de la Dwina sur Dantzig, que nous avons cru devoir donner comme prologue, est surtout racontée par les lettres du maréchal Macdonald actions de l'homme, ont, à l'égard de la postérité, leur mauvaise chance. Quelques-uns, riches en résultats en même temps que glorieux, attirent tous les regards, tandis que d'autres, plus héroïques souvent, restent dans l'ombre.

Chacun se plaît à lire et à relire le récit des batailles de Marengo, d'Austerlitz ou d'Iéna; combien peu s'attardent volontiers aux efforts plus étonnants encore des dernières années de l'Empire. L'esprit se complaît au récit de nos triomphes et se dérobe là où le malheur vient marquer de son sceau la victoire elle-même.

Parmi les brillants faits d'armes qui se pressent en 1813 et 1814, la longue défense de Dantzig par le 10e corps de l'armée française n'est pas un des moins remarquables. Souvent cité par les historiens, il est cependant peu connu dans ses détails.

Ressusciter un ensemble de documents de nature à en reconstituer l'historique ne nous a pas paru sans intérêt et même sans utilité. N'est-il pas bon, par ce temps de vie facile, de faire revivre les vertus guerrières, qui sont l'honneur de notre race, de mesurer, à ce que furent nos pères, ce que nous devrons, l'heure venue, savoir être nous-mêmes ?

En recherchant ce qui concernait le siège de

Dantzig, nous avons mis la main sur un ensemble de documents inédits qui racontent avec assez de suite la marche du 10e corps de la Grande-armée, de la Dwina sur Dantzig. Nous les donnons comme prologue à la defense.

Si la retraite, dont les lettres qui suivent peignent à certains moments le désarroi, produit une impression pénible sur nos cœurs de Français, rappelons-nous que les mêmes hommes que nous allons voir reculer à la hâte vont s'illustrer par l'une des plus vigoureuses défenses dont l'histoire fasse mention; rappelons-nous aussi qu'à ces heures désastreuses succédèrent les belles victoires de Lutzen et de Bautzen. Si la politique qui dirigeait alors nos affaires avait été aussi prudente qu'était grand le génie militaire qui dirigeait nos armées, tous nos malheurs de 1812 eussent été réparés et ce qui fut 1814 et 1815 eût été rayé de l'histoire.

C. A.

Nota. — Ces documents nous ont été communiqués par M. Louis des Hours, petit-fils du général, baron de Campredon, dont la descendance mâle est éteinte.

DÉFENSE DE DANTZIG
En 1813

I

AVANT LE BLOCUS[1]

RETRAITE DU 10e CORPS DE LA GRANDE-ARMÉE DE LA DWINA SUR DANTZIG.

Nous sommes en décembre 1812. La retraite de Russie s'achève. La Grande-armée, sortie victorieuse de Moscou pour marcher vers le sud à la poursuite d'un insaisissable ennemi, a dû transformer sa marche offensive en retraite, calme d'abord, bientôt désastreuse. Par un froid de 21° au dessous de zéro, elle s'est égrenée le long des routes, vaincue non par les armes, mais par la nature même. Une foule débandée, sans consistance, mélange confus de toutes les nationalités, court passer le Niémen, là même où triomphalement défilait, six mois avant, une armée compacte

1. Nous donnons en gros caractères tout ce qui est citation textuelle de documents authentiques et en petits caractères les renseignements que nous avons puisés à diverses sources, mais avant tout chez des témoins oculaires.

En tête du journal et des lettres du général de Campredon, nous ne mettons pas de titre spécial. En tête des lettres écrites par d'autres que par lui, nous mettons le nom de l'expéditeur et le nom du destinataire.

Nous maintenons l'orthographe des noms propres telle qu'elle est dans les documents eux-mêmes.

de 420.000 hommes, la plus forte que l'on eût jusque-là réunie. Napoléon, pour se montrer vivant à la France avant que l'étendue de nos désastres n'y soit connue, a quitté l'armée le 5 décembre à Smorgoni, laissant le commandement à Murat. L'État-major général, privé de son chef suprême, a renoncé à résister autour de Wilna et cherche à regagner, à Kowno, la ligne du Niémen qu'il espère encore défendre. De là, il pourra se lier, à droite, au corps autrichien de Schwartzenberg, qui n'a pas été sérieusement engagé, et à gauche, à celui du maréchal Macdonald, duc de Tarente, qui n'a pas encore pu être entamé par les Russes.

Le duc de Tarente croit la Grande-armée occupée à exécuter une dernière manœuvre avant de prendre ses quartiers d'hiver. Fidèle à sa mission, il garde la Dwina et prépare le siège de Riga, sans se douter du danger qu'il court, resté seul sur cette ligne avancée.

« Je suis très impatient de recevoir des lettres de Wilna », écrit, le 9 décembre, de Mittau, le général de division de Campredon, commandant en chef le génie du 10me corps, désigné pour diriger le siège projeté de Riga et chargé, depuis le commencement de la campagne, du gouvernement général de la Courlande. « Je présume que le général Chasseloup [1] s'y trouve depuis peu de jours. Nous saurons peut-être quelque chose de Victor [2] et de Maureillan [3], dont je n'ai pas de lettres depuis près de quatre mois. »

1. Commandant le génie de la Grande-armée.

2. Victor de Campredon, frère du général qui écrit ces lignes, commandait en chef le génie du 3e corps, sous Ney.

3. De Poitevin de Maureillan, beau-frère du général de Campredon, commandait en chef le génie du 4e corps, sous le prince Eugène.

A cette date même, le 9, part de Wilna l'ordre de retraite.

Le major général Berthier, prince de Neufchâtel, au maréchal Macdonald, duc de Tarente.

Wilna, le 9 décembre 1812.

Monsieur le duc de Tarente,

L'armée est en ce moment à Wilna, mais tout porte à penser que Sa Majesté va se déterminer à lui faire repasser le Niémen pour prendre ses quartiers d'hiver sur ce fleuve. Ce mouvement exige que vous manœuvriez en conséquence avec votre corps d'armée, afin de vous mettre en harmonie avec nous dans la nouvelle ligne que nous prendrons sur la rive gauche du Niémen. L'intention de Sa Majesté est donc, Monsieur le Maréchal, que vous vous rapprochiez de votre nouvelle ligne d'opération en vous approchant de Tilsit, afin de couvrir Kœnigsberg et Dantzig ; mais Sa Majesté me charge de vous faire connaître qu'il faut que votre mouvement se fasse le plus lentement possible à moins d'y être forcé par ceux de l'ennemi.

L'armée va se porter sur Kowno, qu'elle conservera comme tête de pont, et c'est sur ce point que vous nous ferez parvenir vos rapports. Donnez-nous de vos nouvelles le plus souvent qu'il vous sera possible.

Le prince de Neufchâtel, major général,
ALEXANDRE.

Remarquons que la lettre du major général est écrite comme si l'Empereur était présent; rien n'y transpire du désarroi de l'armée; l'ordre est donné comme pour un mouvement volontaire et prévu, dont le but serait de prendre des quartiers d'hiver sur le Niémen. Le 17 décembre, le messager n'est pas encore arrivé à destination, et cependant, de sa rapidité dépend le sort d'un corps d'armée.

17 décembre 1813. — Point de nouvelles ni de Victor, ni de Chasseloup, ce qui m'inquiète fort. Nous espérons en avoir incessamment de Wilna. Cette privation de nouvelles est cruelle.

Les froids varient sans cesse depuis 0 jusqu'à 20° au-dessous de zéro. Dans ce moment-ci, il est à 15°. Je suis toujours occupé de mon gouvernement [1] et d'une manière pénible [2].

Tandis que le 10e corps, ignorant le danger qui le menace, reste sur la Dwina, la Grande-armée a repassé le Niémen, découvrant entièrement la droite de Macdonald. Les maréchaux n'ont pas pu s'arrêter à Kowno, dont la tête de pont est devenue inutile, le Niémen gelé ne formant plus obstacle à la marche des Russes.

Le 18 décembre enfin l'ordre arrive.

18 décembre. — Le Maréchal duc de Tarente n'a reçu que le 18 l'ordre de départ daté du 9 décembre

1. L'Empereur avait ordonné la levée d'une contribution de guerre sur la Courlande.

2. Lettre du général de Campredon. Nous ne désignerons le journal et les lettres du général par aucun en-tête spécial, puisqu'ils forment le fond de cette publication.

de Wilna, porté par le major prussien Schenck, qui passa par Tilsit et s'arrêta chez le général Baczko, dont il devait épouser la fille, Mlle Julia. La sœur cadette est mariée au comte Schwerin, descendant du fameux maréchal.

19 décembre. — Le mouvement de retraite du 10e corps d'armée a commencé.

20 décembre. — Je suis allé coucher au quartier général du Maréchal, à Vaisgut, au delà de Janischki.

Il faut se hâter de gagner le Niémen, avant les Russes. Le Maréchal se met à la tête de la 7e division polonaise. Tout le reste du 10e corps est composé de troupes prussiennes. Une partie marche avec lui sous les ordres du général Massenbach, tandis que le général d'Yorck, avec l'autre partie, suit à quelque distance sans vouloir hâter sa marche.

Le 21, couché à Chansy, avec le général Tavril.

Le 22, à Kourtviani, avec le quartier général, dans le château de la comtesse Giudesca, où je m'étais arrêté en allant à Mittau.

Le 23, à Kroji, dans le couvent des Carmes (quartier général).

Le 24, déjeuné avec le maréchal chez le curé de Koltiniany. Froid énorme de 26°. Couché à Schelel, quartier général, chez un misérable juif. J'y donnais asile à M. Sadet, consul de France.

C'est là que mes équipages m'ont rejoint.

Le 25, à Veynouti, quartier général, dans une

maison abandonnée, avec le général Tavril. — Scène fâcheuse entre le Maréchal et le colonel Blin.

Le 26, à Coadjuten, premier village prussien (quartier général), logé chez le chantre.

Le Maréchal reçoit la nouvelle de l'avantage remporté à Picktuppönen par le général Bachelu, qui y prit deux bataillons russes et une pièce de canon.

Le général Paluzzi, au service de la Russie, sorti de Riga à la poursuite du 10ᵉ corps, harcelait l'arrière-garde, tandis que le général Laskow cherchait à nous devancer à Memel et à couper nos communications. Le général Laskow avait atteint Picktuppönen, sur la route du 10ᵉ corps, lorsque l'avant-garde s'y présenta. Le général Bachelu, avec sa brigade et six escadrons prussiens formant l'avant-garde, les culbute et se porte rapidement sur Tilsit et Ragnit, qu'abandonne sans combattre le général russe Tettenborn, accouru pour s'emparer de la tête de pont établie par Campredon lors du passage du Niémen.

Le 28, couché à Picktuppönen, chez le pasteur. La même nuit, le général Bachelu entre avec sa brigade dans Tilsit. Jusque-là, les marches forcées que nous avons été obligés de faire par un froid très rigoureux et toutes les intempéries de la saison n'ont occasionné aucun murmure.

Le 28, à Tilsit, quartier général, logé chez le général Bacsko. L'avant-garde se mit en marche à midi et se dirigea sur Ragnit, où elle entra.

Le 29, la brigade du génie et les troupes de

cette arme ont pris la route de Kœnigsberg par un tems affreux.

On espérait, une fois à Tilsit, pouvoir respirer quelque peu derrière la ligne du Niémen, et se défendre en attendant les nouvelles du grand quartier général.

Le 31, à 9 heures du matin, le Maréchal reçoit la nouvelle de la défection des Prussiens. Départ à 11 heures. La 7e division s'était heureusement toute réunie à Tilsit. Le général Massenbach, avec ses troupes, ne passa le Niémen qu'à 8 heures du matin, pour aller joindre le général d'Yorck.

Nous allons coucher à Melauken (très forte journée). Beaucoup de parlementaires russes se présentent dans la journée.

Depuis le commencement de la retraite, le général d'Yorck ralentissait la marche de son corps de troupes malgré les instances du Maréchal, si bien que, le 30, depuis deux jours on était sans nouvelles de lui. Le duc de Tarente avait passé le Niémen et pris position sur la rive gauche, mettant fort heureusement le fleuve entre l'ennemi et lui, tandis que le général d'Yorck était encore sur la rive droite, d'où il écrivait la lettre suivante, cherchant à déguiser sa défection sous les apparences d'une mesure imposée par la nécessité.

Le général d'Yorck au maréchal Macdonald, duc de Tarente.

Taurrogen, le 30 décembre 1812.

Monseigneur,

Après des marches très pénibles, il ne m'a pas été

possible de les continuer sans être entamé sur mes flancs et mes derrières. C'est ce qui a retardé la jonction avec Votre Excellence, et, devant opter entre l'alternative de perdre la plus grande partie de mes troupes et tout le matériel qui assurait ma subsistance, ou de sauver le tout, j'ai cru de mon devoir de faire une convention par laquelle le rassemblement des troupes prussiennes doit avoir lieu dans une partie de la Prusse orientale qui se trouve, par la retraite de l'armée française, au pouvoir de l'armée russe. Les troupes prussiennes formeront un corps neutre, et ne se permettront pas d'hostilités envers aucun parti ; les événemens à venir, suite des négociations qui doivent avoir lieu entre les puissances belligérantes, décideront sur leur sort futur.

Je m'empresse d'informer V. E. d'une démarche à laquelle j'ai été forcé par des circonstances majeures.

Quel que soit le jugement que le monde portera sur ma conduite, j'en suis peu inquiet, le devoir envers mes troupes et la réflexion la plus mûre me la dictent. Les motifs les plus purs, quelles que soient les apparences, me guident. En vous faisant, Monseigneur, cette déclaration, je m'acquitte de mes obligations envers vous, et vous prie d'agréer les assurances du plus profond respect avec lequel j'ai l'honneur d'être, etc.

G[al] D'YORCK.

C'était en réalité une défection et une défection cruelle, inattendue, de la part de troupes qui avaient jusque-là brillamment fait leur devoir. Elle était, depuis quelques jours déjà, méditée par un officier mécontent de la suprématie française et personnellement impatient de l'autorité de Macdonald. Le général d'Yorck, cédant aux sollicitations des Russes, manquait à la foi des traités, abandonnait des compagnons d'armes dans la situation la plus difficile ; nous sommes fondés à qualifier cette conduite de trahison. Mais si des sentiments peu avouables avaient pu le disposer à prendre une pareille décision, il faut bien reconnaître qu'il obéissait au cri patriotique de tout ce qui était Prussien, à la haine de l'oppresseur, car nous étions alors, pour la Prusse, l'oppresseur; elle n'était que par force notre alliée.

Soit hasard, soit ménagement, la défection ne se produisait qu'une fois nos troupes sorties du territoire russe.

Le général Massenbach, suivant l'exemple de son chef, écrivait :

Le général Massenbach au Maréchal duc de Tarente.

Monseigneur,

La lettre du général d'Yorck aura déjà prévenu V. E. que ma dernière démarche m'est prescrite et que je n'en pourrai changer rien, parce que les mesures de prévoyance que V. E. fit prendre cette nuit me parurent suspectes de vouloir peut-être me retenir par force, ou désarmer mes troupes dans le cas présent. Il me fallut prendre ce parti dont je me suis servi pour joindre mes troupes à la convention que le général commandant a signée, et dont il me donne l'avis et l'instruction.

V. E. pardonne que je ne sois venu moi-même pour l'avertir du procédé ; c'était pour m'épargner une sensation très pénible à mon cœur, parce que les sentimens de respect et d'estime pour la personne de V. E., que je conserverai jusqu'à la fin de mes jours, m'auraient empêché de faire mon devoir.

Je connais le cœur de V. E., elle ne permettra pas que les pauvres habitans de Tilsit, qui ont déjà tant souffert pendant cette malheureuse guerre, ne soient encore rendus plus malheureux par les troupes qui sont dans ce moment sous les ordres de V. E.

Daignez recevoir les assurances de ma pure estime et de ma plus haute considération.

Le 31 décembre 1812.

Le Lieutenant général,

MASSENBACH.

Une lettre du général Bachelu au Maréchal duc de Tarente donne quelques détails sur la défection des troupes prussiennes qu'il commandait à l'avant-garde et qui, jusque là, l'avaient bravement suivi au feu.

Le général Bachelu au Maréchal duc de Tarente.

Le 30, à 8 heures du soir, je reçus l'ordre de V. E. de rentrer la nuit dans Tilsit. J'ordonnai sur le champ ce mouvement. Une demi-heure après, le lieutenant-colonel Tuskow et les autres officiers prussiens entrèrent chez moi et m'observèrent que le tems était très mauvais, et que l'on risquait de perdre beaucoup de monde ; qu'il fallait attendre jusqu'au lendemain matin pour se mettre en marche.

Comme je n'étais pas du tout disposé à y consentir, il y eut une espèce de discussion assez vive........

Cependant la colonne s'est mise en marche, malgré tous les retards et la mauvaise volonté qu'on y mettait... La colonne était, à 4 heures du matin, dans le faubourg de Tilsit.

Les dragons devaient loger dans l'intérieur de la ville. Les trouvant en bataille dans le faubourg, je témoignai mon mécontement de ce qu'ils n'étaient pas encore logés. On me dit que le lieutenant-colonel Tuskow était allé prendre les ordres du général Massenbach et avait ordonné qu'on l'attendît. Cette démarche me parut singulière, puisqu'il était sous mes ordres. Mais comme cet officier jouit d'une très mauvaise réputation dans l'armée prussienne..., j'attribuai à de l'inconséquence de sa part ce qui avait un but criminel. J'ordonnai de faire rentrer les dragons et je me rendis en ville.

A 9 heures du matin, j'appris que les dragons, les hussards et la batterie du major Grossman m'avaient abandonné.

Je dois ajouter que les officiers russes qui sont venus en parlementaires, au moment où V. E. est partie de Tilsit, ont paru fort étonnés de ce que l'on ne se doutait pas de la défection du corps prussien.

L'un d'eux nous a affirmé que, depuis près de trois mois, cette affaire était en négociation.

Baron BACHELU.

Le duc de Tarente prévint immédiatement l'état-major général.

Le Maréchal duc de Tarente au Major général

Tilsit, le 31 décembre 1812.

Monseigneur,

Après quatre jours d'attente, d'inquiétude et d'angoisses, dont une partie du corps prussien a été témoin, sur le sort de l'arrière-garde, qui, depuis Mittau, suivait à une marche de distance, j'apprends enfin, par une lettre du général d'Yorck, qu'il a décidé lui-même du sort du corps prussien.

Je joins ici copie de cette lettre sur laquelle je ne me permets aucune réflexion ; elles sont trop accablantes.

Le général Massenbach, qui était ici avec moi, avec deux batteries, six bataillons et six escadrons, est parti ce matin sans mes ordres pour repasser le Niémen ; il va rejoindre le général d'Yorck ; il nous laisse ainsi en proie à l'ennemi, et sans un homme de cavalerie.

Je rassemble à la hâte la 7e division et je la mets en marche pour Labiau. J'ignore si je pourrai y arriver intact, étant enveloppé de toutes parts de cavalerie.

Agréez, Monseigneur, etc.

MACDONALD.

Si le maréchal s'était attardé, la situation de ce qui restait du 10e corps, entouré d'ennemis, eût été plus que compromise. Le danger était pressant. Macdonald dut précipiter sa marche. Il prit le chemin le plus mauvais, mais le plus court, allant de l'est à l'ouest sur Kœnigsberg par la route la plus au nord, le long du Curische-Haff, l'une des nombreuses lagunes qui bordent la Baltique. Il n'avait plus que la division polonaise du général Grandjean ; mais il espérait trouver, en avant de Kœnigsberg, les renforts qui cherchaient à rejoindre le 10e corps. La division Heudelet explorait en effet les routes de Labiau et d'Insterburg, par lesquelles pouvait arriver le maréchal Macdonald dont on était fort inquiet.

Le général comte Heudelet au Major général.

Vehlau, le 31 décembre 1812. 4 h. soir.

Monseigneur,

Les reconnaissances de ce jour sur les routes de Tilsit et d'Insterburg n'ont rien appris d'intéressant et n'ont point encore communiqué avec le 10e corps.

Le parti de 100 chevaux, envoyé le 28 sur Labiau, avec ordre de faire en sorte de communiquer avec le 10e corps, n'a, jusqu'à présent, pas fait parvenir de ses nouvelles et je ne sais où il est. Cependant c'est un officier choisi qui le commande.

La Pregel commence à couler et bientôt on sera forcé de lever les ponts si le froid ne prend pas. J'ai fait passer ce soir le parc sur la rive droite, et je l'ai placé à Watlau vis-à-vis Vehlau ; lorsque les rivières coulent et que l'on a son avant-garde à Taplacken, on ne doit pas occuper Vehlau. Toutes les troupes devraient être sur la rive droite. J'ai commencé cette disposition en plaçant un bataillon à Ripkeim et un autre à Oppen, ce qui couvre le parc, et je prie Votre Excellence de me dire si elle approuve que je fasse ce qui est convenable et militaire, c'est-à-dire de ne pas occuper Vehlau et de passer en entier sur la droite de la Pregel.

J'ai l'honneur d'être, avec respect, Monseigneur, etc.

Le général comte HEUDELET.

Le 10ᵉ corps, ou pour mieux dire la 7ᵉ division, marchait à grandes journées pour rejoindre ces renforts.

Le 1ᵉʳ janvier. — Couché à Labiau (quartier général). Le général Bachelu y fut attaqué par les Russes, le lendemain, et les repoussa.

Le 2. — Couché à Lapsau, village à un mille de Kœnigsberg. — Mon piqueur fait une chute de cheval et se blesse.

Le lendemain, la 7ᵉ division était sauvée grâce à la rapidité de sa marche. Elle eût pu être secourue plus tôt par les troupes de seconde ligne. Mais l'état-major général, abandonné de toutes les troupes, avait pu gagner Kœnigsberg ; partagé entre la crainte de se découvrir et le désir de secourir Macdonald, il n'employait qu'avec hésitation les ressources qu'il avait sous la main.

Le Maréchal duc de Tarente au Major général.

Labiau, le 2 janvier 1813.

Monseigneur,

Je viens de recevoir du général Heudelet l'avis qu'il part ce matin de Wehlau pour se porter en deux marches sur Kœnigsberg.

Je suppose que ce mouvement précipité est la conséquence des informations que j'ai transmises à Votre Altesse par mes lettres de Tilsit et de Labiau. Je n'ai reçu d'elle, jusqu'à ce moment, aucune réponse, ni disposition et je crains que ses ordres ne soient interceptés.

Un très mauvais esprit se manifeste; déjà quelques rixes ont eu lieu ici, hier soir, entre des officiers polonais et prussiens. Nous ne devons pas nous dissimuler que l'opinion des habitans nous est très défavorable, surtout parmi les campagnards, et une insurrection ou au moins un soulèvement, qui par la suite peut devenir général, est à prévoir. C'est par cette raison qu'il faut prendre ses mesures d'avance; car il y a toute probabilité que l'on s'attachera à intercepter nos communications, si l'on ne peut nous faire d'autre mal.

Comme Votre Altesse m'a fait dire par mon aide-de-camp, de Caramayel, qu'elle m'attendait à Kœnigsberg, je m'y rendrai demain, désirant d'ailleurs recevoir toutes ses instructions verbales et par écrit, pour le cas où je continuerais à être séparé du quartier général.

J'envoie à Votre Excellence duplicata de mes dépêches d'hier. Je l'informe en même tems qu'au lieu de venir à Labiau, mon arrière-garde restera aujourd'hui au débouché de la forêt à moins qu'elle ne soit contrainte à se retirer plus en arrière. La tête de la division Grandjean arrivera aujourd'hui à Caymen. Je me suis décidé à commencer de replier cette division sur Kœnigsberg, d'après la connaissance que j'ai du mouvement du général Heudelet.

Je serai ce soir à Caymen.

Agréez, Monseigneur, etc.

Le Maréchal duc de Tarente,

MACDONALD.

Mais le roi de Naples, apprenant la défection des Prussiens, avait cru devoir, en présence des mauvaises dispositions de la population, se retirer sur Elbing. Le bruit de la défection du général d'York faisant supposer que la Prusse abandonnait notre alliance, un frémissement de révolte courait dans tout le pays. L'effervescence ne se manifestait pas seulement sur le passage des troupes qui battaient en retraite, mais encore là où nous semblions solidement établis. Les nouvelles des désastres de la Grande-armée, la vue de nos blessés et, à côté de cela, les levées de troupes, faites sous prétexte de nous secourir par le gouvernement prussien, augmentaient l'agitation et exigèrent quelques mesures de rigueur. On laissa, pour garder Kœnigsberg, le duc d'Elchingen qui adressait, le 2 janvier, la lettre suivante au major général.

Le Maréchal duc d'Elchingen au Major général.

Kœnigsberg, le 2 janvier 1813.

Monseigneur,

Les dépôts d'infanterie et de cavalerie prussienne, qui étaient à Kœnisberg et environs, ont reçu l'ordre du Roi, leur maître, de partir en toute hâte pour se diriger sur Graudentz et ils se sont mis en marche ce matin. La levée des recrues se continue dans ce pays avec la plus grande activité, et elle est telle qu'on peut apercevoir que la Prusse s'apprête à jouer, pour ou contre nous, un grand rôle militaire. On dit ici, publiquement, que cette puissance mettra 100.000 hommes en campagne.

La précipitation du départ des troupes prussiennes a occasionné quelques rumeurs dans la ville. J'ai de suite fait arriver la cavalerie du général Cavaignac pour faire des patrouilles. Les habitans semblent nous menacer, mais nous sommes en mesure de les réprimer.

Le Maréchal duc de Tarente arrivera ici, sans doute, demain matin de bonne heure; je m'entretiendrai avec lui de tout ce qui peut intéresser le bien du service.

Le général Heudelet couche aujourd'hui entre Kustern et Valdau ; il arrivera demain à Kœnigsberg; il est en communication avec M. le duc de Tarente, auquel il a fait part de son mouvement.

Une reconnaissance, que le général Heudelet a dirigée sur la route d'Insterburg, a appris des habitants que le gros des Cosaques s'est dirigé, moitié sur Elbing, moitié sur Pillau; cette dernière partie de la nouvelle n'est pas croyable.

Je suis, avec un profond respect,

Maréchal duc D'ELCHINGEN.

Macdonald, en communication avec le général Heudelet, qu'il savait être à Vehlau sur sa droite, se croyait gardé de ce côté. Mais ce général avait été subitement rappelé vers Kœnigsberg où la situation paraissait tendue. La droite de Macdonald fut ainsi un moment complètement découverte.

Le Maréchal se plaignit vivement de cette fausse manœuvre qui le mettait en péril.

Le Maréchal duc de Tarente au Major général.

Caymen, le 2 janvier 1813, à 8 heures du soir.

Monseigneur,

Je reçois seulement à huit heures ce soir copie de la lettre que Votre Altesse m'a fait l'honneur de m'écrire hier et que m'adresse le duc d'Elchingen.

C'est une fatalité que cette précipitation de retirer sans m'en prévenir la division Heudelet de ses positions de Taplacken et Tapiau, sur Kœnigsberg. Ce mouvement compromet essentiellement la 7me division.

J'ai informé Votre Altesse, de Tilsit, que je me dirigeais sur Labiau, mais il fallait le tems d'y arriver.

L'arrière-garde, ainsi que je l'ai mandé, n'y sera réunie que demain.

Si l'on eût abandonné aujourd'hui la forêt de Baumwald, l'ennemi inonderait déjà de sa cavalerie la plaine de Labiau et pourrait insulter demain les faubourgs de Kœnigsberg.

Puisque l'intention du Roi[1] était de me donner la division Heudelet, il fallait la laisser dans ses positions de Wehlau et Taplacken. Ma nouvelle ligne se serait établie sur la Deime. Les mouvemens auraient été simultanés par des opérations combinées.

Pour réparer, s'il est possible, l'inconvénient de ce mouvement, j'envoie l'ordre au général Heudelet de rester à Waldau et de reporter son avant-garde à Kustern, d'où, par des partis, il protégera le flanc droit de la 7me division.

Je ne sais si mon arrière-garde a été inquiétée. Je me flattais de faire ma cour demain au Roi et à Votre Altesse, mais j'apprends que Sa Majesté est partie hier pour Elbing.

Je ne connais point les articles du traité du général d'Yorck ; je sais seulement que le corps prus-

1. Murat, roi de Naples.

sien restera neutre deux mois, et qu'il doit occuper, en attendant, Mémel, Labiau et Tilsit. J'ai également appris que toutes les troupes de Memel ont capitulé, quoique je leur aie fait donner l'ordre de se retirer avec les marins du colonel Proteau et le bataillon de marche. Cet ordre était parvenu le 20 au commandant; il avait tout le tems convenable, le Nehrung qu'il pouvait suivre sans être même inquiété, mais il paraît que c'était un parti pris. Je recueille maintenant une foule de circonstances qui prouvent que depuis longtems on négociait clandestinement avec l'ennemi. C'est M. Rapatel, aujourd'hui colonel au service de la Russie, qui était le digne ministre de cette œuvre d'infamie.

Agréez, Monseigneur, avec bonté, l'hommage de mon respect et de mon attachement.

Le Maréchal duc de Tarente,

MACDONALD.

Le 3. — Couché à Kœnigsberg. Le Maréchal Macdonald y arrive le même jour.

Désormais, Macdonald, renforcé de la division Heudelet, ralentit sa marche et s'efforce d'arrêter les Russes, donnant le temps aux fuyards de passer en sûreté la Vistule.

Le roi de Naples croit un moment que la jonction opérée à Kœnigsberg permettra de traiter avec l'ennemi pour prendre des quartiers d'hiver sur la Pregel.

Lettre du Major général au Maréchal duc d'Elchingen.

Brandenbourg, le 3 janvier, 6 heures du matin.

Monsieur le duc d'Elchingen,

J'ai reçu vos lettres du 2janvier, et le Roi a reçu celle que vous lui avez envoyée du duc de Tarente. S. M. part ce matin pour Elbing sans avoir reçu de nouvelles du duc de Tarente et sans connaître le résultat de l'entrevue que devait avoir ce Maréchal avec le prince Repnin ; dans tout état de chose, faites connaître au duc de Tarente qu'il ne peut être question que de dispositions pour prendre réciproquement ses quartiers d'hiver ; S. M. approuverait une convention par laquelle nous prendrions la ligne de la Pregel, conservant Pillau, l'entrée de Nehrung, Memel, Labiau et Pultusk, le prince de Schwartzenberg couvrant Varsovie et le Grand-Duché. Le Roi consentirait à une pareille proposition; mais, dans tous les cas, il ne faut pas se laisser amuser et perdre du tems, parce que les Russes se vantent de s'être servis avec avantage de ce moyen contre nous.

Des ordres ont été donnés à tous les chefs du génie, de l'artillerie et de l'administration, de pourvoir à tout ce qui est nécessaire à la place de Kœnigsberg et de Pillau, d'employer humainement tous les moyens possibles pour faire évacuer tout ce qui nous appartient, et, enfin, de prendre vos ordres ou ceux du duc de Tarente pour faire détruire tout ce qu'on ne pourrait emporter, quand ils seront prévenus par vous ou par le duc de Tarente que l'on doit évacuer Kœnigsberg. La lettre à ce Maréchal, dont je vous ai envoyé copie, dit tout cela.

Le prince de Neufchâtel, major général,
ALEXANDRE.

Le grand quartier général était arrivé sain et sauf à Elbing au moment où Macdonald entrait dans Kœnigsberg.

Le Major genéral au Maréchal duc de Tarente.

Elbing, le 3 janvier 1813.

Monsieur le duc de Tarente.

Le Roi est arrivé ici aujourd'hui. Nous avons trouvé l'esprit assez bon sur la route et dans cette ville. Le duc d'Elchingen a dû mettre à votre disposition le général Heudelet avec ses douze bataillons, le régiment provisoire du colonel Farine, et la brigade de dragons du général Cavaignac. Le Roi vous recommande de mettre Pillau en bon état de défense, de lui donner la garnison nécessaire et de presser l'évacuation de toutes les choses qui ne vous sont pas utiles, de Kœnigsberg sur Dantzig. Le Roi attend de vos nouvelles. S. M. ne peut s'en référer qu'aux instructions générales qu'elle vous a fait donner. Il paraît que le Roi se rendra demain à Marienbourg.

Le prince de Neufchâtel, major-général,
ALEXANDRE.

Les Russes, trop heureux de leurs avantages inattendus, ne songeaient guère à s'arrêter et, quoique fort éprouvés eux-mêmes, serraient de si près le duc de Tarente, que l'on dut songer à le rappeler sur la Vistule.

Joachim Napoléon [1] au Général comte Reynier.

Elbing, le 4 janvier 1813.

Monsieur le Comte,

On dit ici que l'Amiral et Kutusow sont en mouvement contre Varsovie; je n'en crois cependant rien, parce que je connais leur état d'épuisement et le besoin qu'ont ces deux corps, principalement celui de Kutusow, de prendre leurs quartiers d'hiver. Wittgenstein (grâce à la perfidie du général d'Yorck, commandant les troupes prussiennes du 10e corps) marche contre le Maréchal Macdonald; cette trahison dérange ici tous nos projets et me force à rapprocher de la Vistule le Maréchal Macdonald; sans ce malheureux événement, l'ennemi était forcé de prendre ses quartiers d'hiver sur la rive droite du Niémen, et nous faisions perdre aux Russes tous les avantages que les froids rigoureux leur avaient donnés sur nous. Les Prussiens deviennent insolens; cependant, le Gouvernement continue à se montrer dans les meilleures dispositions; j'attends avec impatience sa détermination sur la conduite de l'infâme d'Yorck.

1. Murat, roi de Naples.

Sur ce, Monsieur le Comte, je prie Dieu qu'il vous ait en sa sainte et digne garde.

J. NAPOLÉON.

Cette détermination fut bientôt connue. La Cour, encore placée sous la main de l'Empereur, ne put faire autrement que désavouer le général d'Yorck. Elle le fit sans difficultés, mais non sans arrière-pensées.

Le Comte de Saint-Marsan [1] au Major général.

Berlin, 4 janvier 1813.

Monseigneur,

Le Roi vient d'envoyer M. de Hardenberg chez moi pour me communiquer ses déterminations ; les voici :

S. M. fera partir demain, au plus tard, à midi, un de ses aides de camp, le lieutenant-colonel de Natzmer, pour se rendre auprès de S. M. le Roi de Naples; cet officier portera la nomination du général Kleist comme lieutenant général commandant le contingent. Il portera aussi le désaveu formel de la convention signée par le général d'Yorck, l'ordre au général Kleist de faire arrêter cet officier général, s'il y a moyen, et de le faire conduire à Berlin; enfin l'injonction de disposer du contingent selon que S. M. le Roi de Naples l'ordonnera et d'exécuter en tout les ordres de S. M., qui sera priée de faire

1. Ambassadeur à Berlin.

accompagner M. de Natzmer, pour qu'il puisse remplir la commission dont il est chargé et aussi de faire mettre à l'ordre du jour de l'armée française les résolutions du Roi; elles le seront également à Berlin, à Potsdam, en Silésie, et on les insérera dans les gazettes.

Le prince de Hatzfeld reçoit l'ordre de se rendre à Paris; il portera à S. M. l'Empereur l'expression des sentimens du Roi, de son attachement à la cause de S. M. Impériale et de son indignation de ce qui vient de se passer.

Le Roi s'occupera incessamment des moyens de réunir un autre contingent; mais sur cet objet, il met en avant l'extrême détresse de ses finances et demande quelques acomptes sur les avances faites jusqu'ici.

Jusqu'à ce moment, le général d'Yorck n'a pas rendu compte au Roi de ce qu'il a fait. Le comte Enkel, aide de camp du Roi, qui a quitté ce général le 27 courant, est arrivé ici avant-hier; il a seulement rapporté que le général d'Yorck croyait devoir se trouver dans le cas de ne pas percer et de capituler.

On n'apprendra cette nouvelle à Berlin qu'en apprenant aussi les mesures adoptées par le Roi, ce qui neutralisera, je l'espère, l'effet que pourra produire un pareil scandale.

Le Roi et son Ministre paraissent de la meilleure foi; S. M. a paru très inquiète et très affectée du danger que court M. le Maréchal duc de Tarente.

Si le corps est rentré en Prusse, le Roi ne désespère point que le général Kleist le ramène aux ordres de S. M. le Roi de Naples, mais il me paraît difficile que l'ennemi et le général d'Yorck s'exposent à cette chance. Ils ne laisseraient venir le corps en Prusse qu'autant que le Roi aurait approuvé la convention.

Je réexpédie de suite M. Boileau avec ces notions. M. de Natzmer le suivra à 15 ou 18 heures de distance.

J'ai l'honneur d'être, etc.

DE SAINT-MARSAN.

Tout cela n'était que comédie imposée par la nécessité, comme le prouva la suite. Un mois plus tard, le Roi de Prusse se tournait contre la France, qui n'eut pas de pire ni de moins généreux ennemi.

Le désaveu de la conduite du général d'Yorck était de pure forme. Eût-il été sincère, qu'en l'état des esprits, il ne pouvait avoir aucun effet. Le général d'Yorck et le corps prussien n'auraient pas obéi aux injonctions du roi. Il leur était facile de s'abriter derrière l'impossibilité matérielle résultant du voisinage des Russes.

Le Maréchal duc de Tarente au Major général.

Braunsberg, le 8 janvier 1813.

Monseigneur,

Je reçois, avec la lettre que V. Altesse m'a fait l'honneur de m'écrire hier, copie de celle du comte de Saint-Marsan.

Les intentions du Roi sont bonnes, mais celles de ses troupes sont très mauvaises. Les habitans de la Prusse orientale, pour ne pas parler de la généralité de ceux du royaume, partagent ce mauvais esprit.

La convention du général d'York porte, à ce que j'ai appris, que son corps occuperait trois points : Memel, Tilsit et Labiau. Les Russes avaient sans doute leurs raisons pour diviser ces troupes. Ils prévoyaient le cas où le Roi désavouerait la conduite de son général.

Croyez, Monseigneur, que les troupes prussiennes du général d'York ne feront aucune difficulté pour mettre bas les armes, si les Russes font seulement mine de vouloir les désarmer. C'est une comédie qui sera jouée à merveille par les principaux personnages.

Agréez, Monseigneur, etc.

MACDONALD.

Le Maréchal était arrivé sain et sauf à Kœnigsberg. Mais à peine réuni à la division Heudelet, il dut reculer encore. Serrant de près l'arrière-garde, les troupes russes arrivaient par les deux routes, en assez grand nombre pour que l'on craignît d'être entouré. Leur cavalerie dépassait déjà Kœnigsberg, et à des nuées de Cosaques, nous n'avions que quelques dragons à opposer. Il fallut évacuer la place, l'un des centres les plus importants de la région où, depuis longtemps, nous concentrions magasins et approvisionnements. Des masses de malades et de blessés s'y trouvaient entassés, accourus là de Wilna et mourant par centaines de la fièvre de congélation. Il était à craindre que la population surexcitée ne leur fît un mauvais parti. On attendit jusqu'à la dernière limite, mais il fallut se décider : 100 kilomètres environ séparaient Kœnigsberg d'Elbing où s'était porté le grand quartier général ; la route suivait les bords du Frische-Haff par Brandenbourg, l'un de ses ports, et Braunsberg où les navires remontent par la Passarge ; l'on était donc couvert sur un des flancs. Le pays était plus mouvementé que celui que l'on venait de traverser ; en une autre saison, et si la lutte avait été de quelque utilité, on aurait pu songer à le défendre pied à pied. Des collines, des bois, quelques cours d'eau, gelés il est vrai, le sillonnaient perpendiculairement à la route à suivre. Mais, avec le petit nombre d'hommes dont il disposait, le Maréchal se voyait, à chaque halte, débordé. Il n'avait plus qu'à reculer, tout combat était inutile : l'on aurait fait tuer du monde, l'on en aurait tué à l'ennemi, mais sans l'empêcher de gagner sur nous, du côté où le Frische-Haff ne nous couvrait pas.

Le 4, couché à Schoeln, village un peu au-dessus de Brandenbourg. J'y rencontre des ingénieurs hydrographes qui me donnent des nouvelles du général Sanson [1].

Le 5, déjeuné à Braunsberg, couché à Frauenburg, chez l'évêque suffragant du chapitre.

Actions de trois ou quatre heures. — Pertes insignifiantes. — On croit avoir démonté deux pièces à l'ennemi.

Le Roi de Naples espérait réunir assez de troupes pour arrêter la marche des Russes.

1. Général du génie.

Le Major général au Maréchal duc de Tarente.

Elbing, le 5 janvier 1813.

A Monsieur le duc de Tarente,

Le Roi, Monsieur le Duc, me charge de vous faire connaitre qu'il espère que vous contiendrez l'ennemi qui, trop heureux de pouvoir s'établir à Kœnigsberg et sur la Pregel, ne vous fera certainement suivre que par de la cavalerie : l'ennemi, d'ailleurs, perd chaque jour de ses forces par l'obligation où il est de faire occuper ses derrières, surtout par celles qu'il sera obligé de laisser à Kœnigsberg. S. M. vous recommande de ne pas trop vous fier aux rapports des Prussiens, qui exagèrent la force et les mouvemens de l'ennemi, en raison de l'envie qu'ils ont de nous voir abandonner leur pays. Le Roi ordonne que vous fassiez détruire ou brûler tous les affûts et voitures d'artillerie que vous trouverez abandonnés sur la route et que vous ne pourrez pas faire emmener, et ce serait une très bonne chose si vous pouviez parvenir à faire casser les tourillons de chaque pièce. Vous devez aussi faire détruire les effets d'habillement qui se trouvent à Brandenbourg, si vous ne pouvez pas parvenir à les faire transporter.

Le prince de Neufchatel, major général,

ALEXANDRE.

Le Major général au Maréchal duc de Tarente.

Elbing, le 5 janvier 1813, à minuit.

Monsieur le Maréchal,

Le Roi m'ordonne de vous faire connaître que son intention est que vous preniez une bonne position sur Braunsberg.

Sa Majesté est décidée à ne plus évacuer de terrain sans combattre; elle va à cet effet réunir aux divisions Grandjean et Heudelet celle du général Marchand. La garde impériale, infanterie et cavalerie, a l'ordre de se tenir prête à marcher au premier avis que vous donnerez sur le mouvement de l'ennemi. Ainsi, Monsieur le Duc, le Roi compte qu'il pourra opposer à l'ennemi 6.000 hommes de la division Grandjean, 8.000 hommes de la division Heudelet, 3.000 hommes de la division Marchand, environ 2.000 hommes de la garde, 1.800 chevaux et 50 à 55 pièces de canon, ce qui ferait une force de 20.000 hommes, indépendamment de 1.100 hommes qui partiront demain matin de Marienbourg pour venir joindre la division du général Marchand.

Il est présumable que l'ennemi n'aura pas d'abord la même force à nous opposer, surtout en infanterie. Quant à sa cavalerie, elle sera presque nulle, le pays se trouvant extrêmement boisé depuis Frauenbourg jusque sur les hauteurs d'Elbing.

Vous devez constamment, Monsieur le Maréchal,

observer votre droite dans la direction de Mehlsack et de Wormditt, afin d'être informé des mouvemens de l'ennemi. Le Roi pense que la division du général Marchand serait très bien placée sur le village de Stabrundorf, prête à occuper les hauteurs de Frauenbourg.

Sa Majesté désire avoir l'état bien exact de votre artillerie, ainsi que de vos munitions. Je vous prie, Monsieur le Maréchal, de m'envoyer cet état et de me faire connaître en même tems quelles sont vos ressources, quant aux ambulances.

Il existe ici des subsistances en tous genres. Il sera nécessaire, Monsieur le Duc, que vous organisiez des moyens de transport pour y envoyer chercher des vivres; ceux des environs d'Elbing sont insuffisans, ils sont d'ailleurs employés pour faire les versemens sur Dantzig.

Le prince de Neufchâtel, major général,
ALEXANDRE.

Le roi de Naples comptait sans l'effectif réduit de nos troupes, que décimaient les marches forcées, le manque de de nourriture, le froid glacial et les souffrances de tous genres. Les Russes, se trouvant en pays ami, n'étaient pas obligés de se garder ; l'occupation de Kœnigsberg ne ralentit pas leur marche.

Le Maréchal duc de Tarente au Major général.

Hoppenbruck, le 6 janvier 1813, 5 heures matin.

Monseigneur,

J'ai reçu cette nuit les deux lettres que Votre

Altesse m'a fait l'honneur de m'écrire les 4 et 5.

L'ennemi ne s'est point arrêté à Kœnigsberg, il m'a très vivement suivi hier et j'ai été obligé de faire volte-face pour le contenir : à la vérité, il n'a montré que de la cavalerie et de l'artillerie, son infanterie suit.

J'ai pensé qu'il n'y avait qu'une indispensable nécessité qui pût nous engager à combattre. Ce n'est que retarder l'ennemi de quelques heures et perdre inutilement des braves, sans objet.

L'ennemi n'a pas besoin de garder ses derrières ; l'opinion de la grande masse des Prussiens, et notamment des militaires, est pour lui. Il est vrai de dire qu'il se conduit avec beaucoup de sagesse et de circonspection.

Il est reçu comme un libérateur qui vient délivrer le pays de notre oppression.

Ainsi les Russes se trouvaient tenir le langage qui avait autrefois facilité notre entrée en Allemagne et en Italie. Ils se présentaient en libérateurs, réprimaient sévèrement les désordres, annonçaient partout qu'ils venaient en amis.

Après quinze années de victoires, par l'excès même de la conquête, nous étions arrivés à tourner contre nous ce qui faisait jadis notre force. Le sentiment national qui nous avait permis, de 1794 à 1806, de braver toutes les coalitions, était chez nous remplacé par une sorte d'enthousiasme militaire et d'amour de la gloire. Il se réveillait, au contraire, chez nos ennemis et allait leur donner la force de secouer notre joug.

Nous ne pouvons trop nous hâter de gagner la

protection des places, continuait Macdonald, puisqu'on veut les tenir, pour donner quelque repos aux troupes, les réparer et rappeler l'ordre et la discipline.

La 7e division surtout est .exténuée de fatigue. Elle est dans un état pitoyable sous le rapport de l'habillement et de l'armement. En arrivant sous Dantzig, elle aura marché un mois sans interruption et se sera fondue de moitié. Il est impossible que, dans l'état actuel des choses, on puisse tenir la campagne dans une telle saison, sans quelque tems de repos. Les Polonais sont couverts de haillons et presque tout à fait sans chaussures. Les dépôts de ces corps, qui avaient été envoyés en Samogitie, ont perdu l'habillement, et les recrues ont été jetées dans Pillau.

La cavalerie, sous le rapport des chevaux et des hommes, est trop jeune pour être opposée à celle de l'ennemi, on l'a laissée sans moyens et sans ressources ; les officiers ont épuisé leurs bourses pour le fourrage qui est nul.

Les chevaux de l'artillerie et le matériel lui-même ne peuvent plus aller sans repos et sans réparations. Depuis trois mois ils sont constamment au bivouac. Je ne peux pas dissimuler à Votre Altesse que tout le monde est exténué. La 7e division est sans solde depuis cinq mois. Il me reste à Lui demander positivement si je dois me porter sur Marienbourg ou sur Dantzig ; d'Elbing on peut prendre la route de cette dernière ville dans cette saison : j'ai envoyé pour la reconnaître.

L'ennemi était avant-hier à Schippenbeil ; j'en ignore la force, mais je crois que ce ne sont encore que des partis de Cosaques. On m'assure qu'une colonne ennemie est déjà sur la Passarge, je doute de la vérité de ce fait. Nous devons nous attendre que l'ennemi ne s'arrêtera pas, et je ne sais jusqu'où il ira ; il est certain qu'il va opérer sa jonction sur la Vistule avec le général en chef Kutusow et l'amiral Tschitchakow.

On me dit que le prince Schwartzenberg a fait un petit arrangement tacite avec les Russes, pour se retirer tranquillement ; je ne sais si c'est pour couvrir Varsovie ou la Gallicie autrichienne.

J'aurais bien le désir de causer avec le Roi et avec Votre Altesse, mais je ne sais où les joindre.

Agréez, Monseigneur, l'hommage de mon profond respect et de mon sincère attachement.

Le Maréchal duc de Tarente,
MACDONALD.

P. S. — L'action d'hier a duré trois ou quatre heures. Notre perte est insignifiante, on est resté en présence. On croit avoir démonté deux pièces à l'ennemi. M.

Braunsberg, le 6 janvier 1813.

Monseigneur,

J'ai reçu avant d'arriver ici la lettre que V. A. m'a fait l'honneur de m'écrire le 5 à minuit.

Dans d'autres circonstances et dans une autre saison, j'aurais trouvé le poste de Braunsberg très bon à défendre, mais les mouvemens de l'ennemi, sur ma droite (faisant face à lui), son audace dans la poursuite, tous les motifs que j'ai détaillés à V. A. et au Roi et le manque de vivres, sont autant de raisons qui nous forceront de l'abandonner; néanmoins je le tiendrai, puisque le Roi l'ordonne.

J'ai déjà mandé que tous les habitans fuyent avec leurs chevaux et bestiaux, je suppose que s'il eût été possible de réunir des chevaux même en payant, on n'aurait pas abandonné plusieurs pièces d'artillerie de siège, beaucoup d'affûts et de caissons chargés d'effets.

Lors même que l'on pourrait réunir une certaine quantité de voitures, elle serait insuffisante pour pourvoir le 10me corps de vivres; je fais remarquer à Votre Altesse le temps nécessaire pour les réunir, deux jours de marche pour aller à Elbing, autant pour en revenir; d'où il faut conclure qu'il est superflu de songer à de pareils moyens qui sont nuls.

J'ai appris ici que l'ennemi s'était montré à Eylau; il nous a encore suivis aujourd'hui, on s'est tiraillé toute la journée, le feu a cessé à la nuit à Ensiedelkrug. Sa cavalerie nous a presque toujours devancés par notre gauche, elle était en même tems que nous à la tête de la ville; je me propose d'abandonner toute la rive droite de la Passarge et de rompre les ponts.

Après l'action d'hier en avant de Brandenbourg, des habitans ont pris les armes et fait feu sur l'arrière-garde ; ils ont blessé deux officiers et tué plusieurs soldats.

Ce n'est que cette nuit que j'ai reçu l'ordre de V. A. de détruire toutes les voitures laissées en route et de couper les tourillons des canons. Ce n'est qu'au jour et au moment où l'avant-garde sortait d'Hoppenbruck, que l'on a vu les affûts, caissons et artillerie de siège. On n'était plus à tems de les détruire et nous n'avons aucun moyen de scier les tourillons.

En entrant dans le faubourg de cette ville, nous y avons trouvé une douzaine de pontons et trois pièces de siège, j'ai donné des ordres pour que l'on enlève les pièces. Si j'en ai le tems, je ferai passer les pontons sur la gauche de la Passarge.

Le mauvais état du fourrage, celui de la route qui n'est qu'un verglas et l'extrême fatigue des chevaux nous ont fait perdre beaucoup aujourd'hui.

J'ai donné l'ordre que l'on renvoye demain à Dantzig les malades, blessés et écloppés, hommes et chevaux, les voitures et artillerie, qui ont besoin de réparation. J'ai, en même tems, donné l'ordre qu'il me soit fourni des états sommaires des combattans, de l'artillerie, des munitions de guerre et des ambulances. La division Heudelet n'en a pas, et celles de la division Grandjean, ainsi que ses transports militaires qui la suivaient sous la protection de l'arrière-garde prussienne, ont été livrés à l'ennemi.

Je ne sais où est la division du général Marchand qui a précédé notre départ de Kœnigsberg; d'après ce que j'ai entendu, elle ne doit pas être bien loin d'Elbing, elle était sous les ordres du maréchal duc d'Elchingen.

Agréez, etc.

Le Maréchal duc de Tarente,
MACDONALD.

Cette division avait couvert la retraite du grand quartier-général qui, arrivé à Elbing, la renvoyait au duc de Tarente.

Le Major général au Maréchal duc de Tarente.

Elbing, le 7 janvier 1813.

Je vous préviens, Monsieur le Maréchal, que, par décision du Roi en date de ce jour, la division Marchand, placée derrière vous en 2me ligne, est mise complètement sous vos ordres.

LE PRINCE DE NEUFCHATEL, *major général.*

Le trésor provenant de la contribution de guerre perçue en Courlande, les parcs entrent à Elbing. Le général de Campredon y arrive avec eux.

Le 6, couché à Elbing. J'y trouve le roi de Naples, le prince de Neufchâtel, le comte Daru.

J'y trouve également le général Haxo, qui me donne des détails sur mon frère.

Séjourné à Elbing.

Le duc de Tarente, sans vivres et sans ressources, demandait à se replier sur cette ville où se trouvaient de vastes magasins.

Le Maréchal duc de Tarente au Major général.

Truntz, le 10 janvier 1813.

Monseigneur,

J'ai reçu hier à 9 heures du soir les deux lettres que V. Altesse m'a fait l'honneur de m'écrire, le lieutenant-colonel de Natzmer [1] n'est parti que ce matin; on n'a pas jugé prudent de l'envoyer pendant la nuit aux avant-postes ennemis.

La division Heudelet vient de prendre position à Maybaum, Truntz et Beaumgarten, faisant occuper Lentz, Dorberg, Freyberg et Schönwald. L'arrière-garde est à Hutte et Hasselau.

Le général Grandjean est arrivé hier à Mulhausen; il y a trouvé les bataillons des 128me et 129me, qu'il a envoyés à Pomehrendof ou à Grostobey.

Ce général a une brigade aujourd'hui à Muhlausen et l'autre à Schönberg.

Cette position d'aujourd'hui du 10me corps n'est que provisoire pour garder ce grand pont, couvrir

1. Chargé officiellement de désavouer le général d'Yorck.

Elbing et juger par quelle route l'ennemi dirigera ses forces principales.

Il m'a été rapporté qu'une attaque avait eu lieu hier à Pomehrendorf, en suite de laquelle l'ennemi aurait occupé ce village.

Des rapports très vraisemblables m'annonçent que deux colonnes russes étaient arrivées hier ; l'une composée d'infanterie et d'artillerie, à Mehlsack d'où elle marche sur Preuss-Holland.

L'avant-garde du général Diébitch, dont la colonne fait elle-même partie de l'avant-garde du général Wittgenstein, a été reconnue hier à Smupf. J'ignore à qui appartiennent les troupes ennemies, ou plutôt par qui sont commandées celles que l'on assure s'être battues hier à Pomehrendorf, si toutefois le récit qu'on m'en fait est vrai.

Nous sommes sans vivres, sans fourrage ni avoine, et sans moyens d'en envoyer chercher ; on a trompé le Roi en lui annonçant que quelques caissons nous étaient parvenus, nous n'avons rien rencontré et et l'on n'a rien vu sur la route d'ici à Elbing. Il en est de même des voitures de rouliers qui seraient arrivées ce matin à six heures à Neukierch pour y ramasser des pièces ; il est midi et ces voitures n'ont pas encore paru ici.

J'ai déjà mandé que les chevaux, soit de cavalerie soit d'artillerie, étaient exténués de fatigue et de faim. C'est tout au plus si, dans la division Heudelet, on pourra atteler passablement quatre à six pièces de manière à pouvoir les remuer. Il faut s'attendre qu'au moindre échec nous perdrons artillerie et bagages. Comment imagine-t-on que des hommes et des chevaux puissent tenir sans vivres et continuellement au bivouac, dans une saison si rigoureuse?

La division Heudelet composée d'enfans est sans force pour soutenir de semblables fatigues.

Tout le monde est fatigué. Le relâchement de la discipline, qu'on ne peut bien rétablir qu'en des lieux de repos, et les privations de toute espèce dégoûtent généraux et officiers.

J'ai le courage de dire la vérité, il faut avoir celui de l'entendre et ne pas se faire illusion ; autrement on achèvera de perdre ce qui reste de l'armée.

Je prie Votre Altesse de demander des ordres précis à Sa Majesté pour les positions qu'elle se propose de tenir; autrement je réunirai demain toutes mes forces sur les hauteurs d'Elbing pour y livrer bataille, s'il le faut. On ne le peut ici où l'on manque de tout, où j'avais l'espoir que, plus rapproché, j'aurais plus de facilité pour puiser des ressources; mais il est démontré qu'il n'y a pas plus de moyens de transport à Elbing qu'ici ou que l'on s'en sert pour des services étrangers. Rapproché de cette ville, nous aurons au moins la main dans les magasins.

Je prie, en outre, Votre Altesse d'assurer le Roi que personne n'a peur ni des Cosaques, ni de quelques forces que ce soit, ainsi que Sa Majesté le fait entendre. C'est l'expérience et la prudence qui ont tracé jusqu'ici ma conduite et je persiste à croire qu'il faut à tout prix conserver nos communications, nous tenir réunis et ne rien laisser au hasard, parce que la moindre chance défavorable peut tout perdre.

Par erreur, j'ai dirigé le poste de la 7me division sur cette route, j'espérais pouvoir le lui envoyer par Grostobay et Pomehrendorf. Mais ces chemins, que j'ai fait reconnaître, ne sont pas praticables dans cette saison, même pour de petites voitures. Je l'envoie au faubourg d'Elbing; cette faute m'appartient.

On se fait illusion sur le corps prussien ; malgré le désaveu formel du Roi, il sera désarmé ou désertera. Longtems avant cette catastrophe, officiers et soldats étaient dégoûtés de combattre pour notre cause. On peut juger si, d'après ce qui vient de se passer, ils retrouveront de la bonne volonté pour rentrer dans nos rangs. Pour s'en convaincre il suffit de lire avec un peu d'attention la lettre du général d'Yorck au Roi, accompagnant le traité qu'il a conclu.

Agréez, Monseigneur, avec bonté, l'hommage de mon respect et de mon attachement.

Le Maréchal duc de Tarente,
MACDONALD.

Sur cette lettre qui trace la seule conduite à suivre pour un faible corps d'armée sans cavalerie : se tenir réunis et conserver avant tout les communications, l'ordre est donné de se retirer sur Elbing, le roi de Naples quitte cette ville.

Joachim Napoléon au prince de Neufchâtel, Major-général.

Elbing, 10 janvier 1813.

Mon cousin,

Il faut bien céder aux demandes réitérées de M. le duc de Tarente et je pense qu'il vaut mieux lui donner l'ordre de venir demain à Elbing que de le voir arriver sans ordre. Prescrivez-lui donc d'établir son quartier-général à Elbing et de faire couvrir cette ville.

Le général Marchand se rendra à Dantzig, passant par l'île de la Nogat, par la route la plus courte.

J. NAPOLÉON.

On voit à quel point l'Empereur manquait pour donner de l'unité, de la suite aux décisions prises en ces heures difficiles. Murat ne dominait pas d'assez haut des maréchaux tels que Macdonald pour être obéi sans discussion. Ce dernier supportait tout le poids de la retraite et, supérieur à Murat comme talent militaire, ne recevait pas sans impatience des ordres souvent peu appropriés aux circonstances. Au lieu de réunir, dès que cela avait été possible, tout ce qu'il y avait d'organisé en une seule masse et dans une seule main, le roi de Naples avait laissé les trois divisions qui lui restaient reculer à une ou deux marches l'une de l'autre, et avait exigé que l'on mît à Pillau une garnison sacrifiée d'avance. Lui, le général de cavalerie si téméraire, si héroïque sur le champ de bataille, n'avait cessé d'être hésitant, accablé par la lourde responsabilité qui lui incombait.

Macdonald était dans le vrai en lui conseillant de sacrifier, à temps pour en avoir quelque profit, ce que l'on serait bientôt obligé d'abandonner sans en avoir tiré parti, et de tâcher de refaire quelque peu les troupes autour d'Elbing.

Il en coûtait au roi de Naples d'abandonner à l'ennemi les vastes magasins que renfermait cette ville, comme il avait fait de ceux de Kœnigsberg surpris par la défection des Prussiens. Mais on ne pouvait, pour les conserver, s'exposer à être cerné. Il était profondément regrettable de ne pas avoir prévu ce sacrifice à temps pour ravitailler Dantzig. On approchait, en effet, de la Vistule; les places qui dominent son cours, Thorn, Marienbourg, Marienwerder, Dantzig, point de départ de nos opérations offensives, devaient couvrir la retraite et, bloquées même, nous conserver des ressources précieuses pour un retour offensif. Dantzig surtout, clef de la basse Vistule, munie d'un matériel considérable, pouvait donner asile à une armée, immobiliser les masses ennemies. Gage précieux entre nos mains, elle pouvait forcer la Prusse hésitante à rester notre alliée, être une aide puissante à la campagne prochaine ou une compensation de quelque prix aux négociations entamées. De Smorgoni même, Napoléon, à l'heure du départ, mesurant d'un œil expérimenté l'étendue précise de ses revers, avait prévu le blocus des places de la Vistule et avait envoyé son intrépide aide de camp, Rapp, pour prendre le gouvernement de Dantzig.

L'Empereur au général comte Rapp.

Smorgoni, 3 décembre 1812.

Vous vous rendrez à Wilna. Vous y resterez quatre jours. Vous contribuerez de tous vos moyens à rallier l'armée. Vous vous rendrez de là à Dantzig où vous remplirez les fonctions de gouverneur.

Nul, mieux que l'intrépide officier qui gouvernait déjà cette place en 1811, n'en connaissait les ressources ; nul, plus que lui, ne joignait à de rares qualités militaires les ressources de l'administrateur, le tact du diplomate, la haute situation, l'autorité nécessaire au rôle singulièrement difficile de gouverneur d'une vaste cité, à la veille d'être séparée, pour un temps indéterminé, du reste de l'Europe.

Dès le 4 janvier, alors que le roi de Naples songeait encore à la possibilité de traiter d'un armistice, Napoléon écrivait d'une façon pressante :

L'Empereur au général comte Rapp.

Paris, le 4 janvier 1813.

Je reçois votre lettre du 22 décembre. Dantzig doit être approvisionné et armé de manière à pouvoir rester six mois isolé et cerné. Je réunis quatre corps d'armée qui feront 300 000 hommes, indépendamment de la Grande armée. Si jamais le cas arrivait que vous fussiez cerné, je viendrais moi-même vous dégager. Occupez-vous de réunir tous les approvisionnemens nécessaires.

Mais Rapp réclamait en vain, depuis son arrivée à Dantzig, que l'on munît à temps la place de tout ce dont elle avait besoin, en tirant de Kœnigsberg et d'Elbing les ressources qui s'y trouvaient accumulées.

Le général Rapp au Major général.

Dantzig, le 4 janvier 1813.

Monseigneur,

J'ai reçu l'affligeante nouvelle que Votre Altesse

Sérénissime m'a fait l'honneur de me communiquer. J'aime encore à me flatter que ce n'est pas encore avec l'autorisation de son souverain que le général d'Yorck a fait une honteuse capitulation, dont les motifs sont aussi perfides que déshonorans pour ce général; quoi qu'il en soit des intentions du Gouvernement prussien, je continue toujours à me garder avec le plus grand soin; mais je ne dois pas dissimuler à Votre Altesse Sérénissime que ma garnison actuelle ne peut nullement suffire au simple service de surveillance et que, telle réduction que j'aie pu faire du nombre d'hommes nécessaire au service, les troupes n'ont presque plus de repos.

Le général de brigade Gault, commandant la 3me brigade de la division Heudelet, m'a informé par une lettre du 20 décembre que deux des six bataillons de sa brigade ont été retenus à Spandau par ordre du général en chef du 11me corps et que quatre bataillons seulement arriveront à Dantzig les 3 et 4 janvier; savoir le 4e bataillon du 17e régiment léger, fort d'environ 700 hommes; le 3 et le lendemain 4, les trois bataillons composant la 17e demi-brigade d'infanterie légère, d'à peu près 1600 hommes; ce général ajoute qu'il doit être de sa personne, le 1er janvier, à Dantzig; cependant, Monseigneur, rien n'a encore paru et ces bataillons ne m'ont pas encore été annoncés.

Votre Altesse m'avait donné l'ordre de faire filer ces troupes sur-le-champ vers Kœnigsberg, ne conviendrait-il pas aujourd'hui que je gardasse les quatre bataillons attendus? Il faut, Mon Prince, 15 000 hommes pour garder Dantzig dans les circonstances actuelles sans trop fatiguer les troupes, et je n'ai pas plus de 3 000 hommes pour le service, ayant détaché quatre compagnies pour escorter des prisonniers de guerre et une pour la garnison de Dirschau.

Je n'ai pas besoin de faire remarquer à Votre Altesse Sérénissime combien mes réclamations pour mon approvisionnement de siège étaient fondées, l'état fâcheux des choses montre aujourd'hui quelle est l'importance de Dantzig et cependant cette place, qui peut être le refuge momentané de l'armée, n'est point approvisionnée, tandis qu'il faut 30 000 hommes pour sa défense, base d'où l'on aurait dû partir pour y faire entrer des vivres.

Un marché vient, dit-on, d'être passé. Mais peut-on espérer qu'il puisse recevoir son exécution, si l'on considère que la viande nécessaire ne se trouvera qu'au loin? Le sel même manque ici, car on n'a pas permis aux bâtimens qui allaient en chercher en Suède, chaque année, de suivre leur destination accoutumée.

La cessation absolue du commerce et les sacrifices immenses que Dantzig a dû faire pour l'armée seraient peut-être des motifs pour les habitans de mauvaises dispositions, mais je puis répondre qu'ils ne donneront lieu à aucun mécontentement, je les ai toujours bien traités et je n'ai pas trop à me plaindre de l'esprit public dans les circonstances actuelles.

Je suis, avec un profond respect,

Mon Prince,

De Votre Altesse Sérénissime,

Le très humble et très obéissant serviteur,

RAPP.

Le roi de Naples et son entourage, pleins d'illusions, n'avaient pu admettre la possibilité du blocus prochain de Dantzig. Ils s'étaient laissé arrêter, pour le transport des approvisionnements d'Elbing, par des questions d'argent dont la responsabilité effrayait l'intendant de la Grande-armée, mais qui eussent été vite tranchées en présence du Maître.

Le 10, lorsqu'eut été, à contre-cœur, expédié l'ordre demandé par Macdonald, il fallut bien se rendre à l'évidence et songer à la défense de Dantzig, trop tard, hélas ! pour pourvoir à son ravitaillement.

Le roi de Naples au Major général.

Marienbourg, le 11 janvier 1813.

Mon cousin,

Je désire que vous fassiez connaître au général Rapp que le 10ᵉ corps évacuera vraisemblablement Elbing dans la nuit ou dans la journée de demain pour se rapprocher de Dantzig, que ce corps est destiné à compléter la garnison de cette place et qu'il en prendra le commandement aussitôt qu'il sera arrivé dans son territoire, M. le duc de Tarente ayant reçu l'ordre de rejoindre mon quartier-général. Vous lui annoncerez que c'est lui qui reste définitivement, en sa qualité de gouverneur, chargé de la défense de la place. Il ne devra conserver de toute la garnison que le nombre de généraux indispensables pour le service de la place et renvoyer les autres au grand quartier-général; il devra aussi renvoyer à Stettin et Custrin toute la cavalerie de ce corps qu'il ne croira pas devoir garder dans la place; il faudrait aussi qu'il dirigeât sur Stettin les cinq ou six batteries de campagne que le général Sorbier a ordonné d'organiser à Dantzig.

Il faut, en un mot, lui recommander de ne pas perdre une minute et d'employer tous les moyens qui sont en son pouvoir, pour faire évacuer sur les différentes places de l'Oder le superflu des différens magasins de la place, surtout de l'armement, de l'habillement et des effets de sellerie. Il faut lui faire connaître enfin qu'en lui confiant la défense de Dantzig, l'Empereur lui donne la plus haute marque de confiance et que je suis persuadé que, dans cette circonstance comme dans celles de toute sa vie, il fera bien et qu'il acquerra de nouveaux titres à la bienveillance de l'Empereur.

Sur ce, mon cousin, je prie Dieu qu'il vous ait en sa sainte et digne garde.

J. Napoléon.

On lui transmettait en même temps la lettre du Ministre de la guerre, arrivant de Paris.

Le Ministre de la guerre au général Rapp.

Paris, le 5 janvier 1813.

Général,

J'ai l'honneur de vous informer que l'intention de l'Empereur est que la place de Dantzig soit considérée comme en état de siège, et qu'il soit pris toutes les mesures nécessaires pour son approvisionnement, afin que dans le cas où elle viendrait à être découverte par l'armée, elle puisse résister jusqu'à ce qu'on vienne la dégager.

Votre dévouement à l'Empereur me répond assez, Général, de vous pour remplir, sur tous les points, les intentions de Sa Majesté et pour justifier sa confiance.

Je vous invite, au surplus, à vous concerter avec M. l'intendant général de la Grande-armée, en tout ce qui concerne l'approvisionnement de bouche de la place de Dantzig, ainsi qu'avec le général Éblé pour les approvisionnemens de siège pour le rapport de l'artillerie.

J'ai donné connaissance de ces dispositions à S. A. S. le prince de Neufchâtel.

Recevez, etc.

Enfin, le 11 janvier, Napoléon écrivait encore au prince de Neufchâtel :

Paris, 11 janvier.

Je n'ai pas besoin de vous recommander de bien approvisionner Dantzig. Il doit y rester au moins 10 compagnies d'artillerie, des sapeurs, beaucoup d'ingénieurs et au moins quatre généraux dont un commandant en second et pouvant remplacer le général Rapp. Vous devez avoir un chiffre sûr avec le gouverneur de Dantzig.

Le 10e corps devant occuper Elbing le 11, le grand quartier général se mit en mesure de gagner Thorn, que l'on espérait garder comme centre de réorganisation.

Le Major général au général de Campredon.

Elbing, le 11 janvier 1813.

Le roi ordonne, Monsieur le général Campredon, que vous vous rendiez sur-le-champ à Dantzig pour y prendre le commandement de l'arme du génie.

Le Prince de Neufchâtel, Major général,

ALEXANDRE.

Je pars d'Elbing le 11 au matin avec le grand quartier général et, en route, je reçois l'ordre de me rendre à Dantzig. Le grand quartier général se rendait à Marienbourg.

Couché à Neuteich. — Les équipages du Maréchal y arrivent également. Le 12, arrivé à Dantzig. — Le Maréchal remet ses troupes au général Rapp.

Celui-ci écrivait de Dantzig la lettre suivante.

Le général comte Rapp au Maréchal duc de Tarente.

Dantzig, le 12 janvier 1813.

Monsieur le Maréchal,

Le Roi m'a informé que Votre Excellence ayant

reçu l'ordre de se rendre près de Sa Majesté, les troupes du 10e corps faisaient partie de la garnison de Dantzig. Toute flatteuse que cette preuve de confiance soit pour moi, je ne me dissimule pas la difficulté de la tâche que j'ai à remplir et c'est justement ce qui me fait vivement regretter que Votre Excellence ne vienne point ici.

Je vous prierai au moins, Monsieur le Maréchal, de tenir la campagne autant que cela sera possible à Votre Excellence, afin de me donner le tems de faire entrer dans la place les bestiaux et les fourrages que j'ai donné l'ordre de faire rassembler.

Le général Franceschi, commandant la 34e division m'a prévenu qu'il rentrait à Dantzig; je lui ai donné l'ordre de prendre position en avant de la Vistule et je le fais soutenir par un bataillon qui part à cet effet pour se rendre derrière le même fleuve.

Je suis avec respect,

Le général de division, aide de camp de l'Empereur,
Gouverneur de Dantzig,

Comte RAPP.

Désormais investi du commandement de ce qui restait du 10e corps, Rapp prit, lui-même, les mesures pour retarder l'investissement.

Le 13, la tête de pont de Dirschau est évacuée. Mais le général Bachelu repasse la Vistule, surprend les Russes et les oblige à abandonner un moment la rive droite. — Le général Haxo part de Dantzig avec les officiers et les troupes du génie. Je prends son logement chez M. Weichman, conseiller privé, Jopen-Gasse, près de l'Arsenal.

Le 14 janvier, le Maréchal Macdonald part de Dantzig. La brigade Bachelu est attaquée à Praust; elle contient l'ennemi toute la journée.

Le même jour, je renvoie six de mes domestiques et je réforme une partie de mes équipages.

Le 15 janvier, on resserre les lignes, la droite s'appuyant sur Praust, la gauche sur Reichemberg.

Les Russes commencent le blocus.

Nos troupes se retirent lentement.

Le 16, le général Gault culbute encore les Russes. Ce qui reste de la 34me division revenant de Moscou, rentre dans la place. On resserre encore la ligne, la droite à Saint-Albrecht, la gauche à Reichemberg.

Du 17 au 20, les troupes rentrent encore.

Le 21, le blocus est complet.

De douze mois, les troupes françaises ne franchiront plus le cercle de feux qui marque, le 21 janvier au soir, la ligne lointaine encore des bivouacs ennemis.

DESCRIPTION DE DANTZIG

La Vistule, qui traverse la Vieille Prusse du sud au nord, se partage, en approchant de Dantzig, en plusieurs branches formant un delta. Le bras occidental, arrivé à une lieue de la mer, se détourne vers l'ouest, coule parallèlement à la côte, puis se redresse brusquement au nord, détachant, du continent à sa droite, une bande de sable étroite appelée Nehrung. C'est sur la rive gauche du fleuve, au-dessus du coude de la Vistule, que s'élève Dantzig [1].

La ville est en plaine, dominée seulement à l'ouest par de fortes collines. Elle forme un ovale entouré d'une enceinte bastionnée de vingt fronts dont la Vistule couvre le côté nord.

Une rivière de moindre importance, la Mottlau, venant du sud, la traverse, en forme comme l'axe, découpe au cœur une île comparable à la Cité, dans Paris, et rejoint,

1. Nous donnons en note la description de Dantzig et de ses environs par Elisée Reclus. Moins technique, elle nous montre cette ville sous un jour plus pittoresque que ne le comportait notre sujet.

Dantzig (en polonais gdansk) est une cité fort ancienne, appuyée sur de hautes collines à la base desquelles s'étendent les campagnes du delta; elle est l'entrepôt naturel de tous les échanges entre la contrée de la basse Vistule et les pays d'outre-mer. Des coteaux environnants, les habitants de Dantzig peuvent contempler une partie de leur domaine, les eaux sinueuses du fleuve brillant çà et là entre la verdure, les villages, les groupes de maisons épars entre les arbres, la chaîne régulière des dunes se développant au nord-est en une immense courbe et, par delà le golfe parsemé de voiles, la longue péninsule blanche de Hela : « La vue du golfe de Dantzig, disent les habitants, est une des sept premières du monde. » Elle est certainement fort belle, surtout des hauteurs boisées de l'ouest; l'une d'elle porte l'ancienne abbaye d'Oliva, célèbre par sa chronique, document des plus précieux pour l'histoire locale...

..... Le commerce des céréales, telle a été de tout temps la principale source de richesse pour les habitants de Dantzig. De diverses rivières navigables du bassin de la Vistule allemande, polonaise, gallicienne même, descendent des bateaux plats chargés de blé, qui mettent parfois des mois entiers à suivre le courant du fleuve. Pendant les étés chauds et humides, les grains de la couche superficielle germent et donnent au bateau l'aspect de prairies flottantes.

Arrivés au port, les équipages allemands, polonais, ou ruthènes de ces flottiles jettent dans le fleuve les grains avariés, déchargent leurs embarcations, les dépècent comme vieux bois et s'en retournent à pied dans la patrie.

Élisée Reclus. — *Nouvelle géogr.*, t. III, p. 877.

au nord, la Vistule, au point où celle-ci longe les bastions, ne laissant entre elle et les glacis que des canaux et des marais impraticables. Avant d'entrer dans la ville, la Mottlau se déverse dans les fossés qu'elle remplit, enserrant de ses dérivations le corps de place tout entier.

Dantzig doit à ses cours d'eau d'être l'entrepôt des produits du nord de la Prusse et de la Pologne, qui descendent par la voie fluviale, tandis que les navires remontent de la Baltique jusqu'aux quais de la Mottlau par la Vistule et par un système de deux canaux : l'un, celui de Neufahrwasser, va du fleuve à la mer ; il évite à la navigation la barre de la Vistule et sépare du rivage l'île sablonneuse de la Platte. L'autre évite le coude que fait le fleuve au-dessous de Dantzig et forme l'île du Holm. La libre communication avec la mer est assurée en tout temps par le fort de Weichselmünde, au confluent de la Vistule dans le Nehrung.

Quant aux environs de Dantzig, ils présentent à l'œil trois zones nettement accusées. Si, de la ville, on regarde le nord, on aperçoit une plaine basse et sablonneuse jusqu'à la Baltique. A l'est et au sud, le Werder est une région marécageuse que l'on transforme facilement, à l'aide d'écluses, en une *inondation* qui couvre le tiers du front bastionné. Elle s'étend à plusieurs lieues de distance, limitée à gauche par les digues de la Vistule, à droite par un long faubourg, qui se prolonge vers le sud sous les noms d'Alt Schottland, Stadtgebieth et Ohra. A ces villages enfin commencent les hauteurs, qui, à l'ouest, dominent la cité. Elles sont partagées en deux masses par la vallée de Schidlitz, dont le ruisseau se glisse dans la ville par le front de Neugarten, entre deux forts construits sur les escarpements voisins. Le Bischofsberg regarde le plateau de Stolzenberg, le Hagelsberg fait face au plateau de Zigankenberg et se lie par le front d'Oliva, à la Vistule. Au nord-ouest, on rejoint la plaine qui sépare Dantzig de la mer. Une large allée d'arbres la coupe en ligne droite, allant de la porte d'Oliva au village de Langfuhr puis au bourg même d'Oliva, et la Vistule la traverse au moment de rejoindre la Baltique.

Telle est la place qui fut enlevée en 1807 au corps prussien du général Kalkreuth et qu'allaient, pendant plus de 11 mois, défendre les Français.

ÉTAT DE LA PLACE EN JANVIER 1813.

(Note de la main du général de Campredon.)

Le Gouvernement français, après s'être rendu maître de Dantzig en 1807 [1], avait cherché à en faire sa plus grande place d'armes dans le nord de l'Europe et le principal point d'appui de ses opérations offensives. Sa position admirable sous tous les rapports favorisait beaucoup les vues du Gouvernement; le plan adopté pour cela présentait un ensemble de fortifications, l'un des plus vastes que l'on ait jamais conçus.

Une chaîne de forts, dont quelques-uns très considérables, devait lier la place même de Dantzig, qui est déjà immense, avec celle de Weichselmünde, située à l'embouchure de la Vistule, à plus d'une lieue de Dantzig.

Cette forteresse, qui défend un bon port ainsi qu'une excellente rade, avait été fort agrandie des deux côtés de la Vistule et se liait au camp retran-

1. Dantzig avait été déclarée par l'Empereur ville libre s'administrant elle-même.

ché de Fahrwasser, en sorte que l'ensemble des ouvrages de Weichselmünde formait à lui tout seul une grande place de guerre.

D'après cet aperçu, on peut se faire une idée de la prodigieuse étendue de la totalité des fortifications de Dantzig, que 60 000 hommes auraient pu occuper sans gêne et qui en exigeait 25 à 30 000 pour être bien défendu, tandis que l'état de faiblesse où les malades avaient mis la garnison, dès les premiers jours du blocus (qui commença le 15 janvier 1813), lui laissait à peine disponible le tiers des forces qui auraient été nécessaires....

On avait recueilli environ 36 000 hommes de troupes de vingt nations diverses, Français, Polonais, Espagnols, Napolitains, Allemands, etc., sujets de douze à quinze princes. Ces troupes appartenaient à plus de cent corps différens [1], et renfermaient une foule d'hommes malades, éclopés, épuisés de faim, de fatigue ou à moitié gelés, dont la plupart portaient dans leur sein le germe de cette fièvre nerveuse répandue alors dans toute l'armée. Malgré les soins infinis que l'on se donna, les hôpitaux furent bientôt encombrés, ou plutôt la ville entière devint un vaste hôpital et la contagion fut si rapide qu'en moins de trois mois, on vit périr la moitié de la garnison. La majeure partie de l'autre moitié restait encore malade ou infirme et, vers les premiers jours de mars, à peine avait-on

1. *Voir* le tableau donnant l'état de la garnison.

six à sept mille hommes à présenter à l'ennemi...

Plusieurs autres circonstances fâcheuses augmentaient beaucoup les difficultés de la défense. Cette superbe place de Dantzig, qui était destinée à jouer le plus grand rôle, si les armées françaises avaient conservé leur supériorité, n'était en quelque sorte qu'ébauchée dans ses parties extérieures lorsqu'elle commença à être attaquée. La confiance que le gouvernement français avait dans la continuité de ses prospérités lui avait fait adopter, pour l'agrandissement de cette place, des projets d'une telle étendue que leur exécution complète aurait demandé un grand nombre d'années [1] ; 7 à 8 millions déjà jetés en travaux de fortifications, quoiqu'employés avec beaucoup d'économie, avaient été très insuffisans. Plusieurs ouvrages importans n'étaient pas même commencés; beaucoup d'autres étaient restés imparfaits; les fronts d'attaque même n'étaient point achevés, ni revêtus en maçonnerie; en sorte que ces fronts, n'étant point susceptibles de recevoir de l'eau dans leurs fossés, ne se trouvaient point encore à l'abri d'un coup de main. Mais ce qu'il y avait de plus inquiétant, c'est que cette place, destinée à éprouver un des plus terribles bombardemens dont l'histoire fasse mention, n'avait pas un seul magasin voûté à l'épreuve de la bombe, pour mettre en sûreté les munitions de

1. La commission se composait des généraux de brigade Chambarlhac et Haxo et du colonel de Richemont, directeur des fortifications.

guerre et de bouche, les hôpitaux, etc. Tous les fonds accordés avaient été, d'après les ordres du gouvernement, appliqués exclusivement à entreprendre les ouvrages de fortification restés imparfaits...

Ces inconvéniens n'étaient pas encore les plus fâcheux. Lorsque l'ennemi se présenta devant Dantzig, c'était le moment le plus rigoureux de ce cruel hiver. La place, entourée, dans la majeure partie de son pourtour par les eaux de la Vistule, de la Mottlau, de la Radaune et des inondations pratiquées pour sa défense, ne présentait, dans son immense étendue, qu'une vaste plaine de glace très épaisse, capable de supporter la plus grosse artillerie et qui offrait de tous côtés un facile accès aux attaques de l'ennemi.

Tout le développement de cette partie des fortifications avait été toujours négligé, comme suffisamment défendu par les eaux, et les ouvrages, presque tous informes ou dégradés, y présentaient à peine les moyens de résistance d'un faible camp retranché. Les autres portions du pourtour de Dantzig, qui n'étaient pas protégées par les eaux, n'offraient pas plus de sûreté. Les neiges glacées encombraient de tous côtés les chemins couverts, de telle sorte qu'on pouvait y pénétrer partout avec la plus grande facilité et que cet ensemble de forteresses offrait à l'ennemi un développement de 4 à 5 lieues, qu'il pouvait aborder aisément sur tous les points et qui aurait exigé, pour être bien défendu, six fois plus de troupes qu'il n'y en avait dans la place.

Ce qui mettait le comble aux inquiétudes des défenseurs de Dantzig, c'était le mauvais état des approvisionnemens. La place, il est vrai, était suffisamment pourvue de grains et de munitions de guerre, mais plusieurs objets essentiels manquaient totalement; il n'y avait ni fourrages, ni bestiaux, presque point de riz, de légumes secs, de viande salée, ni d'eau-de-vie : tout cela avait été enlevé pour l'usage de l'armée et abandonné en grande partie dans les magasins qui tombèrent au pouvoir de l'ennemi.

Telle était la situation de la place de Dantzig lorsqu'elle fut investie au milieu de janvier; sa faiblesse réelle et celle de sa garnison, abîmée par les maladies, étaient portées au point que si les alliés avaient pu réunir, pendant la durée des gelées, un corps de troupes considérable, ils auraient été à même de tenter une attaque de vive force avec beaucoup d'espoir de succès, et cette attaque n'offrait point de grandes difficultés dans les premiers momens lorsque les assiégés n'avaient pu venir à bout de rompre la glace.

Par bonheur, le commandement était entre les mains d'un homme à la hauteur de ces circonstances critiques, et que les désastres de la retraite n'avaient en rien démoralisé. Rapp venait de recevoir, à la Mojaïsk, sa vingt-deuxième blessure, il avait encore été précipité à bas de son cheval en couvrant l'Empereur dans les derniers jours de la retraite; il arrivait de Smorgoni, le nez et deux doigts gelés, affaibli par les fatigues de cette campagne néfaste ; mais il n'avait rien perdu de son indomptable énergie.

Pour prendre la direction des travaux de défense, on lui avait adjoint le commandant en chef du génie du 10e corps, le général de division de Campredon, qui avait, en 1806, dirigé devant Gaëte le premier grand siège régulier de l'Empire. Il était activement secondé par le directeur des fortifications de Dantzig, chargé d'exécuter le plan de la commission, le colonel de Richemont.

Les troupes étaient commandées : la 7e division, par le général Grandjean, déjà vieux divisionnaire, qui venait de soutenir la retraite depuis la Dwina jusqu'à la Vistule ; la 30e division, par le général Heudelet, le soldat de Hohenlinden, d'Austerlitz, d'Iéna, d'Eylau, qui arrivait d'Espagne ; la 33e division italienne, par le général Detrès qui était venu de Naples à la tête des 11 000 hommes de troupes amenés, en 1812, par le roi Joachim Murat ; enfin la 34e division, que l'on était en train de former, par le général de brigade Franceschi.

Le général Lepin, commandant l'artillerie ; Cavaignac, commandant la cavalerie ; le contre-amiral Dumanoir ; les généraux de brigade d'Héricourt, chef d'état-major général, et de Bazancourt, commandant supérieur de la place, formaient, avec les généraux de brigade Bachelu, prince Radziwill, Breïssan, Husson, Gault, Pepe, Devilliers, un état-major tel que jamais garnison assiégée n'avait certainement vu le pareil.

Les cadres étaient, de plus, excellents ; on devait, avec du temps, aguerrir ce que l'on avait de troupes jeunes ou démoralisées, mais le danger était imminent ; d'un instant à l'autre, l'ennemi pouvait tenter l'assaut.

II

LE BLOCUS

15 janvier 1813. — Les Cosaques se répandent autour de la place et en complètent l'investissement. Ils ne paraissent soutenus que par fort peu d'infanterie, jusque vers la fin du mois.

M. le Gouverneur général donne l'ordre aux divisions qui tenaient encore la campagne à plusieurs lieues de distance, de rentrer dans la place, et il établit le service de l'intérieur sur le pied du blocus. Quoique les Cosaques se soient déjà montrés sur tous les points autour de la place, on parvient encore à faire partir deux colonnes, l'une le 17 et l'autre le 18.

Nos troupes prennent les positions suivantes autour de la place. Les villages d'Ohra, de Stolzenberg, de Schidlitz, de Langfuhr et de Stries sont occupés en entier et les vedettes poussées à quelques centaines de toises en avant. Les maisons qui bordent le fossé sont également occupées. Sur la droite de la Vistule, nos avant-postes s'avancent jusqu'à Bohnsack et, dans l'Inondation, nous sommes maîtres des premières maisons en avant du fort de Lacoste, de Burgerwald et de toutes les autres maisons intermédiaires. Nos troupes font journellement des fourrages dans le Werder et dans les villages en avant de nos avant-postes, tels que Pitzkendorf, Schönfeld.

Pendant ce tems, le Génie s'occupe de casser les glaces des fossés de la place et de la Vistule. Ce travail, extrêmement pénible, fatigue beaucoup la garnison; mais on vient à bout, à force de constance, d'entretenir dans les fossés une cunette de trente pieds de largeur. On relève les glaces de cette cunette du côté de la place, et on en forme un obstacle au moins aussi difficile à franchir qu'un rang de palissades.

Le dégagement des glaces de la Vistule ne réussit pas aussi bien, et elle reprend plusieurs fois malgré les soins que l'on met à l'entretenir libre. On s'occupe en même tems de fermer la trouée en avant de la Mottlau par un bastingage placé sur le pont du bateau et formant courtine. Et on a soin d'entretenir en avant un large fossé, derrière lequel sont deux rangs de chevaux de frise.

Le pont de l'écluse d'amont est également couronné par un bastingage, et l'entrée de la Radaune fermée par des chevaux de frise et défendue par un bastingage en arrière.

NOTE [1].

Les difficultés n'étaient pas moindres pour les tras

1. Nous donnons, sous le titre de note, des appréciations sur les événements du siège, écrites, en 1814, par le général de Campredon.

vaux des fortifications, qu'il fallait entreprendre presque sur tous les points, d'après l'état d'imperfection où se trouvaient les ouvrages. La terre était gelée à une assez grande profondeur et l'on ne pouvait l'ouvrir avec les plus forts instrumens, qu'après l'avoir amollie par de grands feux. Ces travaux furent suivis sans interruption jour et nuit malgré un froid de plus de 20°. L'armement de la place en artillerie exigea aussi de grands travaux [1], de même que l'extension des hôpitaux, des magasins à poudre et des établissemens militaires de toute espèce, tels que les moulins à moudre les grains; car tous ces objets avaient été entièrement négligés dans un tems où l'on ne songeait qu'à l'offensive et où l'on n'imaginait pas que, de très longtems, Dantzig pût être exposé à soutenir un siège.

Mais tous ces soins n'auraient servi à rien, si l'on n'avait pris des mesures vigoureuses, afin de pourvoir au défaut d'approvisionnemens en vivres et fourrages; et sans le succès de ces mesures, la place devait tomber très promptement. Il était donc de nécessité absolue de tenir les dehors à une grande distance, afin de conserver les ressources précieuses que fournissaient les faubourgs ainsi que plusieurs villages, dont quelques-uns s'étendaient jusqu'à plus d'une lieue de Dantzig. C'était sans doute une entreprise hardie de chercher à se

1. En février, on comptait 500 pièces en batterie. Relation de la défense de Dantzig en 1813, par P.-H. d'Artois, Paris, 1820.

maintenir dans un si grand espace avec une garnison très affaiblie et accablée de service.

L'ennemi, qui sentait l'importance d'ôter ces ressources à la garnison, renouvela plusieurs fois ses attaques pour parvenir à la resserrer plus étroitement. Ce fut l'objet de plusieurs combats à la suite desquels les assiégés conservèrent toutes leurs positions.

1er février. — L'ennemi commence à montrer des masses d'infanterie et à inquiéter nos fourrages. — Reconnaissances le 2 et le 3 février. — Il attaque, le 4 février, le village de Langfuhr et s'en empare. On envoie le lendemain les Napolitains commandés par le général Detrès [1] pour le reprendre; mais leur attaque n'ayant pas réussi, on la renouvelle le jour suivant avec des Polonais et on chasse complètement les Russes non seulement de Langfuhr, mais même de Stries. Quelques jours après, un chef de bataillon de la Lippe [2], s'étant avancé imprudemment et sans ordre en avant du Zigankenberg, avec trois cents hommes environ, fut blessé et enlevé avec toute sa troupe. Seul, le major de Horadam parvient à rentrer dans la place.

Dès que nous eûmes repris Langfuhr, on crénela les deux maisons de ce village les plus rapprochées de la place afin de donner à la réserve, placée à

1. Detrès ou d'Estrées, venu de Naples à la tête des 11.000 hommes de troupes qu'avait amenés Murat. — Le colonel Degennero et le colonel Farine prirent part à cette affaire. Rapport.
2. De Heering.

l'Allée-Engel, les moyens d'y rentrer en cas d'attaque avant que l'ennemi en fût totalement maître.

On continue à casser les glaces et on s'occupe d'établir sur chaque courtine des fronts de l'inondation des tambours en palissades dans les fausses brayes. On ferme à la gorge le Keiphoff et on entretient une coupure à droite et à gauche, traversant perpendiculairement les fossés de la place, afin d'empêcher l'ennemi de tourner ce fort.

Il est mort 400 hommes aux hôpitaux.

Il a fallu réduire la ration des chevaux à trois livres de foin, trois livres de paille, un boisseau d'avoine, 2 boisseaux de son.

On organise les hommes isolés, réfugiés dans Dantzig, en régiments provisoires, sous les ordres du général de brigade Franceschi [1], commandant la 34e division, et l'on s'attache à rétablir la discipline ébranlée par les souffrances de la retraite, à remonter le moral des troupes, dont une partie (la 30e division, la seule intacte), n'a qu'un an de service et voit le feu pour la première fois.

Des proclamations et des lettres des généraux russes parviennent en ville, invitant les habitants à livrer la place aux assiégeants, les troupes polonaises, bavaroises et saxonnes, à tourner leurs armes contre la France.

Le Gouverneur, loin d'interdire la propagation de ces lettres, les fait, lui-même, publier dans les gazettes et lire à l'ordre des régiments [2].

1. Mort du typhus pendant le blocus.

2. Relation de *la défense de Dantzig en 1813*, par P.-H. d'Artois. Paris, 1820.

25 février. — L'ennemi nous resserre de plus en plus et ne nous permet plus d'aller fourrager au-delà de nos avant-postes. Vers la fin du mois, il fait une coupure dans la digue de la Radaune à la hauteur de Praust et par là nous enlève les eaux qui faisaient aller les moulins de la Alt-Stadt et alimentaient la plus grande partie des fontaines de la ville.

Il est mort environ 2000 hommes en février. — Le relevé des hôpitaux présente 130 morts en 24 heures, plus de 15 000 malades.

La démoralisation était, avec le défaut de nutrition et l'épuisement, la grande cause de propagation du fléau.

« Les affections de l'âme » dit J.-B. Tort, un des médecins employés à Dantzig, « furent de toutes les causes prédisposantes, les plus générales ; notre pénible situation, la douleur de voir périr journellement un grand nombre de nos frères d'armes, le pressentiment d'un avenir des plus fâcheux, la perspective d'une captivité dure et peut-être longue, affligeaient vivement ces guerriers, qui avaient donné tant de preuves de courage et qui étaient dignes d'un meilleur sort.

« Nous remarquâmes plus particulièrement l'influence des affections tristes sur les Napolitains et les Français, dont l'imagination, facile à s'exalter, leur faisait ressentir plus vivement les peines et les inquiétudes de leur situation..... En général, les troupes attachées au génie et à l'artillerie, qui faisaient partie de la garnison de Dantzig, recevaient des secours plus étendus que les autres troupes, par les ressources particulières que pouvait leur offrir l'administration de ces deux armes et par les soins assidus que leur prodiguaient MM. les généraux de Campredon et Lepin qui les commandaient et dont les journaux officiels ont fait connaître les importans services. Ces deux officiers généraux parvinrent à diminuer considérablement la mortalité parmi les troupes qui étaient sous leurs ordres[1]. »

Le Gouverneur se décide à envoyer par mer le duc d'Aremberg[2], officier d'ordonnance de l'Empereur, en Danemark, pour prévenir l'état-major général de la situation de Dantzig. Le navire est rejeté à la côte.

A partir du 15, la température s'adoucit ; les pluies commencent ; mais aux dangers que faisait courir la gelée succède un autre péril.

Le 25 février, arrive la débâcle générale. La Vistule, depuis 1775, n'avait pas éprouvé de crue aussi considérable ; elle rompt ses digues, menace de renverser le fort Napoléon et produit des dégâts terribles sur une foule de points de la fortification. Le bâtardeau de droite de la sortie de la Mottlau est emporté ; l'écluse de Rückfort et une partie de la digue le sont également, et l'inondation menace de

1. Dissertation sur le typhus contagieux de Dantzig, par par J.-B. Tort.

2. Et le capitaine Chikoski (d'Artois).

s'écouler par ces larges brèches et de laisser sans défense un tiers du front de la place. On parvient, à force de travail et d'activité, à la soutenir au moyen de deux bâtardeaux provisoires établis, l'un à l'emplacement de l'ancien et l'autre dans la petite rivière de la Roswick, à 200 toises environ de l'écluse de Rückfort. La partie du parapet du fort Napoléon qui avait été emportée fut rétablie, enfin tous les dégâts furent réparés. Le mémoire particulier des travaux du génie donnera de plus grands détails à ce sujet [1].

1er et 5 mars. — L'ennemi devient de plus en plus entreprenant sur les avant-postes et, le 5, il attaque sur toute la ligne, à 3 heures du matin. Il repousse d'abord nos avant-postes avancés jusque

1. *Voir* à la fin le rapport sur les travaux du génie.

Nous empruntons à M. Elisée Reclus les détails suivants sur les crues de la Vistule : La Vistule (la Weische des Allemands, la Wista des Polonais) est bordée de grands marécages que l'on conquiert peu à peu par des endiguements. Toutefois, les terres nouvelles restent fort menacées, non seulement par les inondations ordinaires qui peuvent faire céder les digues, mais aussi par des débâcles soudaines des glaces d'hiver. De tous les courants de l'Europe centrale, la Vistule est celui que le charriage des glaçons rend de beaucoup le plus redoutable. Lors de la débâcle de 1855, la plus terrible du siècle, la crue s'ouvrit plus de trente brèches dans les levées latérales, et presque toutes les campagnes basses de ses rives furent inondées. Le fleuve, coulant du sud au nord, c'est-à-dire vers des latitudes plus froides que le point d'origine, les glaces brisées en amont rencontrent en aval ces couches encore résistantes ; elles se redressent, s'accumulent, retiennent les eaux comme une digue, puis au moment où cède la glace inférieure, se précipitent en détruisant les rives sur leur passage.

E. Reclus, t. III, p. 799.

sous le canon de la place et s'empare d'Ohra, du Stolzenberg, de Schidlitz et du Zigankenberg. Langfuhr, un moment occupé par lui, est enlevé à la baïonnette [1], mais il tient ferme du côté d'Ohra.

Pendant qu'on lui dispute les maisons les plus rapprochées de la place, le général Bachelu se porte avec une colonne de 4 000 hommes [2] sur la hauteur du Zigankenberg, et, de là, rabattant son mouvement sur Ohra, il fait environ 3 à 4 cents prisonniers à l'ennemi et lui enlève une pièce de canon [3] dans Schidlitz. L'artillerie prenant l'ennemi à revers à Ohra, lui fit le plus grand mal. Les Russes, se voyant débordés et craignant pour leur retraite, prirent la fuite. L'artillerie les poursuivit et tira sur leur colonne à mesure qu'elle sortait du village. Le chef d'escadron Farjon et le capitaine Faury commandaient l'artillerie. On mit dehors ce jour-là 24 pièces. Du côté de Neufahrwasser, le major de la Nougarède a dégagé par une sortie ses petits postes.

L'ennemi, satisfait de cette leçon, nous laisse

1. Cités chefs de bataillon Bauer et Clamon.

2. Tout ce dont pouvait disposer la place par suite des maladies. Il n'y avait pas en ce moment plus de 10.000 hommes à peu près valides.

3. Le sous-lieutenant Vanus, le maréchal-des-logis d'Antresol et le fourrier Hatuite arrivèrent en première ligne sur la pièce. A Ohra, 13 officiers sur 15 avaient été tués ou blessés. Le chef de bataillon Bouland eut 3 balles dans son shako ou dans ses habits et un cheval tué. Le rapport cite l'adjudant Delondres, le sergent-major Tarride, le lieutenant Bouvenet, le général Devilliers, le colonel d'Egloffstein et le major de Horadam.

parfaitement tranquilles du côté de la terre et s'occupe à nous intercepter les vivres et à gagner du terrain dans l'Inondation.

L'affaire du 5 fut très vive, l'ennemi paraissait vouloir surprendre la place par un coup de main. Il vint faire le coup de feu jusque sur les glacis. L'ennemi, dans la journée du 5, s'était avancé par la vallée de Schottenhauser et avait été sur le point de couper la retraite à un poste de la tête d'Ohra; pour éviter par la suite un pareil accident, on fit une coupure en palissades entre les maisons qui occupent cette vallée et on les relia par une communication également palissadée à une maison carrée placée à l'embranchement de la grand'rue de Schottenhauser et de la Radaune; on crénela et on palissada cette maison de manière à en faire un poste qui pût tenir jusqu'à l'arrivée des réserves. On en fit autant du corps de garde en arrière qui occupait le milieu de la grand'rue d'Ohra, et d'une maison à la même hauteur, élevée sur la digue de la Radaune.

On organise une flottille armée de pierriers pour opérer sur l'Inondation. La tempête et la gelée empêchent toute expédition.

25 février. — Mort du général de brigade Franceschi, enlevé par l'épidémie.

24 mars. — Le 24 mars, Monsieur le Gouverneur ordonne une sortie générale. On donne des inquiétudes sur tous les points à l'ennemi, pendant que le général Heudelet et le général Bachelu se portent.

avec de l'artillerie à cheval, à Saint-Albrecht pour occuper la tête de la digue de l'ancienne Radaune, pendant que les troupes sorties par la porte Legethor et celles placées dans dix-huit embarcations armées de fusils de remparts, commandées par le capitaine d'artillerie Gauthier, s'en rendent maître et y font une coupure. On prit environ 250 hommes à l'ennemi [1], parmi lesquels des Cosaques que l'on appelle « sans pardon » et qui portent sur leurs schakos des têtes de mort.

On ramena une grande quantité de bestiaux; mais un des objets essentiels de la sortie fut manqué ; on voulait, après avoir fait une coupure aux digues de la Radaune et de la Mottlau, s'établir en arrière d'une manière assez solide pour rester maîtres du Werder qui offrait de grandes ressources. Mais, par un malentendu, les troupes qui étaient sur la digue se retirèrent trop tôt et ne donnèrent pas le tems aux troupes du Génie d'y former un établissement. On se contenta alors de se fortifier à 500 toises en arrière sur les digues de la Mottlau, au moyen de deux coupures en palanques soutenues par deux maisons crénelées occupant chacune une rive de la rivière. Ce travail fut terminé le 27. Depuis cette époque, nous conservâmes plusieurs petites chaloupes d'une caronade pour faire des in-

1. Les rapports citent le capitaine d'artillerie Faury, qui fut fait prisonnier, le major Seifferlitz, le lieutenant Faber, le tambour Korn, le sous-lieutenant Darbinski, le tambour Matusalick.

cursions dans l'Inondation et surveiller les mouvemens de l'ennemi de ce côté de la place.

Plusieurs habitans de la ville, qui en étaient sortis au commencement du blocus dans la crainte d'un assaut, ainsi que d'autres habitans du pays occupé par l'ennemi, ont profité de notre sortie pour rentrer en ville. Ils ont déjà assez de la prospérité que les Russes leur ont promise.

Il est intéressant de leur entendre raconter toutes les fausses nouvelles dont on les entretenait journellement.

Il est remarquable que ceux qui devaient nous prendre par la famine n'avaient pas reçu de distribution et que les prisonniers paraissaient contens d'entrer pour pouvoir manger.

Il meurt 4 000 hommes dans le mois de mars.

Un navire danois chargé de sel a pénétré dans le port [1] et donné des nouvelles de France.

L'Empereur a passé le Rhin avec ses nouvelles recrues; il marche sur la Saale.

14 avril. — Le commencement d'avril se passa sans événemens remarquables. Dès le commencement du mois, la maladie contagieuse qui avait dévoré la moitié de la garnison, diminua sensi-

1. Rapport de l'ordonnateur Barthomeuf. Le sel manquait, c'était un objet de première nécessité, le navire Danois en fournit pour six à huit mois. On avait été obligé, pour se procurer cette denrée, de brûler les planchers d'anciens magasins de sel et de recueillir le sel dans les cendres.

blement[1], et ses ravages cessèrent vers le commencement du mois suivant. Cet heureux changement fut le salut de la place.

Le 14, le chef de bataillon Szembeck, officier de grande valeur, sortit de la place avec 600 hommes tirés des 3e et 11e polonais et un obusier. Il se porta par une nuit obscure en avant de Stries et enleva un poste de 40 hommes placé dans une des maisons de Brentau. De là le commandant Potocki avec une moitié des troupes alla mettre en fuite le cantonnement de Silberhammer, l'autre moitié se porta à la course dans la plaine de Stries en criant houra et mit l'épouvante dans la ligne ennemie qui se retira sur Oliva. On fit jeter une vingtaine d'obus usque dans les jardins de l'abbaye et on se retira. Le maréchal-des-logis Devillain, avec douze chasseurs, chargeait audacieusement au même moment ous les postes de Cosaques de la plaine de Neu-Schottland et rejoignait à Oliva la colonne.

16 avril. — Le Gouverneur écrit au général Lœwis[2] :

Monsieur le général,

Je devais espérer que je n'aurais plus à me laindre à l'avenir de la conduite de MM. les fficiers russes, mais je me vois avec peine obligé 'en revenir à supprimer de nouveau toute communication. Votre Excellence n'aura pas lieu d'être

1. Il mourait cependant encore une soixantaine d'hommes ar jour à la fin d'avril.
2. Commandant en chef l'armée russe.

étonnée de ma détermination, car elle est sans doute trop bien informée de ce qui se passe dans son commandement pour ignorer les propos déplacés que tiennent les officiers qu'elle envoie en parlementaires. Ils sont tels, que l'un de ces Messieurs, oubliant le caractère respectable dont il était momentanément revêtu, a saisi l'instant où l'on était allé chercher le commandant des avant-postes de Langfuhr, pour engager les soldats westphaliens, près desquels on l'avait laissé, à déserter lâchement le poste d'honneur en leur promettant de l'argent et leur débitant des contes ridicules.

De pareils procédés, M. le Général, doivent interdire toutes relations entre nous et j'ai l'honneur de vous prévenir qu'à compter de demain, 17, je ne recevrai aucun parlementaire et que mes avant-postes ont ordre de tirer sur tous ceux qui se présenteront, ce dont je m'empresse de vous avertir afin d'éviter toute méprise.

17 avril. — Un arrêté du Gouverneur constitue une commission d'approvisionnemens, dont la présidence est donnée au général Heudelet.

Depuis le premier février, chaque soldat en santé a été réduit à :

pour 4 jours	2	distributions	de 4 onces de viande fraîche
id.	1	id.	de 4 onces de bœuf salé.
			ou 3 onces de porc salé.
id.	1	id.	de 4 onces riz ou légumes.
id.	1	id.	de 30 onces de pain.

Les hôpitaux sont réduits aux deux tiers. On fabrique, pour eux, une liqueur faite d'infusion de plantes, mélangée à de l'eau-de-vie et à de l'acide tartrique, pour remplacer la bière. On fait de l'eau-de-vie avec du seigle. On remplace le beurre par de la gélatine extraite des os.

20 avril. — On apprend que le général Lœwis est remplacé dans son commandement en chef par S. A. R. le duc de Wurtemberg, général de cavalerie au service de la Russie.

24 avril. — Son Altesse fait sa tournée aux avant-postes et nous avons l'honneur de l'apercevoir en visitant les nôtres.

26 avril. — Ordre est donné à 1 200 hommes d'infanterie d'élite, commandés par le général Bachelu, 350 hommes de cavalerie commandés par le colonel Farine et une compagnie d'artillerie légère avec huit bouches à feu de se tenir prêts pour une expédition sur la route d'Oliva. Cet ordre est donné pour attirer de ce côté l'attention de l'ennemi.

L'arrivée du nouveau général en chef russe, faisant craindre au Gouverneur de se trouver bientôt paralysé par la masse des forces ennemies, le décidait à tenter une nouvelle expédition. Le Nehrung, bande de terre comprise entre la Vistule et la mer, faiblement occupée, séparée du gros de l'armée par toute la largeur du fleuve et par toute l'étendue de l'Inondation, n'avait pas jusque-là été exploré ; il y avait quelque espoir d'y trouver des vivres.

27 avril. — A l'aube, le général Bachelu sort par le Holm, pousse au pas de charge les avant-postes ennemis de Neufehr sur Bohnsack, culbute les Russes, les conduit jusqu'à Wordeln, où était le gros de leurs forces, les enfonce et s'avance dans le Nehrung jusqu'à Stadt-Hoff, à la séparation des deux bras de la Vistule. L'ennemi fut saisi d'une terreur panique et n'usa pas de ses moyens parce qu'on ne lui donna pas le tems de se reconnaître et que le chef de sa cavalerie fut tué d'un boulet de canon. La batterie légère fut en batterie à Bohnsack en même tems que la cavalerie formée.

Le Gouverneur suivait de sa personne le mouvement avec son état-major et deux batteries de réserve. Mais le général Bachelu conduisit cette expédition avec tant de vigueur et d'impétuosité que cela fut inutile. Ayant appris que l'ennemi s'était retiré à 12 lieues de Dantzig, le Gouverneur fit passer la Vistule aux troupes qu'il avait en réserve, pour chasser l'ennemi de la digue qu'il occupait en avant du fort Lacoste. Ce mouvement fut combiné avec celui de trois chaloupes canonnières dirigées par le contre-amiral Dumanoir.

Nous enlevâmes, tant dans le Nehrung que dans le Werder, une grande quantité de fourrages et de vivres qui commençaient à devenir extrêmement rares. On fit à l'ennemi environ 100 prisonniers et on trouva, dans une batterie placée sur une dune élevée, une pièce de canon et un obusier en bois. Nous restâmes quatre jours [1] dans cette position.

1. Cités par le rapport, le commandant Redon, l'adjudant major Dabski, les sous-lieutenants Schneider et Razewski bles-

Cette opération fut de la plus grande utilité pour la garnison et lui donna pour trois mois de viande et de fourrages, mille têtes de bétail. Les habitans mêmes profitèrent de nos avant-postes et firent entrer en ville une assez bonne quantité de vivres.

NOTE

Cette brillante sortie, qui eut lieu dans un tems où les maladies contagieuses commençaient à disparaître, releva beaucoup l'esprit de la garnison et lui inspira une confiance et une fermeté qui ne se démentirent pas un instant pendant le reste de la défense. A la vérité, elle n'était pas assez nombreuse et, dans les momens les plus heureux, elle ne put fournir au delà de 13 à 14.000 combattans, ce qui n'était guère que la moitié de ce qu'il aurait fallu pour une place aussi étendue; mais tous ceux qui la composaient, éprouvés par tant de fléaux, de fatigues, de privations et par une foule de combats, étaient devenus des soldats aguerris. Toutes les armes rivalisaient d'ardeur et de dévouement; l'union la plus parfaite régnait parmi les troupes, malgré l'extrême diversité de nations et de langage. Elles allaient au delà de leur devoir en toute occasion.

Ces excellentes dispositions donnèrent le moyen de contenir les assiégeans qui s'étaient successive-

és, le major Deskur, le commandant Kamienski, le capitaine .iener, le capitaine Naumann, les lieutenants Brolinski et talinski, le commissaire des guerres Belizal.

ment beaucoup renforcés, de repousser constamment leurs efforts, malgré l'extrême vigueur de leurs attaques et de se maintenir toujours dans tous les points avancés qu'ils cherchaient à nous faire abandonner.

C'est grâce à l'habileté, c'est grâce à l'énergie du général Rapp, secondé par un corps d'officiers tel qu'on en rencontrait rarement dans une place assiégée, que la situation de Dantzig, d'abord si compromise, arriva à être satisfaisante. L'on peut affirmer qu'en d'autres mains la place n'eût pas résisté plus de 3 mois, car la démoralisation était, au début, complète. Toute sa force résida dans l'énergie du commandement, qui sut transformer en troupes vaillantes, disciplinées et dévouées, des conscrits frappés de terreur et des fuyards de toutes les armes et de toutes les nationalités.

La fidélité des nombreux étrangers qui composaient la garnison paraissait à l'ennemi un véritable phénomène. Le sentiment de l'honneur militaire, particulièrement vif à cette époque, suffisait à attacher à notre drapeau les officiers, dont le dévouement ne se démentit pas un instant. Mais la constance de la troupe était plus difficile à expliquer et étonnait vivement l'ennemi, qui mettait tout en œuvre pour l'ébranler. C'est à l'attachement personnel que sut inspirer le Gouverneur, c'est au souffle d'héroïsme, qu'il fit, par son exemple, circuler dans les rangs de sa petite armée, qu'était dû l'excellent esprit dont les écrivains russes et allemands se sont étonnés depuis. A cela, il faut joindre la sympathie qu'inspirait le caractère généralement liant des Français et l'émulation qu'entraînaient entre ces divers corps les luttes incessantes contre un même ennemi.

Officier aussi brillant que brave, Rapp savait frapper l'imagination du soldat. Se montrant partout où il y avait du danger, au chevet du malade comme sur le champ de bataille, il apprenait à tous le mépris de la mort. Chaque jour, on le voyait aux avant-postes, monté sur un de ses magnifiques chevaux, chargeant parfois lui-même les partis ennemis.

Surchauffés à cet exemple, les soldats de Dantzig ne connaissaient plus d'obstacles. Ce n'était pas seulement l'élan des troupes entraînées par leurs cadres, qui était digne de remarque, mais aussi le courage individuel, l'adresse, l'à-propos que chacun déployait dans les moments difficiles. Les rapports fourmillent d'actes d'intrépidité, qu'il serait trop long d'énumérer en détail... Tantôt, ce sont les vedettes isolées qui, chargées par plusieurs Cosaques, loin de s'enfuir, leur font tête. Tantôt, c'est un Français blessé et fait prisonnier à l'attaque du 5 mars, qui non seulement s'échappe, mais encore ramène l'officier qui l'a pris ; ou un tambour polonais qui, avec ses baguettes pour toute arme, se bat corps à corps avec un grenadier et le fait prisonnier ; ou un sergent français qui se jette le premier dans une maison occupée par les Russes et tombe frappé à mort. Ailleurs, c'est un voltigeur polonais qui enfonce seul la porte d'un corps de garde et crie à 40 Russes de se rendre comme la chose la plus naturelle du monde ; c'est le tambour bavarois Kern qui, battant la charge, arrive sur l'ennemi à cinquante pas en avant des siens ; ou le maréchal-des-logis Devillain qui, avec douze chasseurs, charge, de nuit, successivement tous les avant-postes de la plaine de Stries, les oblige à se replier, pénètre dans les lignes russes, y jette l'alarme et rentre sans perdre un homme.

Pour augmenter encore cette confiance de la troupe, pour donner comme une consécration publique à l'esprit d'audace qui l'anime, le Gouverneur [1] transforme la parade du jour de Pâques en une fête militaire hors des

1. Rapport du général Rapp.

murs. Quelques escadrons de cavalerie se déploient dans la plaine au delà de Langfuhr et font reculer les vedettes russes. 7 000 hommes en grande tenue se rangent à la place même qu'elles viennent d'abandonner. Toute la ville est sortie en habits de fête ; l'ennemi contemple de loin ce spectacle singulier.

Le Gouverneur, suivi d'un brillant état-major, passe les troupes en revue, les fait défiler musique en tête, et rentre sans que rien soit venu troubler la cérémonie. Pareille bravade [1] était bien faite pour exalter le moral du soldat !

1er mai. — Le mois de mai fut, à l'extérieur, absolument dénué d'événemens dignes d'être cités ; l'ennemi chercha à nous enlever le poste d'Ohra, le 4 ; nous tentâmes, de notre côté, de lui enlever celui qu'il avait dans les maisons en avant de Rückfort et nous lui tuâmes quelques hommes et lui fîmes 2 ou 3 prisonniers.

7 mai. — Le capitaine d'artillerie Andrieux, avec 24 bateaux de l'équipage de ponts, parcourt le Werder.

Le 17 mai, il en fait de même.

20 mai. — Les hôpitaux sont réduits à une demi-livre de viande de bœuf ou de mouton. La troupe ne mange que du cheval, d'abord ceux impropres au service de la cavalerie, puis ceux des habitans. Le fourrage a été remplacé par trente livres de pain

1. Ordre avait été donné que les armes ne fussent pas chargées. Le Gouverneur était résolu à repousser l'ennemi à la baïonnette. Il avait fait seulement placer huit pièces de canon en arrière de la petite rivière appelée la Stries, pour répondre à l'artillerie ennemie.

fabriqué avec 1/3 de son et 2/3 de farine de seigle. Ils ont de plus une livre de paille et un demi-boisseau de son.

25 mai. — Nous nous apercevons que le camp ennemi augmente. Le son venant à manquer, on donne aux chevaux du pain de farine de seigle brut sans son et deux livres de farine pour barbotage.

29 mai. — Une partie des chevaux est mise au vert et reçoit 3 livres 1/2 de pain et une livre de paille [1].

Depuis le mois de mars, le beau tems avait permis de donner une nouvelle activité aux travaux du génie; la place avait acquis chaque jour un nouveau degré de force et, à la fin de mai, tous les travaux des fronts des hauteurs et ceux que les dégradations de l'Inondation avaient nécessités sur les autres parties de l'enceinte étaient terminés; en un mot la place était dans l'état le plus respectable [2].

1. Les prairies, déjà verdoyantes, furent divisées en deux parties : l'une servit à mettre les chevaux au vert pendant deux mois, l'autre fut fauchée plus tard. (D'Artois.)

2. Cette mise en état de défense du corps de place d'après les plans de la commission primitive fut confiée au colonel de Richemont, qui se trouva continuer les travaux qu'il faisait avant le siège. « Monsieur le colonel de Richemont, directeur des fortifications, dit le rapport du général de Campredon, a développé des talents très distingués, des qualités précieuses et un zèle infatigable, qui lui ont concilié l'estime et l'attachement de toute la garnison. Chargé de la direction des travaux du génie depuis plus de 3 ans, on peut dire qu'il est en quelque sorte le créateur des ouvrages qui ont porté à un si haut degré la force de cette place, laquelle se trouvait hors d'état de défense au commencement du blocus, ces ouvrages n'ayant pu encore être achevés. »

Environ 8 000 malades dans les hôpitaux.

La garnison a perdu environ 10 000 hommes au 1er Mai.

En mai, l'argent commence à manquer, la contribution de guerre de la Courlande est épuisée. Le Gouverneur est obligé d'avoir recours à un emprunt remboursable au déblocus. Les habitants se refusent à le souscrire. Le 11 mai, le Gouverneur nomme un comité spécial ponr effectuer cette répartition et prendre les mesures nécessaires à la perception des fonds : comte d'Heudelet, président; général Lepin, général de Bazancourt, sous-inspecteur aux revues Deel, payeur principal Grandsire.

Les notables ne se prêtent pas à cette combinaison d'une absolue nécessité; on prend quelques otages, et on met les scellés sur plusieurs caisses. On arrive à faire rentrer environ 2 000 000 [1].

Vers le milieu de mai, quelques bruits de conspiration courent. Deux espions russes, poursuivis comme tels, dénoncent M. Pegelau, sénateur et président de la Cour de justice, et l'accusent de préparer une révolution, le 27, pour livrer la ville aux Russes.

Une instruction est ouverte. Elle établit l'innocence de M. Pegelau.

Les espions Redai et Kisch sont pendus [2].

1er juin. — L'ennemi devient plus entreprenant et sa nombreuse cavalerie inquiéte beaucoup nos fourrageurs de vert ; il vient même avec de l'artillerie pour les repousser et nous lance quelques obus dans le village du Stolzenberg et du Zigankenberg. On lui rend la pareille. Le prince Radziwill lui enlève un poste d'infanterie sur la digue.

1. Intégralement rendus après le siège.
2. Rapports.

Sentant la nécessité de se soutenir sur des points aussi éloignés de la place que le sont ceux qu'occupent nos avant-postes du Stolzenberg et du Zigankenberg, on se décide, pour les soutenir, à établir au Zigankenberg trois lunettes formant système entre elles et se trouvant un peu en arrière du village, de manière à ce que les deux des extrémités aient leurs gorges appuyées à l'escarpement qui se présente aux feux de la place, à 400 toises en avant du saillant de la lunette.

Ces ouvrages sont commencés le 2 ou le 3. On s'occupe également à palissader et à couvrir par un masque de terre la dernière maison du Stolzenberg que l'on avait crénelée depuis quelques jours. Enfin, on commence une batterie à gauche de l'allée de Langfuhr sur un mamelon à peu près à hauteur de la grande allée et découvrant parfaitement toute la plaine de Schellmühle ainsi que la tête de Langfuhr et de Neu-Schottland.

L'on entreprend vers le même temps de couvrir par un ouvrage la maison Kabrun que l'on avait crénelée dans le mois d'avril, ainsi qu'une serre placée à l'extrémité d'un jardin d'une maison à gauche de la grande allée, en face d'Aller-Engel.

5 juin. — A 6 heures, l'ennemi fait un mouvement pour nous attaquer, on bat la générale et, dans un moment, tout ce qui devait sortir se trouve en présence. L'ennemi se retire après avoir tiré quelques coups de canon qui nous tuèrent deux soldats et une fille dans le village de Stolzenberg.

6 juin. — Nous apprenons que l'ennemi a fait le mouvement de la veille pour couvrir le passage de quelques centaines de prisonniers français qui, venant de Neustadt, filèrent derrière les lignes ennemies sur Dirschau.

9 juin. — Monsieur le Gouverneur, tant pour protéger un grand fourrage que pour en imposer à l'ennemi qui harcèle constamment nos avant-postes, se décide, le 9 juin, à une sortie générale.

Pour faire le plus de mal possible à l'ennemi et pour étonner les nouveaux venus qui ont établi des camps à demi-portée de canon des avant-postes, on se résoud à employer le plus d'artillerie possible. Le général Lepin fait préparer 40 pièces bien attelées.

Dès le point du jour, les troupes gagnent les hauteurs qui conduisent à la plaine de Wonneberg sans que l'ennemi ait le moindre avis de notre mouvement; les chevaux des Cosaques et de la cavalerie paissaient encore dans la plaine, l'infanterie était dans son camp. On annonce les victoires de Lutzen et de Bautzen, des cris de vive l'Empereur sont mille fois répétés par nos soldats. L'ennemi, ne sachant ce que tout cela veut dire, fait tirer son canon d'alarme. Toute notre artillerie est démasquée au même moment, notre feu fait grand ravage dans les masses ennemies. On voit partout la confusion dans ses rangs et plusieurs pièces sont démontées. Il est obligé d'abandonner son camp de Pitzkendorf. Il ne peut contenir les nouvelles recrues qu'en plaçant un rang de Cosaques derrière elles [1].

1. Au cours de son rapport sur l'affaire du 9, le général Rapp cite « le général Lepin, officier si précieux dans toutes les circonstances, qui a dirigé son artillerie ainsi qu'il l'a fait dans toutes les sorties et a mérité les éloges de nos ennemis.

« Le général de division de Campredon et le colonel du génie de Richemont, qui m'ont accompagné dans toutes les sorties. Je dois dire à Votre Majesté que, dans plusieurs circonstances, leurs lumières et leur expérience m'ont été de la plus grande utilité.

« MM. les généraux Grandjean et Heudelet m'ont rendu les plus grands services dans toutes les occasions. Je me trouve heureux que le hasard et les bontés de Votre Majesté les aient placés sous mes ordres. »

Le général Cavaignac a eu un cheval tué sous lui. Le rapport nomme, comme s'étant distingués, les généraux Husson, Breissan, Devilliers, le colonel d'Egglofstein, le lieutenant-colonel Hoppe, les majors Schneider, Gleize, Fremy, Danger, Bellancourt, le chef de bataillon Duprat, le capitaine Preuthin, le sergent Vignaux.

III

L'ARMISTICE

10 juin. — On reçoit, vers deux heures après midi, la nouvelle de l'armistice conclu, le 4 juin, sous Breslau, entre les diverses armées.

M. Planat, envoyé de l'Empereur, arrive le même jour [1].

1. Nous reproduisons ici le texte des instructions données, lors de l'armistice, aux officiers envoyés dans les villes bloquées : « Les officiers rendront compte verbalement de l'état des choses aux commandans des places, du bon état de l'armée, de la santé de l'Empereur.

« Nos affaires vont au mieux ; l'armée est dans le meilleur état et animée du meilleur esprit. Elle est forte de..... hommes La conclusion de l'armistice donne des espérances pour la paix. Ne vous laissez influencer par aucune insinuation ni faux rapport. Pendant l'hiver vous serez bloqués. L'Empereur jouit de la meilleur santé. »

« Faire une relation de tout ce qui s'est passé depuis l'arrivée de l'Empereur à Paris, en ne parlant pas de la conscription extraordinaire, de la levée des chevaux ; se contentant de dire que nos armées sont à 1 200 000 hommes et qu'il règne dans l'Empire le meilleur esprit ; la régence de l'Impératrice.

« A leur retour, ils apporteront l'état de situation de la place, celui des approvisionnemens de bouche, celui de l'artillerie et des munitions.

« On doit prévoir le cas où, dans le retour, les officiers pourraient être dépouillés par des partis non avoués, afin d'avoir leurs dépêches. Ils conviendront avec les commandans de faire tripler les nombres, c'est-à-dire que, s'il y a 100 canons, on mettra le triple en sus, ce qui fera 400. S'il y a 1000 quintaux métriques de farine, on mettra 4000 et ainsi de suite, de sorte que la vérité sera le 1/4 de la quantité annoncée. Mais il faut avoir soin de ne pas suivre ce principe pour les choses dont

L'Empereur au général comte Rapp.

5 juin 1813.

Le Major-général vous fait connaître la situation des affaires. J'espère que la paix sera conclue dans le courant de l'année; mais si mes vœux étaient déçus, je viendrais vous débloquer. Nos armées n'ont jamais été plus nombreuses ni plus belles. Vous verrez par les journaux toutes les mesures que j'ai prises, et qui ont réalisé 1 200 000 hommes sous les armes et 100 000 chevaux. Mes relations sont fort amicales avec le Danemark, où le baron Alquier est toujours mon ministre. Je n'ai pas besoin de vous recommander d'être sourd à toutes les insinuations et, dans tout événement, de tenir la place importante que je vous ai confiée.

Faites-moi connaître par le retour de l'officier ceux des militaires qui se sont distingués. L'avan-

l'ennemi a connaissance; par exemple, il serait ridicule de dire qu'une compagnie d'artillerie, forte de 100 hommes, est de 400. Mais au lieu d'une compagnie, on mettra 4 compagnies; de même pour les bataillons.

« Cette disposition n'est applicable que pour les commandans qui n'ont pas de chiffre. Ceux qui en ont. écriront en chiffres.

« Envoyer un chiffre au général Rapp; si le chiffre arrive à bon port, il s'en servira. On lui enverra la collection du Moniteur.

« Les officiers envoyés demanderont aux commandans de la place de l'artillerie et du génie le récit de ce qui s'est passé dans la place. Ce récit sera chiffré pour les choses importantes. Ces officiers resteront 7 à 8 jours dans les places, sous prétexte de fatigue. Ils verront tout dans le plus grand détail de manière à pouvoir en rendre compte au retour à l'Empereur.»

cement et les décorations que vous jugerez qu'ils auront mérités et que vous demanderez pour eux, vous pouvez les considérer comme accordés et leur en faire porter les marques, jusqu'à concurrence de 10 croix d'officier et de 100 de chevalier. Choisissez des hommes qui aient rendu des services importants et envoyez-en la liste par le retour de l'officier, afin que le chancelier de la Légion d'honneur soit instruit des nominations.

Vous pouvez également remplir dans vos cadres toutes les places vacantes jusqu'au grade de capitaine inclusivement. Envoyez aussi l'état de toutes ces promotions.

NAPOLÉON.

Le même jour, j'ai une entrevue avec S. A. R. le prince de Wurtemberg, commandant les troupes du blocus, qui avait fait demander à M. le Gouverneur de l'envoyer chercher. Je l'accompagne de devant le Stolzenberg, par Langfuhr, jusqu'au delà de Stries; en passant dans une gorge, nous recevons un coup de fusil d'une de nos vedettes.

Il remarqua particulièrement à Langfuhr les grenadiers du 5e régiment polonais.

Plusieurs officiers russes vinrent à nos avant-postes et y avouèrent des pertes considérables qu'ils avaient faites la veille. La totalité s'élève à 1 300 pour les Prussiens et 500 pour les Russes.

Le 10, dans la journée, plusieurs enterremens marquans dans les camps ennemis. Les officiers russes ont raconté que des milices prussiennes étaient restées à plat ventre pendant toute l'action, et que les coups de bâtons n'ont pu les faire relever.

11 juin. — Je suis envoyé auprès du prince. Mais, par un malentendu, je ne puis traverser les postes ennemis.

12 juin. — Je vais à son quartier-général de Jullmin (chez M. Kralat). Arrivé à trois heures et demie après midi, j'en reviens à onze heures du soir.

L'Empereur a mis à la disposition de M. le Gouverneur 100 croix de la Légion.

Il meurt 40 hommes par jour.

13 juin. — Le colonel de Richemont, que j'avais laissé à Jullmin, s'en retourne.

Il y va de nouveau le 14.

Ces allées et venues n'avaient d'autre but que de régler le *modus vivendi* adopté pendant l'armistice.

Les belligérants, en convenant d'une suspension d'armes, cherchent, pendant toute sa durée, à maintenir, en principe, intacte la situation respective des troupes en ligne. Des stipulations interviennent pour sauvegarder les intérêts des deux parties et régler leurs rapports.

Aux places assiégées, l'armistice serait nécessairement fatal, au même titre que le siège lui-même, si les vivres continuaient à se consommer. Aussi, les puissances conviennent-elles en général que l'armée de blocus approvisionnera la garnison de manière à ce qu'elle puisse, au jour de la reprise des hostilités, continuer la lutte avec les mêmes chances qu'au jour de la cessation. C'est ce qu'avait stipulé Napoléon pour ses places, dans l'article 5 de l'armistice de Pleiswitz $\frac{\text{4 juin}}{\text{28 mai}}$.

ART. 5. — Les places de Dantzig, Modlin, Yavosk, Stettin et Custrin seront ravitaillées tous les cinq jours, suivant la force de leur garnison, par les soins du commandant des troupes de blocus.

Un commissaire, nommé par le commandant de chaque place, sera près de celui des troupes assiégeantes, pour veiller à ce qu'on fournisse exactement les vivres stipulés.

Il leur avait en outre assuré, comme faveur, une région neutre, de manière à éviter les conflits et à laisser respirer les garnisons dont, sans cela, la situation aurait été fort tendue après deux mois de prolongation du siège. Mais au lieu d'éviter les difficultés, cette précaution devait être pour Dantzig la source de premières chicanes.

Ignorant la situation singulièrement favorable et sans précédent, qu'avaient créée l'habileté et l'énergie du Gouverneur, Napoléon avait fait insérer la clause suivante qui se référait aux cas ordinaires où l'assiégé est enfermé dans la place.

ART. 6. — Pendant la durée de l'armistice, chaque place aura, au delà de son enceinte, un périmètre d'une lieue de France. Ce terrain sera neutre.

A la seule rédaction de la clause, on voit qu'elle était conçue en faveur des places assiégées et non contre elles. Or, à Dantzig, cette lieue de rayon au delà de l'enceinte, nous l'occupions en maîtres. L'abandonner et retirer nos avant-postes pour en faire une zone neutre eût été déplorable et contraire à l'esprit de la clause. L'article aurait, à lui seul, fait ce que cinq mois de combats n'avaient pu faire. C'est là cependant ce que prétendait exiger le duc de Wurtemberg.

C'était de notre ligne de défense, des ouvrages construits à Ohra, à Zigankenberg, à Langfuhr, et que nos troupes défendirent, du reste, plus tard, comme elles eussent fait les ouvrages avancés d'une place forte, que devait, d'après nos commissaires, se compter la zone neutre.

On transigea et la question fut réglée par le *statu quo*, chacun gardant ce qu'il occupait.

Des difficultés furent dès le premier abord soulevées au sujet du ravitaillement; une convention, que signèrent le général Lepin et le colonel de Richemont, sembla un moment aplanir les contestations sur ce sujet, mais elles devaient renaître à chaque distribution, au point de compromettre la situation de la place. Le général Rapp profita du départ du capitaine Planat pour en prévenir l'Empereur.

Le comte Rapp à l'Empereur.

Sire,

M. Planat rendra compte à V. M. des chicanes que m'a faites le duc de Wurtemberg : elles étaient faciles à prévoir. Ces Messieurs sont de mauvaise humeur de n'avoir jamais pu réussir contre nous. Cependant, Sire, je dois dire à V. M. que, si l'armistice durait longtems, notre position serait plus fâcheuse que pendant les hostilités et surtout pour les habitans. Car avant les hostilités, je trouvais toujours moyen de faire entrer quelque chose dans la place soit par la force des armes, soit par adresse; maintenant rien n'arrive et l'ennemi nous bloque plus sérieusement que jamais, puisqu'il n'a autre chose à faire et voulait même empêcher nos pêcheurs de sortir, tandis qu'il n'a pu y réussir dans l'état de guerre. J'ai donné l'ordre de faire tirer sur les flottes russes et anglaises, si elles inquiètent encore la pêche.

Il serait bien important que V. M. pût avoir la facilité d'envoyer tous les cinq jours un officier qui retournerait au quartier-impérial après avoir reçu mes dépêches.

Je joins à cette lettre la copie du traité passé entre le duc de Wurtemberg et moi au sujet des articles de l'armistice dont l'exécution a souffert, ici, beaucoup de difficultés.

Je suis avec le plus profond respect,

Sire,

De Votre Majesté Impériale et Royale,

Le plus obéissant et le plus fidèle sujet,

Signé : RAPP.

Dantzig, le 17 juin 1813.

Convention signée par les deux généraux en chef, le général Rapp et le duc de Wurtemberg, relative au mode de ravitaillement de la place et à la démarcation des limites :

1° Les positions respectives des deux corps d'armée resteront telles qu'elles sont présentement, d'après la proposition faite à ce sujet par S. Ex. M. le comte Rapp; l'interprétation de l'article 6 de l'armistice ayant éprouvé des difficultés, l'on s'en remettra par conséquent de part et d'autre à la décision des commissaires nommés par les trois couronnes pour aplanir les difficultés qui pourraient naître de la mise à exécution des articles de la trêve.

2° En conséquence de l'article précédent, les deux parties pourront s'approprier les récoltes existantes en arrière de leurs vedettes et se partager à l'amiable celles comprises entre les avant-postes.

3° La flottille russe ainsi que les chaloupes canonnières françaises participant naturellement à l'armistice, s'abstiendront réciproquement de toute hostilité. La flottille russe se tiendra à portée de canon de Weichselmünde et de Neufahrwasser, ou à l'embouchure de Vistule à la même distance. Tout bâtiment ou toute embarcation qui dépasserait cette limite, à moins le cas de détresse ou d'accident, ou qui chercherait à s'approcher pour sonder sera réputé appartenir aux Anglais. Il est de même interdit aux chaloupes canonnières françaises de s'approcher de la flottille russe plus près qu'à distance d'une portée de canon.

4° La quantité des rations de vivres et des rations de fourrages demandée pour la garnison de Dantzig et la composition de ces deux espèces de rations n'ayant pu être admises par S. A. R. le commandant en chef de l'armée assiégeante, vu que, d'après les renseignemens qui lui sont parvenus à ce sujet, cette quantité diffère trop considérablement des données qu'elle a sur la force de la garnison ; d'un autre côté, M. le gouverneur comte Rapp, ne pouvant se départir de l'état de force de la garnison qu'il a présenté, il a été convenu de s'en remettre aussi à ce sujet à la décision des commissaires ci-dessus mentionnés; en attendant, la place sera ravitaillée immédiatement en calculant sur 17 000 hommes et 1800 chevaux [1]. La composition des rations de vivres et de fourrages sera, en attendant, celle de l'armée russe et conforme à ses règlemens de troupes qui seront remis à S. Ex. le Gouverneur comte Rapp, qui de son côté, fournira de même celle prescrite par le nouveau règlement français du 22 février 1813.

. . . .

. . . .

. . . .

7° Le ravitaillement devant, par suite de l'article 2, s'effectuer d'après la composition des rations et les règlemens russes, il ne sera alloué provisoirement pour les hôpitaux que les médicamens calculés d'après cette base et pour 2 000 malades; mais en cas de décision des commissaires de la Grande-Armée en faveur des assiégés, la quantité de vin prescrite par les règlemens français pour les malades sera fournie par l'armée assiégeante, et s'il y avait impossibilité absolue de se procurer le tout ou

1. L'effectif était de :
20.578 officiers, sous-officiers, et soldats.
404 employés militaires recevant les vivres.
811 prisonniers de guerre recevant les vivres.
21.793 hommes et 2.302 chevaux, non compris ceux des officiers d'état-major pour lesquels il fallait 713 rations dont 352 étaient fournies en nature, et 361 étaient remboursées.

(D'Anjou.)

partie, il y sera suppléé par de l'eau-de-vie, de la bière ou tout autre boisson convenue.

. . . .

. . . .

10° Les fournitures pour le ravitaillement de Dantzig, en conformité de l'article 5 de l'armistice, seront faites à compter du jour de la notification de l'armistice, c'est-à-dire à dater du 10 juin (30 mai, style russe) inclusivement, sauf à rappeler de la date même de l'armistice d'après la décision de la commission des deux grandes armées.

. . . .

. . . .

Signé : duc de WURTEMBERG, — comte RAPP.

Le 18 juin, M. Planat part pour le quartier général russe et en repart le 19 pour le grand quartier-général. — Je lui ai remis mes lettres.

Il emportait tous les rapports du Gouverneur et des différentes armes ainsi que les lettres suivantes :

Le général comte Rapp à l'Empereur.

17 juin 1813.

Sire,

M. Planat m'a remis la lettre dont Votre Majesté m'a honoré, c'est un des plus beaux jours de ma vie que celui où j'ai reçu, après cinq mois de blocus et sachant la ligne de vos opérations à 180 lieues de Dantzig, des nouvelles aussi satisfaisantes de Votre Majesté.

Je n'ai jamais eu d'inquiétude, je m'en reposais sur le génie et sur cette force d'âme dont Votre Majesté a donné des preuves si éclatantes et j'étais certain qu'elle réparerait bientôt tous les désastres de l'hiver passé.

L'ennemi a souvent cherché à nous persuader de mauvaises nouvelles et surtout relativement à l'Autriche, mais je savais à quoi m'en tenir et les réponses que je lui ai faites en différentes occasions prouveront à Votre Majesté que nous ne croyons pas facilement aux contes de M. Kotzebue. Votre Majesté lira avec intérêt les rapports que j'ai l'honneur de lui adresser, ainsi qu'au major général, des affaires qui ont eu lieu dans les environs de Dantzig et elle remarquera sans doute que l'ennemi n'a jamais pu me faire abandonner les positions que j'occupais au commencement du blocus, positions dans lesquelles M. Planat nous a trouvés.

Si les affreuses maladies, espèce d'épidémie, qui ont régné ici et qui m'ont souvent arraché des larmes de sang n'avaient pas causé tant de ravages parmi mes troupes, il y avait un moment où j'aurais pu aller à Kœnigsberg et revenir par Thorn, car l'esprit de cette garnison monte à un tel point que l'on peut regarder chaque soldat comme un brave distingué.

A l'affaire du 5 mars, j'ai battu, avec 5 000 hommes,

20 000 Russes, parmi lesquels il n'y avait pas un homme de milice et je leur ai enlevé du canon et fait beaucoup de prisonniers. J'avais alors 18 000 malades, tant aux hôpitaux qu'aux infirmeries et à la chambre, le reste gardait la ville et les forts extérieurs.

L'affaire du 24 mars a eu lieu avec 4 000 hommes contre 8 000 Russes. Ce n'est enfin que depuis le 17 avril que la santé de nos soldats s'est améliorée. Il a fallu, pour obtenir ce résultat, beaucoup de patience, beaucoup de soins et malheureusement, ici comme partout ailleurs, on n'a pas été secondé par nos administrations. . . . .

. . . .

Pendant mon absence à l'armée les magasins ont été laissés dans l'état de dénûment le plus absolu. On avait consommé en grande partie la viande salée au milieu de l'abondance. Les magasins à fourrage contenaient, à mon arrivée une douzaine de quintaux et, à l'exception du pain, aucun service n'était assuré ; les hôpitaux, autrefois bien tenus, étaient dans un état affreux. J'avais instruit M. le comte Daru de cet état de choses, j'avais même envoyé à cet effet le général Lepin à Kœnigsberg ; mais on me fit dire qu'il n'y avait aucune apparence que je fusse assiégé, ni bloqué. . . . .

Enfin, après la débâcle de Kœnigsberg, on n'a plus pensé à Pillau, ni à Dantzig et on a envoyé l'ordonnateur..... avec des ordonnances pour 2 400 000 francs afin d'approvisionner ma place, au lieu de faire vider, pendant le séjour à Kœnigsberg, les immenses magasins de cette ville et surtout ceux d'Elbing qu'il était facile d'évacuer et qui contenaient des vins, eau-de-vie, rhum, riz, farines, médicamens et tant d'autres objets précieux qui sont tombés entre les mains des Cosaques. J'ai vu depuis des personnes qui voulaient se charger de ces évacuations, mais on a perdu le tems à marchander avec eux et, pour une différence peut-être de 50 000 francs on a laissé perdre des sommes immenses.

Malheureusement le major-général était malade. Son Altesse est la seule personne qui n'avait pas perdu la tête dans cette retraite et qui a rendu les plus grands services à Votre Majesté. Je répète ce que j'ai entendu dire par tous les militaires.

Tout ce que j'ai l'honneur de dire à Votre Majesté sur l'administration est exact, je ne veux faire de tort, ni de mal à personne, mais je dois la vérité à Votre Majesté, puisque le succès de ses opérations en dépend.

J'ai distribué les décorations d'officiers et de chevaliers que Votre Majesté a accordées au 10e corps. Cette faveur a produit un grand effet, les récompenses se sont données avec la plus scrupuleuse équité. Ne serait-ce pas trop demander à Votre Majesté d'accorder encore le même nombre, tant en croix d'officiers qu'en légionnaires et dix croix d'officiers ou chevaliers de la Réunion ? Il y a encore bien des militaires à récompenser et, quoique j'aye eu en général à me plaindre de l'administration, je dois dire que quelques-uns d'entr'eux méritent des récompenses, et particulièrement les officiers de santé dont le zèle et le dévouement ont le plus puissamment contribué à sauver le reste de la garnison. Au reste je ne distribuerais les nouvelles décorations que j'ai demandées à Votre Majesté qu'au cas où la paix me paraîtrait assurée et, dans le cas contraire, je réserverais ces récompenses pour en faire part aux braves qui se distingueraient le plus. Car, ainsi que Votre Majesté l'a pensé, il serait bien avantageux au bien de son service, dans une garnison composée de tant de nations différentes, que celui qu'elle a honoré de sa confiance fût autorisé à récompenser des hommes animés d'un tel esprit de bravoure et de dévouement. Ce serait le moyen de doubler mes forces.

J'ai continué à faire suivre les plans de Votre Majesté, depuis le moment où il a été possible de reprendre les travaux. Votre Majesté trouverait la place dans un bel état de défense. J'ai fort à me louer du général de Campredon et du colonel de Richemont, dont les talens égalent l'expérience.

J'ai eu pendant la saison des glaces, des momens bien inquiétans, l'ennemi ayant souvent menacé de chercher à pénétrer dans Dantzig ; le froid a duré si longtems cette année que le côté faible de la place nous a fait passer bien des nuits dont les fatigues ont augmenté le nombre de nos malades.

Tous nos efforts pour rompre la glace ne produisant pas grand résultat, ce n'était qu'avec beaucoup d'hommes qu'on pouvait arrêter l'ennemi. Les habitans étaient si persuadés que les Russes tenteraient alors un assaut qu'une grande partie d'entre eux ont abandonné la place et quittaient en masse les quartiers menacés, qui sont restés tous inhabités jusqu'au printems.

Les soldats des 30e, 33e et 34e divisions souffraient tant du froid que j'avais peine à rassembler 1 000 hommes de ces trois divisions. La division du général Grandjean faisait seule tout mon espoir parce qu'elle soutenait mieux le froid et que ses hommes étaient bien plus formés.

Votre Majesté trouvera ici une belle artillerie bien attelée, une cavalerie bien montée et méprisant souverainement les Cosaques. Il a fallu bien des soins et des sorties aussi heureuses que celles que nous avons faites pour conserver cette cavalerie et cette artillerie dans un si bon état et avec un pareil esprit.

J'ai établi depuis deux mois une commission d'approvisionnemens de dix-huit personnes prises parmi les chefs de toutes les armes et dans tous les services, à la tête de laquelle j'ai placé le général Heudelet. Cette commission nous a rendu de grands services et je me serais fort bien trouvé de l'avoir établie plus tôt. Mais j'ai tardé à prendre ce parti sachant combien cela contrarierait les chefs de l'administration. J'ai ici 386 hommes de la garde impériale, qui étaient presque tous gelés; 200 sont parfaitement rétablis. La majeure partie est de la vieille garde et fournira de beaux pelotons. J'en ai un soin particulier et je les regarde comme une excellente réserve.

Le major général me parle dans une de ses lettres de conserver Dantzig jusqu'au mois de mai[1] prochain en cas d'événemens inattendus. Il ne faut pas compter sur une défense aussi longue. Il faudrait nous renforcer de 15 000 hommes et avoir pour un mois de vivres de plus. Sans un secours d'hommes, la place ne serait plus tenable l'hiver prochain, car la garnison est composée aujourd'hui de 21 000 hommes et il n'y en a que 12 000 de disponibles. Je perds encore au delà de 1 100 hommes chaque mois.

Un emprunt forcé que j'ai levé sur le commerce de Dantzig nous a été d'un grand secours ; cet emprunt est fixé à 3 000 000 dont 1 700 000 fr. seulement sont rentrés. Sans ce moyen, le payement de la solde était arrêté et si Votre Majesté ne nous assure de nouveaux fonds, nous nous retrouverons dans le même embarras avant un mois.

Les dépenses ont été cependant réduites autant qu'une économie bien entendue l'a permis. Par exemple, on ne paye que la solde, déduction faite des masses, et, quant aux différents services, on prend les matières par réquisition payable au déblocus. On ne paye donc que la main-d'œuvre.

1. Thiers parle d'un ordre de l'Empereur prescrivant à Rapp de ne rendre Dantzig que sur un mot de sa main. Notre lettre semble contredire cette assertion.

Je dois beaucoup d'éloges au général baron de Bazancourt, commandant de la Légion d'honneur, auquel j'ai confié le commandement supérieur de la place. Cet officier général a commandé en mon absence pendant les sorties avec une activité remarquable. Votre Majesté connaît cet officier général très distingué dont je ne puis dire assez de bien.

Je suis, avec le plus profond respect, Sire,
De Votre Majesté Impériale et Royale, le plus humble et le plus fidèle sujet,

RAPP.

Le général comte Rapp au Major général.

10me Corps.

Dantzig, le 17 juin 1813.

Monseigneur,

J'ai reçu la lettre que Votre Altesse Sérénissime m'a fait l'honneur de m'adresser par le capitaine Planat; j'ai versé des larmes de plaisir en voyant votre signature, Monseigneur, car le journal de Berlin m'avait annoncé votre mort depuis trois mois. Votre Altesse jugera combien, après cinq mois de blocus, entouré d'ennemis qui ne nous faisaient savoir que de mauvaises nouvelles, je dois apprécier un souvenir aussi aimable que celui de Votre Altesse.

Je suis heureux, Monseigneur, de vous savoir auprès de l'Empereur, c'est un grand point de consolation et de tranquillité pour ceux qui connaissent aussi bien que moi votre attachement à notre souverain.

Je désire que l'Empereur trouve que j'ai fait mon devoir à Dantzig; je tâcherai toujours de justifier la haute marque de confiance de Sa Majesté, et je prie Votre Altesse de mettre au pied du trône l'expression de ma reconnaissance pour ce que l'Empereur vient de faire pour moi en m'envoyant son grand Ordre de l'Union.

J'ai l'honneur d'être,

Monseigneur,

De Votre Altesse
Le dévoué serviteur

RAPP.

Le général comte Rapp au Major général.

17 juin.

Mon Prince,

J'ai reçu la lettre que Votre Altesse Sérénissime m'a fait l'honneur de m'écrire de Neumark, le 5 juin. M. Planat m'a également remis la collection du Moniteur renfermant le détail des batailles décisives gagnées par l'Empereur sur les armées combinées. Ces heureuses nouvelles ont produit sur la garnison le meilleur effet. Elle a vu que je ne l'avais pas flattée d'un vain espoir et la patience et le courage dont elle a fait preuve ont trouvé la récompense qu'elle devait attendre.

L'armistice m'a également été remis et j'écris particulièrement à Votre Altesse pour cet objet. Je ne dois pas lui dissimuler que cette suspension d'armes, dans l'état où étaient les choses, ne soit plus défavorable qu'avantageuse à la garnison, car les maladies occasionnent encore une perte de plus de 1 100 hommes par mois, d'où il résulte qu'au 1er août nous serons affaiblis de 1 700 hommes. Nos vivres en outre se consommeront et, si le duc de Wurtemberg ne montre pas une meilleure volonté que jusqu'ici, nous ne ferons guère d'économies sur ce que nous aurions pu mettre à part des subsistances qu'il doit nous faire fournir.

Mon état ne m'inquiéterait pas jusqu'à la fin d'octobre [1]. Mais, passé cette époque, ma position deviendra pénible, car nous manquerons de bras pour défendre l'immense développement donné aux fortifications et nous n'aurons pas plus à espérer de ressources du dedans que du dehors.....

Nos ressources s'épuisent et c'est en vain que l'on compterait sur celles que pourrait fournir l'expulsion des habitans. En effet, Monseigneur, il ne faut, pour se convaincre de cette vérité, que se rappeler qu'il y a 2 ans l'Empereur fit requérir 600 000 quintaux de grains. Il ne resta à cette époque que

1. Toutes les prévisions du général Rapp se réalisèrent mathématiquement.

20 000 quintaux pour la subsistance des habitans. Depuis ce moment, ceux-ci ont vécu avec cette portion.

J'ai déjà donné des ordres pour la construction d'ouvrages destinés à défendre la trouée de la Mottlau, point très faible lorsque les rivières sont gelées.

Je fais travailler à tout ce qui peut assurer nos communications, mais je répète qu'il faut des défenseurs.

Votre Altesse ne doit pas douter que, si cela devenait nécessaire, je ne fisse pour me maintenir dans un point quelconque de Dantzig tout ce que l'honneur et mon dévouement pourraient me suggérer.

J'ai été obligé d'avoir recours à un emprunt forcé avec les formes les plus rigoureuses contre ceux qui prétendaient ne pas concourir à la défense commune........

Une maison de commerce étrangère a offert de faire ici les fonds moyennant que le payeur lui assurât le paiement à Paris. Ce serait un grand point de tranquillité. Mais je préférerais que des fonds nous fussent envoyés ; car il peut arriver telle circonstance qui arrêterait, dès le 2me mois, le paiement promis........

Je dois ajouter qu'il est dû à beaucoup d'officiers plus de 11 mois de solde, et qu'une partie de ceux qui sont entrés à Dantzig y sont venus ayant tout perdu dans la retraite. Ces officiers sont dans le besoin, d'autant plus que leur solde est insuffisante dans une place où tout est excessivement cher.

Les craintes du général Rapp, au sujet de la mauvaise volonté apportée au ravitaillement, ne se réalisèrent que trop tôt. Les tracasseries furent sans nombre. Soit calcul, soit difficulté réelle de se procurer des vivres, le général russe s'arrangea pour ralentir le plus possible la livraison et finit, sous un prétexte spécieux, par cesser d'en fournir. Pendant les négociations, les rapports des deux armées étaient des plus cordiaux.

20 juin. — Les généraux Borosdyn et Gerebtzof viennent dîner chez le Gouverneur, qui les reçoit avec beaucoup de distinction.

29 juin. — Le général Borosdyn dîne de nouveau chez le Gouverneur.

3 juillet. — Conférence entre les deux généraux en chef en avant de Stries. — Je reçois M. de Bibikoff.

8 juillet. — Jeudi, les généraux Gerebtzof et Konlebakin viennent dîner chez M. le Gouverneur. Ils emmènent avec eux trois baskirs qui après le dîner font de la musique et tirent de l'arc dans le jardin.

9 juillet. — Je vais dîner chez Monsieur et Madame de Bibikoff et les invite pour dimanche chez le Gouverneur.

Le dimanche, M. de Bibikoff vient dans la place, sa femme arrive plus tard; réception brillante.

14 juillet. — Le Gouverneur reçoit une lettre de M. le duc de Wurtemberg qui lui annonce que son général en chef, Monsieur Barclay de Tolly, lui a ordonné de suspendre la livraison des approvisionnemens à la garnison.

Cette lettre est datée du 12 juillet.

Lettre du duc Wurtemberg au Gouverneur.

De mon quartier général, le 12 (1er) juillet 1813, à une heure du matin. (Style russe.)

« Un courrier, qui vient de m'arriver du quartier-général, m'apporte l'ordre de suspendre les fournitures qui ont été faites, jusqu'ici, à la garnison de Dantzig. Le corps de volontaires qui se trouvait sous les ordres du major prussien Lutzow, ayant été attaqué pendant la durée de l'armistice, sans le moindre motif, on m'annonce que c'est la raison qui a causé cette détermination, qui doit avoir son cours jusqu'au moment où cette affaire sera réglée définitivement.

« En communiquant à Votre Excellence les ordres que j'ai reçus, je la préviens en même tems que cette affaire, qui sera bientôt réglée, ne change cependant point les autres articles de la trêve qui doit subsister dans toute sa teneur.

« J'ai l'honneur, etc...

« *Signé :* ALEXANDRE, duc de WURTEMBERG,

« *général de cavalerie* ».

Le Gouverneur se plaint et réclame au moins la livraison des approvisionnemens jusqu'au 13. Elle est refusée. Le Gouverneur écrit, le 16, qu'il regarde l'armistice comme violé par les Russes et que les hostilités recommenceront le 20, six jours après la notification de M. le duc de Wurtemberg du 14.

Les difficultés soulevées, les lenteurs voulues qui avaient précédé la lettre du duc, les singularités qui entourèrent son arrivée (elle était datée de l'avant-veille, or, il fallait deux heures pour porter une dépêche du quartier général à nos lignes) firent supposer au Gouverneur que l'affaire de la légion de Lutzow, corps de partisans ne comptant pas comme troupes régulières, n'était qu'un prétexte.

Réponse du Gouverneur au duc de Wurtemberg.

Monsieur le Duc,

« Depuis les arrangemens convenus entre nous par suite de l'armistice, j'ai vu, avec beaucoup de peine, que V. A. R. ne les remplissait pas avec l'exactitude qu'exigent de pareilles conventions. J'ai aperçu, dans le retard de toutes les livraisons, une guerre sourde, qui détruisait, par le fait, l'esprit de l'armistice. Malgré mes continuelles réclamations, on a laissé arriérer une grande partie des fournitures; vous n'avez pas même acquitté le courant; et c'est dans cet état de choses que je recois aujourd'hui, 14, la lettre de V. A., en date du 12 (1er) juillet, qui me prévient qu'elle a ordre de suspendre les fournitures. Cette cessation a effectivement lieu depuis 4 jours, c'est-à-dire depuis le 10, et comme notre correspondance peut nous parvenir en deux heures, je ne cacherai point à V. A. avec quels sentimens je dois apprécier la différence de la date et de l'arrivée de votre dépêche.

« Les conditions d'un armistice, M. le Duc, lient également les deux parties; et, dès que l'une d'elles se permet d'en annuler une des clauses principales et des plus essentielles, l'armistice est dès lors rompu, et elle se met en état de guerre contre l'autre; et c'est ainsi que je considère dès à présent la déclaration que vous me faites. Quoique V. A. m'annonce que les autres articles de la trêve subsisteront, elle sentira que je ne puis recevoir de pareilles modifications que par les ordres de mon souverain. Il ne me reste donc plus qu'à la prier de me faire savoir si les six jours, qui doivent précéder la reprise des hostilités, courront du 12 à 1 heure du matin, ou du 14 à midi.

« Je dois lui déclarer au surplus que je la rends responsable de la rupture d'un armistice conclu entre nos souverains, et que je ne puis entendre aucune explication évasive qu'après la réception de tous les vivres qui me sont dus. »

« *Signé :* Comte Rapp[1]. »

1. Les citations suivantes des lettres du général Rapp et du duc de Wurtemberg sont empruntées à la Relation du capitaine d'Artois.

15 juillet. — Le duc répond que ce n'est pas à l'armée de blocus qu'il faut attribuer les entraves apportées au ravitaillement de la place. « Au reste ce n'est qu'à mon souverain, l'auguste empereur Alexandre que je dois rendre compte de mes actions. »

Il déclare qu'il rend le général Rapp responsable de la détermination qu'il va prendre, qui peut empêcher les puissances de s'accorder. « Si malgré mes observations dont, au reste, j'ai pris acte devant mes généraux commandans de corps, vous ne jugiez pas à propos, Monsieur le Général, d'attendre patiemment que l'affaire de la légion de Lutzow, qui a causé la suspension momentanée du ravitaillement de Dantzig (dont les arrérages, au reste, ne sont que suspendus) et des autres forteresses, soit réglée à l'amiable, je vous prouverais que mes braves Russes ne craignent les menaces de personne et qu'ils sont prêts à verser leur sang pour la cause de tous les souverains et de tous les peuples. »

Monsieur le Gouverneur prévient le duc de Wurtemberg que, puisqu'il ne répond pas à sa demande relative à la reprise des hostilités, il lui fait savoir que, le refus de continuer le ravitaillement ne pouvant être interprété que comme une rupture, les hostilités reprendront le 20, à midi.

« Je dois cette détermination à la France et à l'honneur de mon corps d'armée. Je prie V. A. R. de ne pas considérer comme une menace l'obligation où je me suis trouvé d'interpréter la violation d'un des articles du traité comme une déclaration formelle qui annule l'armistice. Je connais les braves troupes russes que j'ai souvent combattues, et je sais qu'elles sont dignes d'être opposées aux nôtres.

« Ma lettre serait finie, Monseigneur, si je n'étais dans l'obligation de faire remarquer à V. A. R., relativement à quelques expressions de sa lettre du 15, que je ne dois également compte qu'à mon souverain de mes déterminations. Que quant à ce que V. A. appelle la cause de tous les souverains et de tous les peuples, ces phrases sont bien extraordinaires dans la lettre d'un prince qui sait, mieux que personne, que l'empereur Alexandre, son souverain, a été engagé pendant cinq ans dans notre alliance, contre le despotisme d'une puissance maritime qui voudrait avoir le continent pour tributaire, et que son auguste frère, le roi de Wurtemberg, a été depuis longtems l'un des plus fermes soutiens de cette même cause. »

Le duc de Wurtemberg renouvelle ses observations au sujet de la responsabilité que prend le général Rapp et ajoute :

« Pour ce qui concerne mon frère, le roi de Wurtemberg, que V. Exc. appelle un des plus fermes soutiens de la cause qu'elle défend, je puis assurer à V. Exc. qu'un général en chef russe ne se croit point inférieur en aucune manière à un roi de la confédération, puisqu'il ne dépend que de l'empe reur Alexandre de m'élever à cette dignité, s'il le juge à propos, et alors je serai roi comme un autre. J'y mettrai cependant une petite condition, c'est que ce ne soit point aux dépens d'aucune puissance ni de personne. »

16 juillet. — Le général Rapp offre une dernière fois ce qu'il a déjà offert par l'intermédiaire du général Heudelet : que le duc de Wurtemberg livre, avant le 20 juillet, les vivres dus jusqu'au jour où le duc a reçu l'ordre de cesser le ravitaillement.

« C'est le seul moyen d'arrangement provisoire que je vois; et, en faisant à V. A. cette proposition qui n'est pas nouvelle, je désire lui prouver que je n'ai pas la prétention de lui forcer la main, mais que je me borne à lui demander l'exécution de la parole qu'elle m'a fait donner à plusieurs reprises par MM. ses généraux et autres officiers. »

Le duc de Wurtemberg envoie un aide de camp pour engager le Gouverneur à ne pas reprendre les hostilités.

Monsieur le Gouverneur lui répond :

« Dès le commencement, j'ai vu, par les belles phrases de Monsieur le duc, qu'il n'agissait pas avec loyauté. J'ai eu affaire aux Turcs que vous appelez des barbares, j'ai trouvé chez eux plus de franchise.

« Dites au Prince que nous sommes ici 15 généraux qui avons chacun 20 campagnes sur le corps et que nous ne sommes pas gens à être traités ainsi.

« Nous sommes ici et nous serons encore ce que nous avons été à Austerlitz, à Eylau, à Friedland, à Moscou. »

Nos travaux extérieurs recommencent le 16 au soir.

20 juillet.—En effet, le 20 juillet, à midi, six coups de canon annoncent la reprise des hostilités.

Une heure avant ce moment, M. le Gouverneur se promène avec tout son état-major et ses généraux devant les nouveaux ouvrages de l'ennemi. Ces ouvrages avaient été entrepris le dimanche 18 juillet et à peu près terminés le 20. L'ennemi y avait employé beaucoup de monde.

21 juillet.— Le 21 et le 22, il n'y a eu que quelques coups de fusil de tirés (de notre part seulement) aux avant-postes.

Le 20, à 9 heures du soir, nous avons commencé les deux nouveaux ouvrages à la droite d'Alt-Schottland en avant du Bischofsberg.

23 juillet. — Vers 3 heures après midi, un aide de camp du Prince vient annoncer sa volonté de continuer la fourniture des vivres à la garnison, et une conférence à ce sujet a lieu, à 7 heures du soir, entre les généraux Borosdyn et Heudelet. On convient que cette livraison reprendra dès le lendemain au soir, 24, ou au plus tard le 25 au matin.

25 juillet. — Le dimanche, 25, cette fourniture ne commence point encore, les Russes font une salve d'artillerie pour célébrer, disent-ils, des avantages obtenus par les Anglais en Espagne.

Le Gouverneur fait aussitirer 50 coups de canon, pour célébrer les victoires de Lutzen et de Bautzen.

26 juillet. — La livraison des vivres par l'ennemi commence le 26, continue les trois jours suivants et se prolonge ensuite.

Le duc de Wurtemberg parvint à ne livrer qu'une faible partie de ce qu'il devait de par la convention.

2 août. — Un officier russe arrive portant des dépêches du quartier-général impérial, parmi lesquelles se trouve l'annonce officielle de la prolongation de l'armistice, qui ne peut pas être dénoncé avant le 10 août, ni rompu avant le 16 du même mois.

Le général Bachelu est nommé divisionnaire.

Le colonel Farine est fait brigadier, ainsi que l'adjudant-commandant d'Héricourt.

Le général Heudelet, grand officier de la Légion.

Le général Rapp, grand-cordon de l'Union.

Le général Detrès, chevalier de la Couronne de fer.

Les généraux Lepin, Husson, Breïssan, commandans de la Légion d'honneur.

Le général comte Rapp au Major général.

Dantzig, 4 août 1813.

Monseigneur,

Un grand nombre d'officiers et sous-officiers étant resté sans emploi dans la place de Dantzig, par suite des morts et de diverses incorporations qui ont eu lieu, ainsi que par l'impossibilité de renvoyer à leurs corps respectifs ceux réfugiés dans la place et retenus par l'état de blocus, M. le Gouverneur Général (*sic*) en a formé un régiment de deux bataillons sous la dénomination de régiment du roi de Rome : sa force est de 675 hommes. Chaque bataillon est commandé par un colonel expérimenté, et se compose de quatre compagnies d'élite commandées par des chefs de bataillon; l'organisation ainsi graduelle présente un régiment d'officiers et de sous-officiers devenant soldats et formant une réserve pour, en cas d'attaque, être placée dans les points les plus importans de la place. Tous les officiers faisant partie de ce corps montrent le plus grand désir de se rendre utiles et de se distinguer dans les rangs où je les ai placés.

J'ai placé à sa tête comme colonel le général Bazancourt, dont les longs et bons services connus de l'Empereur, le dévouement sans bornes à la personne de S. M. et l'attachement à tous ses devoirs, méritent la plus grande confiance et les plus justes éloges, et il fallait être un tel chef pour conduire un tel corps.

Je suis avec respect,
mon Prince,

De Votre Altesse Sérénissime,
Le très humble et très obéissant serviteur,

RAPP.

16 août. — L'ennemi a fourni, pour la dernière

fois, des vivres à la garnison ; il a donné entr'autres ce jour-là douze mille livres de viande.

18 août. — Le surlendemain, le prince Wolkonski a écrit à M. le Gouverneur pour lui annoncer que les hostilités devaient recommencer. Il a été convenu et arrêté que, devant Dantzig, elles ne reprendraient que le 24, à midi.

Le Prince de Wolkonski au comte Rapp.

« Jenkau, le 18 (6) août 1813.

« Monsieur le Comte,

« S. A. R., le duc Alexandre de Wurtemberg, « vient d'être averti, par un ordre de la grande « armée, que l'armistice est rompu [1] et que les « hostilités doivent recommencer, ce dont il m'a « chargé de vous faire part.

« Je suis, etc.

« Prince de WOLKONSKI,

« *Lieutenant général.* »

Réponse du Gouverneur au prince de Wolkonski.

Dantzig, le 18 août 1813.

Je reçois la lettre que V. Exc. m'a fait l'honneur de m'écrire pour m'informer que S. A. R. le duc de Wurtemberg vient de recevoir la nouvelle que l'armistice est rompu; cette communication m'est agréable en ce que l'état des choses était défavo-

1. Les hostilités recommencèrent sur l'Oder, le 16 août.

rable aux troupes du 10e corps, et que la non-exécution des articles de l'armistice relatifs au ravitaillement de la place de Dantzig occasionnait des rapports désagréables entre nous.

Je prie V. Ex. de me faire savoir si S. A. R. le duc de Wurtemberg désire commencer dès demain les hostilités, ou si, conformément à l'armistice, on doit attendre six jours; il m'importe de connaître, à cet égard, ses instructions le plus tôt possible.

Dans le cas où S. A. penserait que le traité d'armistice obligerait à attendre six jours pour commencer les hostilités, je la prie de m'indiquer le jour et l'heure auxquels la trêve devra finir.

J'ai l'honneur, etc.

Comte RAPP.

Sur l'ordre précis de l'Empereur, le gouverneur fait sortir, avant le commencement des hostilités, les bouches inutiles de la place.

GRANDE-ARMÉE
10e Corps
No 52.

ARRÊTÉ

Dantzig, 19 août 1813.

Le Général, Aide de camp de l'Empereur, Commandant en chef, Gouverneur Général,

Considérant qu'il existe dans la place un grand nombre d'individus qui ne sont pas approvisionnés et dont le séjour plus longtems prolongé ne peut que nuire aux habitans qui ont des droits à rester dans la ville en les privant d'une partie de leurs ressources,

ARRÊTE :

Art. 1er. — Tout habitant qui n'est pas compris sur un rôle des contributions de la ville, ceux qui n'ont pas été taxés à l'emprunt forcé quitteront la place dans les vingt-quatre heures.

Art. 2. — Une commission sera nommée pour juger les droits de ceux qui prétendraient rester en ville, et où chacun de ceux qui ne sont pas compris dans l'exception précitée devront se présenter sur-le-champ.

Art. 3. — Cette commission sera présidée par le général, chef d'état-major général du corps d'armée et composée de quatre officiers d'état-major, du directeur et de l'inspecteur des douanes impériales et de deux membres de la commission de logement.

Elle siégera dans une des maisons voisines de la porte Petershagen.

Art. 4. — Monsieur le général commandant supérieur de la place et le commandant de la gendarmerie feront faire chacun de leur côté les recherches nécessaires pour atteindre ceux qui ne doivent pas rester en ville et afin de les en faire sortir dans le délai prescrit.

Les dispositions seront faites aussi pour que ceux qui en seront sortis ne puissent pas y rentrer.

Dantzig, le 19 août 1813.

Signé : Comte RAPP.

Pour copie conforme :

Le général de brigade chef de l'état-major général du 10me corps d'armée.

24 août. — Lors de la cessation des hostilités, la garnison était dans l'état le plus florissant. Elle avait considérablement diminué en nombre par les maladies terribles qui l'avaient désolée depuis son entrée à Dantzig jusqu'à la fin d'avril, mais ce qui restait se trouvait composé d'hommes aguerris et acclimatés et elle pouvait mettre environ 12 ou 15 mille baïonnettes en ligne.

Deux mois auparavant, on pouvait à peine réunir 7 à 8 mille combattans. Le repos que lui donna l'armistice mit fin à toutes les maladies et donna le tems de faire une ample récolte de fourrages sur la grande étendue de terrain dont on avait conservé la possession depuis le commencement du blocus[1]. Les fortifications étaient dans l'état le plus respectable[2]. Ces avantages compensèrent fortement la consommation que nous fûmes obligés de faire de nos provisions, les Russes ne fournissant pas toutes les rations dont ils étaient convenus.

Les Russes profitèrent du tems qui devait s'écouler entre la reprise des hostilités et cette première dénonciation de l'armistice, pour établir une chaine de redoutes ou d'épaulemens allant depuis

1. La majeure partie des vivres fut emmagasinée dans les vastes entrepôts de sept à huit étages de Speicher-Insel, organisés en un commandement spécial.

2. Le génie avait su utiliser les énormes quantités de bois renfermées dans la place, en revêtements, palissades sur deux ou trois rangs, blockhaus ; confirmant une fois de plus, avec bonheur, l'opinion si souvent émise par Napoléon qu'avec de la terre et du bois on peut créer de toutes pièces des fortifications en état de résister à un siège régulier.

la tête d'Ohra jusqu'en avant de Pitzkendorf.

De notre côté, on complétait tous les travaux de la place. On perfectionna les ouvrages du Zigankenberg, la batterie à gauche de l'allée, et l'ouvrage de Kabrun; enfin on commença deux batteries à gauche du Bischofsberg, qui prenaient d'excellentes vues sur les crêtes qui couronnent le village de Schottland et d'Ohra.

La garnison de Dantzig tenait alors la position suivante :

La division du général Heudelet occupait Ohra, Schottenhauser, Stolzenberg et Schidlitz en entier et poussait ses vedettes à 200 toises en avant de ces villages.

La division du général Grandjean occupait le village de Zigankenberg, le plateau en avant et le contrefort qui forme la vallée de Königstahl, les villages de Langfuhr, de Stries et de Neu-Schottland, avec une chaîne de postes allant jusqu'à la Vistule.

Les avant-postes de la garnison de Fahrwasser étaient bien liés avec ceux de Neu-Schottland, en sorte que la communication avec Weichselmünde par la rive gauche de la Vistule était parfaitement libre.

Sur la droite de la Vistule, nous occupions Heübude, et au côté de l'Inondation, nos avant-postes s'avançaient jusqu'à Burgerwald, sur la digue de la Mottlau.

Le corps de blocus occupait de son côté la position suivante : la redoute la plus à gauche de la ligne était placée sur une hauteur, près la route d'Ohra à Saint-Albrecht, à..... toises environ de la tête d'Ohra et se trouvait disposée de manière à enfiler la rue de ce village.

Une seconde redoute se trouvait à gauche de celle-ci, dans une position qui avait un grand ascendant sur le plateau en avant du petit bois d'Ohra. Une troisième redoute se trouvait placée sur le penchant d'un mamelon bien prononcé et étendait son influence sur le plateau dont nous avons parlé précédemment, et sur la tête du village de Schottenhauser.

Plus à gauche, en avant de Schönfeld, se trouvaient deux redoutes éloignées à peu près de .... toises de la tête du Stolzenberg.

Enfin, de l'autre côté de la vallée de Schidlitz, était une première redoute qui enfilait la grande rue de ce village et une seconde en avant du Zigankenberg. Les autres travaux de l'ennemi consistaient en quelques épaulemens qui s'avançaient jusqu'à Diwelkau.

Tous ces ouvrages avaient très peu de consistance et se trouvaient environ à 1.200 toises de la place.

Tout faisait supposer au 24 août, jour de la reprise des hostilités, que les attaques régulières allaient commencer. L'assiégeant, désormais en force, allait sans doute chercher à resserrer l'assiégé dans la place, à ouvrir la première parallèle le plus près possible du front d'attaque, à cheminer en zigzag pour tracer la seconde, puis, au pied même des glacis, la troisième ; ce sont là les préliminaires obligés de l'assaut d'une place forte régulièrement défendue. Cellequi doit fatalement succomber un jour ou l'autre, si elle n'est pas secourue. L'assiégé met sa gloire à retarder, jusqu'aux dernières limites du possible, la reddition.

Il ne pouvait plus être longtemps question pour la garnison de Dantzig de tenir au loin la campagne ; la nécessité de conserver les récoltes ne l'exigeait du reste plus et le terme éloigné, fixé par l'Empereur à la délivrance promise, commandait au gouverneur de ménager ses forces. Il eût été peu sage de les hasarder contre des lignes aujourd'hui fortifiées, munies de canons de gros calibre et défendues par une armée qui devait compter jusqu'à cinquante et soixante mille combattants. Mais, s'il renonçait à aller frapper l'ennemi dans son camp, Rapp ne pouvait que difficilement se résoudre à se renfermer, suivant la règle commune, d'ores et déjà derrière ses murailles, à abandonner, sans en tirer parti, ce que, durant huit mois, il avait occupé en maître ! L'officier général du génie, chargé de diriger la défense régulière, lui donna le moyen d'utiliser, au plus grand avantage de la résistance, la vaste zone que la bravoure de la garnison nous avait jusque-là conservée.

Le général de Campredon, avant d'être plus connu comme savant ingénieur, dont les ouvrages couvrent encore la Lombardie et le royaume de Naples, s'était fait un nom à l'armée d'Italie par son habileté à mettre l'art de fortifier au service des armées en campagne [1]. Les travaux exécutés dans les circonstances les plus critiques, durant la longue défense des Apennins, de 1799 à 1800, et la célèbre défense du Var, l'avaient, jeune général, signalé aux yeux de Bonaparte. Il allait à Dantzig, aux côtés de Rapp, employer avec bonheur les mêmes moyens qui lui avaient une première fois réussi avec Suchet.

Par quelques ouvrages habilement ménagés, faits rapi-

1. Mathieu Dumas. *Précis des événements militaires*, campagne de 1800, I, 205.

dement au fur et à mesure des besoins, utiles à la défense, mais sans utilité pour l'attaque, si les Russes venaient à les occuper, il chercha à éloigner de la place le point de départ des coups de l'assiégeant. Il retardait ainsi le bombardement que l'on pouvait redouter, il forçait l'ennemi à un développement considérable de tranchée, ralentissait ses approches, le frappait jusque derrière ses abris sans exposer la garnison en rase campagne.

La lutte allait s'engager à coups de pioche autant qu'à coups de fusil, rappelant par ses singularités, la marche d'une vaste partie d'échecs.

Le corps du génie devait désormais travailler sans cesse sous le feu, avec cette bravoure froide, plus admirable peut-être que le courage du soldat surexcité par la lutte. Il allait, en première ligne, construire, réparer, défendre ses ouvrages, guider nos entreprises contre ceux de l'ennemi, déployer les qualités qui lui avaient valu, devant ces mêmes murailles, le fameux ordre du jour de 1807 terminé par ces mots : « les sapeurs se sont couverts de gloire! »

NOTE

La facilité des transports par mer avait donné le moyen à l'ennemi de réunir aisément une immense artillerie.

Une nombreuse flottille, soutenue par une escadre légère, bloqua de bonne heure le port de Weichselmünde et dirigea par intervalles un feu très violent contre la forteresse qui le défend ; deux cents chaloupes canonnières ou bombardes portaient des pièces de 24, de 26, et de gros mortiers, toute cette artillerie était parfaitement servie, tant par terre que par mer.

Les assiégés, jugeant par ces grands préparatifs

et par la force de l'armée ennemie que les attaques ne tarderaient pas à être poussées avec beaucoup de vigueur, avaient pris des mesures très actives, afin de tâcher d'en ralentir la marche, et voici le plan qui fut adopté pour cela. Pouvant présumer avec beaucoup de certitude quelle serait la partie de la place sur laquelle l'ennemi dirigerait ses approches, les assiégés se hâtèrent d'occuper, par de nouveaux ouvrages, des positions très avancées avantageusement situées pour obliger l'ennemi à commencer ses opérations de fort loin, et d'où l'on pouvait battre de flanc les cheminemens qu'il aurait à faire pour arriver jusqu'à la place. La difficulté était de construire et d'armer assez rapidement ces nouveaux ouvrages, faits sous le feu de l'ennemi, et qui exigeaient un immense travail pour qu'ils pussent remplir leur objet ; c'était une grande entreprise, mais elle fut exécutée avec beaucoup de bonheur, grâce à l'activité et au courage des troupes [1].

1. Ajoutons : à l'habileté et à l'énergie des officiers. Ces notes, faisant partie d'une notice écrite par le général de Campredon sous les auspices du Gouverneur et destinée à être présentée au Roi en 1814 par Rapp lui-même, parlent rarement de ce qui revient au Gouverneur et à ces officiers dans la glorieuse résistance de Dantzig. C'est pure modestie, et l'on peut affirmer, sans faire tort aux troupes, que c'est au général Rapp, et en second lieu à son état-major, qu'est en majeure partie dû le résultat obtenu.

IV

LE SIÈGE

I

Journée du 24 août. — L'armistice est rompu le 24 août à midi.

L'ennemi conserve les positions indiquées à l'article précédent et couvre toute sa ligne d'un grand nombre de vedettes.

Nos troupes conservent les positions indiquées dans l'article précédent; seulement on rapproche nos vedettes de nos avant-postes.

On entreprend trois nouveaux ouvrages intermédiaires entre ceux du plateau du Zigankenberg et la batterie déjà commencée sur un mamelon très élevé à gauche de l'allée de Langfuhr. On commence également à travailler à la coupure dans le village d'Ohra qui doit faire système avec la maison crénelée et palissadée dans le mois de mars.

Non content, en effet, d'organiser la défense de la place même et d'avoir mis dans un état respectable ses fortifications, le génie, apportant aux opérations régulières l'esprit d'audace qui avait présidé à celles du blocus, portait à l'extérieur ses travaux. Au lieu de faire reculer la garnison derrière ses murailles, il utilisait, au grand avantage de la résistance, la vaste zone que nous avions, durant huit mois, occupée en maîtres. Avec des ouvrages de campagne habilement ménagés, faits en peu de temps, sous le feu de l'ennemi et au fur et à mesure des besoins, il organisait un système de défense lointaine qui allait faire de cette phase du siège un exemple sans précédent.

Les attaques régulières ne pouvaient être dirigées contre Dantzig que de l'ouest, les autres fronts étant couverts par l'Inondation et par l'île du Holm. L'ennemi, en partant de Langfuhr, dans la plaine qui sépare les hauteurs de la mer, devait aborder le front d'Oliva ; ou, partant du Zigankenberg, cheminer sur les hauteurs, comme nous l'avions jadis fait nous-mêmes, contre le Hagelsberg ; ou encore, diriger ses coups contre le Bischofsberg en ouvrant la tranchée sur le Stolzenberg. Ses premiers mouvements devaient bientôt révéler ses intentions et nos ingénieurs se préparaient à régler sur eux leurs travaux.

En avant de l'Hagelsberg, sur la place même qu'avaient sillonnée nos tranchées de 1807, le génie traça un vaste camp retranché, formé d'une série de lunettes ayant vue sur les plateaux et sur la plaine. Trois redans, établis en juin pour soutenir nos avant-postes du Zigankenberg, furent utilisés.

A leur droite, en se rapprochant de la place, on construisit sur des hauteurs escarpées trois lunettes qui se liaient à une batterie établie pendant le blocus au-dessus des allées d'Oliva [1]. En travers même de cette allée, on fut amené plus tard, après l'évacuation du poste trop avancé de Kabrun, à établir une coupure solidement armée, flanquée bientôt à droite par la batterie Gudin ou de la Briqueterie et, plus à droite encore, par les batteries Liédot et du Moulin, dans l'île du Holm, au bord même du fleuve, inexpugnables derrière cet abri. L'ensemble jetait à l'ouest de Dantzig, en avant du Hagelsberg, un saillant énorme soutenu par un camp de baraques, plaçait la porte d'Oliva, déjà prise en écharpe par les ouvrages du Holm, comme au fond d'un entonnoir, et la couvrait d'un premier rang d'obstacles difficiles à franchir.

1. Ces batteries portaient les noms de Kirgener, Istrie, Caulaincourt, Deroy, Grabowski, Montbrun, Aller-Engel, Gudin.

Mais le camp retranché avait, de plus, l'avantage de commander à sa gauche le vallon de Schidlitz et d'étendre, au delà, son influence sur le plateau du Stolzenberg. Il allait obliger l'assaillant, qui aurait voulu de ce côté ouvrir la tranchée, à rejeter ses travaux vers les hauteurs voisines d'Ohra que nous occupions et qu'il lui fallait enlever. C'était, avant d'aborder le fort du Bischofsberg, deux sièges à faire [1]. Car le triple faubourg d'Ohra, formant une ligne continue de maisons prises entre l'Inondation et les hauteurs, pouvait être sérieusement défendu, bien qu'il n'eût pas été jusque-là fortifié.

Campredon y avait fait entreprendre, en travers de la route de Dirschau, la coupure dont il est question à la date du 24 août, s'appuyant, à gauche, à l'Inondation, à droite, à des maisons crénelées et à des palissades établies lors du blocus. Elle barrait la route, soit à une attaque par la tête d'Ohra, soit à une attaque venant de la droite par le vallon de Schönfeld. En avant, une longue ligne de maisons était organisée pour la résistance. A gauche, dans l'Inondation, des batteries flottantes devaient prendre l'ennemi en écharpe; tandis qu'à droite, un peu en arrière, sur la hauteur du Jésuitenberg, on avait tracé deux ouvrages de campagne, se flanquant l'un l'autre, réunis par une levée de terre, de manière à former comme un ouvrage à cornes, dont l'influence s'étendait tant sur Ohra que sur le Stolzenberg. « Ils appuyaient le flanc du village, empê-

1. Le seul exposé des travaux faits à l'ouest et au sud de Dantzig répond suffisamment au reproche, qui a été formulé contre les défenseurs de la place, de n'avoir su prévoir que l'attaque contre le front d'Oliva. Ils avaient prévu et l'éventualité d'une attaque contre le Hagelsberg, puisqu'ils s'étaient arrangés pour la rendre à peu près impossible, et l'éventualité d'une attaque contre le Bischofsberg, que les ouvrages du camp retranché et les redoutes de Frioul devaient empêcher d'aboutir tant qu'ils resteraient debout, comme l'événement le prouva. Au début, il est vrai, les efforts du génie se portèrent surtout vers le front d'Oliva; mais parce qu'à ce même moment l'ennemi dirigeait ses attaques contre ce point.

chaient qu'il ne fût tourné, éloignaient l'ennemi, le dépassaient et l'empêchaient de prendre des prolongemens tant qu'il ne serait pas parvenu à le lui enlever.» (Voir Rapport du Gal de Campredon.) Un chemin spécial, constamment défilé des feux de l'ennemi, les mettait en communication avec la place. « Toutes ces redoutes devaient être palissadées à la gorge et dans les fossés ; on devait y faire des corps de garde, magasins à poudre, y mettre de l'artillerie.»

De plus, en avant d'Ohra et du Jésuitenberg, nos avant-postes, qui s'étaient d'abord couverts contre les attaques des Cosaques par un simple fossé, avaient petit à petit établi de véritables retranchements sans tracé régulier. Ils formaient, avec quelques maisons crénelées, sous les noms de postes de l'Étoile, du Lieutenant, du Capitaine, du Sergent, etc., une première ligne qui résista, par la suite, aux attaques répétées de l'ennemi.

Depuis l'Inondation jusqu'à la Vistule, sur tout le front d'attaque, dès le 14 août, le génie remuait la terre ; mais c'était dans la direction de Langfuhr que se portait avant tout son activité.

Nuit du 24 au 25 et journée du 25. — Rien de nouveau sur la ligne.

On continue les travaux entrepris.

Nuit du 25 au 26 et journée du 26. — L'ennemi lance de ses avant-postes quelques fusées incendiaires. Il en tombe dans le quartier de Neugarten et dans Langfuhr, sans qu'il en résulte aucun accident. Le but de l'ennemi était de profiter d'un vent très violent, mais il lui fut plus funeste qu'à nous ; six de ses canonnières allèrent à la côte.

On continue les travaux entrepris et on termine l'armement des batteries du Zigankenberg, de la grande batterie à gauche de l'allée, de l'ouvrage de Kabrun, et des deux batteries élevées à gauche du Bischofsberg sur le mamelon du Jésuitenberg.

Nuit du 26 au 27 et journée du 27. — L'ennemi arme la batterie qui domine la tête d'Ohra.

Il inquiète assez vivement tous nos postes avancés, mais sans résultat.

On continue les travaux entrepris ainsi que l'armement des batteries.

Nuit du 27 au 28 et journée du 28. — Nos avant-postes d'Ohra ayant, dès le matin, escarmouché avec l'ennemi, dans l'intention de lui faire quelques prisonniers pour en tirer des renseignemens, l'ennemi, après avoir réuni ses forces, nous enlève la tête du village et le petit bois qui est à droite. Notre réserve, protégée par l'artillerie des deux batteries en arrière, attaque et reprend ces postes vers 11 heures du matin [1].

L'ennemi a pénétré jusqu'à la grande église. L'affaire a duré cinq ou six heures et a été terminée avant midi.

On continue les travaux entrepris et on s'occupe particulièrement des logemens à établir dans les ouvrages avancés.

L'attaque de l'ennemi faisant juger impossible d'occuper la tête du village d'Ohra, on se détermine à l'évacuer en cas d'attaque sérieuse et à se

1. Major Legros, capitaine Capgran, Sabatier, Joly de la Tour. (Rapport.)

retirer derrière la coupure à laquelle on travaille avec une nouvelle activité.

Nuit du 28 au 29 et journée du 29. — L'ennemi attaque de très grand matin Langfuhr et Ohra. Il pénètre trois fois dans le premier village et trois fois il en est repoussé en éprouvant des pertes considérables ; il reste maître du grand et du petit Belvéder.

Monsieur le Gouverneur Général, pour le forcer à abandonner cette position, se détermine à un mouvement hardi sur Pitzkendorf où les Russes forment leurs rassemblemens ; ce mouvement réussit très bien, 34 pièces canonnent bientôt les retranchemens ennemis, le général de brigade Lepin dirige en personne son artillerie. Nos troupes se jettent, avec une grande impétuosité, sur les lignes ennemies, enlevant plusieurs redoutes [1], faisant environ 150 prisonniers et obligeant l'ennemi à évacuer le bois qui couronne la crête qui longe le village de Langfuhr. Nous n'étions plus séparés du camp de Pitzkendorf que par un ravin, mais la journée était trop avancée pour pousser plus loin et les troupes étaient harassées. Mais lorsqu'elles se retirèrent vers le soir, ne pouvant tenir dans une position aussi avancée, l'ennemi se présenta de nouveau en force, et s'établit définitivement

1. La cavalerie tourna les redoutes et y entra à cheval. Le sous-lieutenant Centurionne, âgé de 18 ans, fut tué en pénétrant le premier dans l'une d'elles. Il sortait des pages de l'Empereur. Le lieutenant Besançon fut aussi tué. (Rapport.)

au grand et au petit Belvéder. L'attaque sur Ohra fut arrêtée vers trois ou quatre heures de l'après-midi. Le tems était affreux ce jour-là, c'est le seul dimanche jusqu'à cette époque, où il n'y ait pas eu de parade. L'affaire commençait au moment où l'on allait rendre visite au Gouverneur.

On continue les grands travaux.

Nuit du 29 au 30 et journée du 30. — Rien de nouveau sur la ligne. L'ennemi continue d'inquiéter nos avant-postes.

On continue les travaux entrepris.

Nuit du 30 au 31 et journée du 31. — L'ennemi, établi au poste du petit Belvéder et à la maison Hoffmann, inquiète la communication avec Langfuhr.

L'artillerie fait travailler pendant la nuit à des épaulemens sur le contrefort qui borde la vallée de Königstahl en face du grand et du petit Belvéder. Le génie pratique des rampes en arrière dans le courant de la journée. Ce travail fut légèrement inquiété dans la soirée, mais personne ne fut blessé.

Pendant le mois d'août on a fait sortir beaucoup d'habitans qui n'avaient pas de quoi se nourrir, le nombre s'en est élevé à plusieurs milliers. Une grande quantité avait déjà émigré depuis le commencement du blocus. On estime que 3 à 4 mille avaient péri de la maladie épidémique qui a régné jusqu'à la fin d'avril, en sorte que la population de Dantzig, qu'on évaluait à environ trente mille âmes (y compris les faubourgs), au commencement de 1813, se trouvait probablement réduite à environ vingt mille, à la fin d'août.

Nuit du 31 août au 1er septembre et journée du 1er. — L'ennemi se fortifie au grand et au petit Belvéder au moyen d'une levée de terre suivant les contours du terrain, et continue à tirer sur tout ce qui se présente au débouché de Langfuhr.

L'ennemi canonne Fahrwasser depuis 10 heures du matin jusqu'à 2 heures. Il avait environ 60 bâtimens en ligne.

Le village de Langfuhr étant absolument entouré par la position de l'ennemi, et la communication devenant de plus en plus difficile, on présuma bien qu'il serait attaqué incessamment, et on s'occupa dans la journée à reconnaître une position en arrière qui permît de tenir la ligne de Kabrun-Schell mühle et de la 2me Legau, afin de conserver toujours la communication avec Weichselmünde, par la rive gauche de Vistule.

Nuit du 1er au 2 et journée du 2. — On faisait les dispositions nécessaires pour occuper cette nouvelle ligne par deux ouvrages placés entre Kabrun et la Vistule lorsque l'ennemi attaqua.

La flottille se déploya devant Schellmühle, au nombre de plus de 80 bâtimens, la plus grande partie de canonnières; elle tire 4 à 5 heures et ne nous fait qu'un dommage peu considérable, un petit magasin à poudre a sauté et l'explosion a tué deux hommes et blessé quelques autres. Le soir le bombardement recommence, l'ennemi a tiré 3 500 coups, nous 500. Un canonnier ayant eu son schako emporté par un boulet, tandis qu'il pointait une pièce, ne s'est pas dérangé et a ajusté son coup dans une chaloupe.

J'étais à dîner chez le Gouverneur quand le chef de bataillon Szenbeck vint annoncer la nouvelle que l'ennemi faisait un houra considérable de cavalerie vers Aller-Engel sur les allées d'Oliva.

Vers 5 heures du soir, l'ennemi se porte par un mouvement très rapide à l'entrée de Langfuhr, à la gorge de l'ouvrage de Kabrun et à Schellmühle. Une nombreuse cavalerie couvre la plaine et couronne les hauteurs en avant du camp retranché du Zigankenberg et s'avance jusqu'au pied de notre batterie à gauche de l'allée. Bientôt, l'attaque devient générale et on fait un feu très vif sur toute la ligne depuis Schellmühle jusqu'à Ohra. L'artillerie, placée dans l'ouvrage de Kabrun, l'empêcha d'être pris.

L'ennemi, après avoir attaqué en vain les maisons crénelées de Langfuhr, mit le feu aux maisons les plus voisines, espérant qu'il se communiquerait à ces dernières, mais ces braves troupes qui y étaient renfermées tinrent ferme quoique la chaleur y fût excessive et que le feu eût déjà pris à la toiture.

Quelques instans après, le feu se manifesta également à Schellmühle, au Zigankenberg et à la tête du village d'Ohra.

Dès que nos troupes furent réunies, on forma deux colonnes, dont l'une se porta sur Schellmühle et l'autre sur Langfuhr. La première reprit Schellmühle, éteignit l'incendie et fit main basse sur 400 incendiaires. La seconde, dirigée sur Langfuhr, ne put commencer son mouvement que lorsque le jour était sur son déclin, et trouva des forces si considérables tant dans la vallée de Königstahl qu'à la tête de Neu-Schottland, qu'elle ne put s'avancer jusqu'aux maisons crénelées pour dégager les troupes qui y étaient renfermées. Dans cette attaque, un détachement de Napolitains, qui était parvenu jusqu'aux portes des maisons crénelées, fut coupé par une charge de cavalerie, de la colonne dont il faisait partie, et n'eut d'autres moyens pour se sauver que de s'enfermer avec les troupes qu'il venait délivrer.

Nuit du 2 au 3 et journée du 3. — Plusieurs rapports assurant que les maisons crénelées ne tiraient plus et que la garnison en avait été massacrée, on ne fit pas de nouvelles tentatives et les troupes se tinrent toute la nuit sous les armes en avant de l'Aller-Engel, afin d'être à portée de secourir l'ouvrage de Kabrun, en cas d'une nouvelle attaque.

On reprit le village de Zigankenberg et une partie fut sauvée des flammes.

Le lendemain vers 8 heures du matin, on fut très étonné de voir revenir les Bavarois, les Westphaliens et les Napolitains renfermés dans les maisons crénelées.

Ces braves avaient défendu leurs postes tant qu'ils avaient eu des munitions et étaient parvenus à faire leur retraite en se faisant jour à la baïonnette, après avoir perdu le tiers de leur monde [1].

1. *Attaque des maisons crénelées de Langfuhr, ou blockhaus.* Affaire du 2 septembre 1813.

Depuis l'affaire du 29, le général en chef avait senti la nécessité de resserrer sa ligne de défense et de tenir dans les villages de Langfuhr et Neu-Schottland des postes seulement.

Deux maisons situées à l'entrée de Langfuhr (au bout de la grande allée) avaient été crénelées et palissadées de manière à pouvoir résister à un coup de main ; elles furent occupées, celle de gauche, par 60 hommes bavarois commandés par un capitaine et deux officiers, celle de droite, par 20 hommes et un officier. Ces deux postes se trouvaient vis-à-vis l'un de l'autre et n'étaient séparés que par 40 ou 50 toises. Ils étaient forcés d'exercer une grande surveillance, l'ennemi entourant presque le village. Un cordon de sentinelles régnait autour de Langfuhr, et liait ce poste avec celui de Neu-Schottland. Des patrouilles continuelles parcouraient la ligne.

Le 2 septembre, vers 4 h. 1/2 du soir, environ 1500 hommes d'infanterie et un nombre considérable de Cosaques se jetèrent impétueusement sur Langfuhr, Neu-Schottland et Schellmühle. Les petits postes de Langfuhr n'eurent que le tems de se retirer dans leurs maisons crénelées et ils se disposèrent à en défendre vaillamment les approches. Le poste de Neu-Schottland put se retirer sur Schellmühle ; mais, accablé par le nombre, il fut contraint de se jeter dans la redoute de Kabrun.

Le général en chef, instruit de ce mouvement inopiné, se porta aussitôt en avant de la redoute Kabrun qu'il fit renforcer de quelques Bavarois ; il dirigea sur Schellmhüle un bataillon napolitain ; ceux des ennemis qui avaient été envoyés sur ce point étaient tous munis de brandons combustibles, et en un moment, la maison, les moulins et tout le hameau devinrent la proie des flammes. Le bataillon napolitain arrivant par le grand chemin (bordé de larges fossés) s'avança au pas de charge vers Schellmühle. L'ennemi qui s'y trouvait en force en disputait l'entrée, mais la compagnie de voltigeurs polonais du bataillon du comte Schenbeck, conduite par M. Marnier, aide de camp du général en chef, tourna au même moment Schellmühle, et arriva assez à tems pour jeter la confusion parmi cette troupe d'incendiaires, qui se sauva dans le plus grand désordre. Plusieurs se réfugièrent dans une énorme grange déjà atteinte par les flammes ; ils y trouvèrent la mort au milieu de l'incendie

Les pertes de l'ennemi furent très considérables, un grand nombre de morts couvrait le terrain environnant, les maisons crénelées et la batterie

D'autres crurent se soustraire à nos soldats en se mettant dans les moulins, dans l'eau jusqu'au col ; mais tout ce qui s'était caché pour échapper à la vigilance des voltigeurs polonais, fut enseveli sous les ruines enflammées des bâtimens auxquels ils avaient mis le feu. L'ennemi perdit sur ce point plus de 300 hommes.

Le reste du bataillon Schenbeck avait rejoint les Napolitains et l'ennemi fut culbuté et rejeté bien au delà de Neu-Schottland.

Les principales forces dont le général russe avait disposé pour cette attaque avaient été dirigées sur Langfuhr. Son but était de s'emparer de vive force des deux maisons crénelées; aussi fit-il tous ses efforts pour y parvenir.

L'ennemi attaqua à plusieurs reprises et avec beaucoup de vigueur ces deux points; mais les Bavarois se défendirent vaillamment et soutinrent glorieusement les différens assauts de plusieurs bataillons de grenadiers russes ; ces deux maisons, vers le soir, se trouvaient entourées de cadavres ennemis; plusieurs furent tués en dedans des palissades qu'ils avaient déjà escaladées.

Est-il possible de peindre la situation affreuse dans laquelle se trouvèrent ces braves soldats livrés à eux-mêmes et accablés par un ennemi acharné! Le feu prit à trois reprises dans la maison de gauche par l'effet des obus que l'ennemi y lançait dans l'intervalle des assauts. Une partie des assiégés continuait la fusillade, tandis que l'autre était occupée à éteindre l'incendie. Plusieurs boulets firent des ravages d'autant plus pénibles parmi cette poignée de braves, qu'ils étaient privés de tout secours. Les blessés, étouffés par la fumée et dévorés par la soif, attendirent, avec un courage et une résignation sans exemple, le résultat de cette affreuse journée.

Cette défense est héroïque et on regrette de ne pouvoir transmettre à la postérité les noms des 100 braves qui se sont immortalisés dans cette occasion.

L'ennemi, qui avait disposé d'environ 12 000 hommes sur Langfuhr, avait en même tems couronné d'artillerie les hauteurs qui commandent ce village et dominent l'extrémité de l'allée. Dès que les maisons crénelées furent cernées, il porta en avant dans l'allée, et sous la protection de son artillerie, quelques masses d'infanterie et un grand nombre de Cosaques, ce qui rendit

Kabrun qui fit un feu très vif et d'un très grand effet.

On travaille pendant la nuit à faire une coupure

toute communication impraticable; pour la rétablir, il eût fallu engager une affaire générale et pendant la nuit.

Plusieurs officiers furent envoyés pour reconnaître les maisons crénelées; quelques-uns traversèrent la ligne ennemie et parvinrent à une très petite distance de ces deux postes. Les voyant jonchés de cadavres vêtus de capotes blanches (telles qu'en portaient les Bavarois,) et le plus grand calme régnant sur ce point, ils furent persuadés que l'ennemi avait égorgé cette faible garnison et tous le dirent au général en chef.

Ces rapports coïncidans étaient d'autant plus probables que le commandant bavarois avait fait cesser la fusillade à l'entrée de la nuit, pour se ménager des munitions en cas de nouveaux assauts, ce qui fit croire aux officiers envoyés que les maisons étaient abandonnées. D'un autre côté, ces mêmes maisons furent aperçues en feu en diverses reprises.

Tout espoir de revoir ces braves étant détruit par tous ces rapports, il ne resta plus au général en chef et à toute la garnison qu'à déplorer cette perte douloureuse.

Pendant la nuit, l'ennemi régularisa ses mouvemens; on se borna de part et d'autre à s'observer et à se retrancher. Il avait retiré son infanterie de la plaine qui sépare Langfuhr de la redoute de Kabrun, un cordon de Cosaques seulement y était en observation.

Au point du jour, l'aide de camp Marnier, chargé par le général en chef de faire une reconnaissance sur ce point, partit de la redoute de Kabrun, suivi de 8 grenadiers; il s'avança avec précaution vers la maison de droite; arrivé à portée de pistolet, la barrière s'ouvre aussitôt, et à son grand étonnement, la faible garnison qu'elle contenait sort et vient le rejoindre. Ce petit peloton, augmenté des 8 grenadiers qui l'avaient suivi, opéra sa retraite au milieu des Cosaques qui accoururent en foule pour les arrêter, mais ils gagnèrent la redoute Kabrun. L'officier qui les commandait, ainsi que 5 hommes, furent ou blessés ou pris dans ce trajet difficile.

Le général Rapp, instruit aussitôt de cet événement inattendu, fit marcher vers le blockhaus de gauche un bataillon bavarois, précédé par une avant-garde commandée par le brave adjudant major Seifferlitz. A peine cette avant-garde fut-elle aperçue du détachement qui s'y trouvait enfermé, qu'il fit une sortie dans l'allée de Langfuhr, à hauteur de l'Aller-Engel.

Le commandant Carré fut attaqué dans le même tems à Heübude, mais il fit sa retraite avec tant d'adresse que les deux colonnes qui devaient le prendre l'une en tête et l'autre en queue ne le rencontrèrent pas et que même elles tirèrent pendant quelque tems l'une sur l'autre, tandis qu'il était avec ses troupes à peu de distance de ce point, tranquille spectateur du combat. La position, s'il n'avait pas pris d'aussi justes mesures, était d'autant plus embarrassante que la Vistule ayant éprouvé une crue considérable, le passage en était extrêmement difficile par le bac en face de Gaus-krug.

audacieuse et, emportant ses blessés, il rejoignit le bataillon bavarois qui volait à leur secours. Les efforts de l'ennemi pour empêcher cette jonction furent vains ; encore une demi-heure et tous allaient être ensevelis sous les ruines de ces deux maisons. L'ennemi se disposait à faire jouer une batterie de 6 pièces, qu'il avait établie pendant la nuit à demi-portée de canon.

Les officiers qui commandaient ces blockhaus furent signalés à l'ordre de l'armée et le général en chef les combla d'éloges.

Le chef de bataillon wurtembergeois, Bauer, qui se trouvait en tournée dans Langfuhr, fut forcé de se retirer dans la maison de gauche et il prit une grande part à cette glorieuse défense.

Le général en chef, dont la sollicitude paternelle n'avait point de bornes, fit transporter chez lui les soldats bavarois blessés dans ces deux postes, les fit établir dans une portion de son hôtel où ils reçurent les plus grands soins. Ils restèrent jusqu'à parfaite guérison ; chaque jour, il les visitait plusieurs fois. Cette nouvelle marque d'attention, jointe à toutes celles qu'il donnait journellement aux soldats de la garnison, augmenta encore l'attachement et le dévoûment des braves qu'il commandait. (Note du capitaine Marnier jointe au rapport du général Rapp.)

Cités le chef de bataillon Bauer, capitaine Fahrbeck, capitaine Ostrowski, lieutenant Dalwick, lieutenant Muck.

Cette attaque engagea à commencer une lunette pour couvrir la sortie du bac et servir de retraite à notre poste, mais la crue des eaux nous obligea d'abandonner ce travail deux jours après.

Le feu de la batterie Montbrun, déjà armée, fit taire celui de 4 pièces qui tiraient sur Kabrun.

Dans la soirée du 3 les vaisseaux et les canonnières russes et anglais s'approchèrent de nouveau de Weichselmünde, y lancèrent des bombes. Elles étaient à plusieurs trous et destinées à incendier. On en a ramassé qui étaient encore pleines d'une composition de la nature de notre roche à feu.

L'ennemi commence à se fortifier à Langfuhr et à Schottland.

Nuit du 3 au 4 et journée du 4. — Vers 11 heures il renouvelle un feu très vif sur Fahrwasser et Weichselmünde, en formant un demi-cercle autour de tous les ouvrages, le long de la côte.

On estime à 6 000 le nombre de projectiles lancés, tant bombes que boulets, dans l'espace de 4 heures[1]; nous, 1717. Deux chaloupes ont sauté, neuf sont hors de combat, deux frégates ont reçu des obus.

La Vistule continue à se gonfler, et ses eaux, se déversant dans l'Inondation par une coupure faite à la hauteur de Neufehr, la font monter dans la journée à 3 pieds 7 pouces.

Dans la soirée, on brûle le reste des maisons du Zigankenberg afin de démasquer l'artillerie des batteries en arrière.

1. Suivant d'autres 8 500.

Nuit du 4 au 5 et journée du 5. — L'ennemi continue à se fortifier à la tète de Neu-Schottland et de Langfuhr et rase jusqu'au premier étage les maisons crénelées de Langfuhr; il couvre de terre les murs du rez-de-chaussée et y pratique des embrasures.

Les eaux s'élèvent tellement dans l'Inondation qu'à 7 heures elles étaient déjà à 5 pieds 4 pouces; bientôt elles surmontent le batardeau provisoire à la sortie de la Mottlau ainsi que celui de la Roswick et finissent par les emporter en grande partie. L'ancien batardeau éprouve lui-même de grandes dégradations, et ce n'est qu'à force de soins et d'activité qu'on parvient à arrêter les filtrations. Les portes de l'écluse de Kneiphoff sont emportées, et la digue qui conduit au fort Lacoste est fortement menacée.

Nuit du 5 au 6 et journée du 6. — L'ennemi continue à fortifier Neu-Schottland et Langfuhr, et on commence à distinguer des batteries à la tête de chacun de ces villages.

L'Inondation continue à s'élever et à commettre de très grands dégâts; dans la journée, les eaux s'élèvent jusqu'à 6 pieds 11 pouces; il s'établit un courant très violent dans les fossés; la fausse braie du bastion Brauen-Ross est emportée vis-à-vis le saillant et ce bastion commence à souffrir. Le pont de Lang-garten, sans cesse ébranlé par les bateaux et les pièces de bois lancés par le courant, est menacé d'être enlevé d'un moment à l'autre. On est obligé de le charger de grosses pièces de bois pour l'empêcher d'être soulevé par les eaux.

On commence dans la journée l'ouvrage à droite du Bischofsberg qui doit prendre des revers sur la porte Neugarten.

Nuit du 6 au 7 et journée du 7. — L'ennemi continue ses travaux de Schottland et de Langfuhr, et joint ces deux villages entre eux par une tranchée qu'il prolonge, à sa gauche, jusqu'à la maison Vorwerck et à sa droite jusqu'au contrefort qui forme la vallée de Königstahl et où nous avions préparé des emplacemens pour deux batteries volantes. Il lance, vers 7 heures du soir, quelques obus de la tête de Schottland sur la maison Kabrun. Par une faute insigne du commandant de ce poste[1], l'ouvrage est abandonné sans avoir été attaqué, après avoir mis le feu aux matières combustibles qui y avaient été amassées afin de l'incendier en cas que l'on fût obligé de l'abandonner.

Les eaux continuent à s'élever et atteignent dans la journée la hauteur de 7 pieds 8 pouces. Les dégradations augmentent d'instans en instans; l'état de la digue qui conduit au fort Lacoste et du batardeau de gauche devient de plus en plus alarmant. On porte tous ses efforts sur ces deux points et on parvient à les préserver de nouveaux accidens en revêtant la digue de planches, pour rompre l'effort des vagues, et en jetant une grande quantité de terre en avant du batardeau afin de boucher tous les trous

1. Cet officier, désespéré, se brûla la cervelle. (Rapports.)

par lesquels l'eau commençait à se faire passage.

Nuit du 7 au 8 et journée du 8. — L'ennemi commence deux batteries de trois pièces, en arrière de la portion de sa tranchée allant de Schottland à la maison Vorwerck. Il perfectionne celles de la tête de deux villages, en établit une nouvelle sur le penchant de la hauteur, qui appuie la droite de sa tranchée et qui paraît destinée à flanquer sa ligne.

Les eaux demeurent toujours à la même hauteur; mais le vent étant tombé, on espère sauver la digue du fort Lacoste.

Nous nous établissons de nouveau au poste de Kabrun, qui avait été évacué au moment de l'incendie de la maison crénelée ; mais la proximité des travaux de l'ennemi donne peu d'espérance d'y tenir longtems, en sorte qu'on reconnaît une position en arrière pour y établir un ouvrage qui empêche de tourner la droite du camp retranché de Zigankenberg.

Nuit du 8 au 9 et journée du 9. — L'ennemi prolonge sa tranchée à une vingtaine de toises à gauche de la ferme Vorwerck et palissade ses batteries.

On continue à prévenir et à réparer les dégâts causés par l'Inondation.

Nuit du 9 au 10 et journée du 10. — L'ennemi continue ses travaux en avant de Schottland et Langfuhr, qui complètent sa ligne de circonvallation exécutée pendant l'armistice depuis Ohra jusqu'à Diwelkau.

L'Inondation reste toujours au même niveau. On

continue les travaux entrepris et on commence un ouvrage à la Briqueterie, pour appuyer la droite du camp retranché conjointement avec la batterie de l'Allée à laquelle on donne plus de consistance.

On s'occupe également de la construction d'une batterie dans l'isle du Holm, à l'emplacement d'une ancienne redoute en face du camp de Schellmühle, et prenant d'excellens revers sur la ligne de la plaine.

Nuit du 10 au 11 et journée du 11. — L'ennemi continue ses travaux formant contrevallation.

Les eaux commencent à baisser; il s'établit un courant très rapide dans les fossés, qui donne de nouvelles craintes pour l'ancien batardeau. On parvient cependant à le conserver à force de soins. On commence à fermer, au moyen d'épis noyés, la brèche qui s'était formée à la contrescarpe de la face droite du bastion Mottlau.

Nuit du 11 au 12 et journée du 12. — Rien de nouveau sur la ligne ennemie. Ses travaux en avant de Schottland et de Langfuhr paraissent terminés ; ils consistent en sept batteries, chacune de trois pièces, excepté celle qui enfile l'allée de Langfuhr qui est de quatre.

Le courant dans les fossés devient de plus en plus rapide, et plusieurs palées sont déjà fortement ébranlées par les affouillemens.

Les avant-postes de Fahrwasser ayant fait le rapport que l'ennemi travaillait à Brösen, on fit une reconnaissance sur ce point dans l'intention de détruire ses travaux; mais on ne découvrit aucune trace d'ouvrages commencés.

Pendant que la garnison usait ses forces à ces luttes répétées contre les éléments, les Russes établissaient à Langfuhr batterie sur batterie.

Nos ingénieurs surveillaient avec attention leurs travaux, cherchant à se rendre compte de leurs projets. Ils ne pouvaient croire que l'assiégeant pût songer à tracer sa première parallèle à 1.200 toises du front d'Oliva, en arrière des redoutes précédemment construites. On ne croyait pas qu'il pût se décider à « entreprendre des cheminemens dans un terrain bas et marécageux, où il aurait à essuyer les feux multiples d'ouvrages qui le plongeaient, le débordaient même et le prenaient à dos. Il ne pouvait espérer tenir sous un déluge de boulets [1] ». Tout au plus, sans doute, songeait-il à défendre sa ligne de circonvallation! Tous les jours, cependant, ce que l'on voyait semblait indiquer davantage l'intention de commencer là de véritables travaux d'approche et, tous les jours, les assiégés appréciaient plus vivement les avantages du camp retranché, qui repoussait au loin ce qui pouvait être le point de départ d'une attaque régulière.

Nos ouvrages se perfectionnaient sans cesse, leur feu rendait les Russes fort circonspects : La redoute Kabrun était plus près de leurs positions que des nôtres ; depuis 15 jours qu'ils étaient à Langfuhr, ils n'avaient pas osé l'enlever, bien que nous l'eussions un moment évacuée par suite d'un malentendu.

Nuit du 12 au 13 et journée du 13. — L'ennemi commence à tirer de ses batteries de Neu-Schottland sur les travailleurs de la Briqueterie.

On s'aperçoit qu'une des palées du pont de Langgarten est entièrement emportée.

Nuit du 13 au 14 et journée du 14. — L'ennemi

1. Rapport de l'artillerie; Général Lepin.

démasque dans la nuit une batterie de six embrasures à l'emplacement du grand Belvéder. Elle se trouve à 1.100 toises environ de la batterie Montbrun.

On continue les travaux entrepris et on s'occupe sans cesse de dégager le pont de Lang-garten des bateaux et des pièces de bois amenés par le courant.

Nuit du 14 au 15 et journée du 15. — L'ennemi continue le travail de ses batteries et en démasque deux nouvelles, l'une entre celle du Belvéder et Pitzkendorf, et l'autre un peu à droite de ce village. On s'aperçoit dans la soirée que sa flotille manœuvre pour venir prendre position vis-à-vis les ouvrages de Fahrwasser.

On continue à travailler aux ouvrages avancés et on ferme tous les canaux de la plaine de Schellmühle qui communiquent avec la Vistule afin d'empêcher l'inondation qui appuie la Briqueterie de se déverser dans le fleuve.

Nuit du 15 au 16 et journée du 16. — A la pointe du jour, on découvre l'escadre en position vis-à-vis la tête du camp retranché et en face des ouvrages de la Platte. Le feu commence avec une grande vivacité à 6 heures et demie du matin et se prolonge jusqu'à 8 heures et demie du soir. Les canonnières étaient placées sur 3 lignes de 25 chacune et se relevaient successivement, de manière que le feu était sans interruption. Plusieurs bombardes s'avancèrent du côté de Weichselmünde et lancèrent des bombes et des fusées incendiaires. La flotte s'approcha à 400 toises, on lui tira à mitraille.

De notre côté,les batteries de la Platte répondent à ce feu et font sauter deux canonnières avec tout leur équipage, et en démontent plusieurs [1].

On estime que l'ennemi a lancé 20,000 projectiles et notre perte se monte en tout à 8 hommes tant tués que blessés, avec une quantité de palissades brisées, quelques brèches aux batteries qui ont été réparées sur-le-champ. L'amiral avait annoncé qu'il réduirait en cendres les magasins et le port et qu'il éteindrait le feu.

L'ennemi avait montré des troupes sur la ligne et on s'attendait à être attaqué sur le soir, mais ses mouvemens se bornèrent à des démonstrations.

Se rendant enfin compte du peu d'effet obtenu, l'ennemi renonça à employer la flotte que le mauvais temps allait, du reste, obliger à gagner un abri. Il consacra désormais ses ressources à l'armement des batteries de terre. La marine lui fournit jusqu'à 200 pièces d'artillerie de provenance anglaise et plusieurs ateliers de fusées à la congrève.

Nuit du 16 au 17 et journée du 17. — Dans la matinée, l'ennemi fait paraître quelques obusiers et pièces de 24 en rase campagne dans la plaine de Schellmühle et en avant du Stolzenberg. Il tire particulièrement sur les voitures qui vont à Fahrwasser par la rive gauche de la Vistule, et sur les bâti-

1. Colonel Rousselot, commandant supérieur des forts de la basse Vistule, major François, commandant l'artillerie, chef de bataillon du génie Goll, capitaine du génie Comte.

mens qui défendent les approches de ce fleuve. Vers 5 heures du soir un de ses obus pénètre dans la sainte-barbe du bâtiment placé en face du canal de Schellmühle et le fait sauter. Ce bâtiment était spécialement destiné à soutenir Kabrun et Schellmühle; l'ennemi profite de l'accident qui lui est arrivé pour se porter, à la nuit tombante, sur ces deux postes qu'il occupe ainsi que les deux maisons Betker. Nos troupes les évacuent, et se retirent à la batterie de l'Allée et à la 2me Legau.

Dans le moment où le poste de Kabrun était occupé par l'ennemi, il faisait attaquer celui de l'Étoile du côté d'Ohra. Peu de tems après s'y être établi, il en a été chassé avec une perte considérable et le poste est resté en notre pouvoir [1].

On continue les travaux entrepris.

Nuit du 17 au 18 et journée du 18. — L'ennemi se fortifie pendant la nuit au poste de Kabrun et à Schellmühle. Il couvre de terre les palissades à la gorge du premier de ces postes et établit une communication entre Langfuhr, Kabrun et la maison Betker.

On fait une canonnade très vive sur Kabrun, afin d'empêcher l'ennemi de s'y établir, et on tente de le reprendre, mais inutilement. L'ennemi maître de Kabrun et de Schellmühle et poussant ses tirailleurs très près de la rive gauche de la Vistule, le poste de la 2me Legau n'était plus suffisant pour assurer

1. Capitaines Valart et Aubry.

la communication avec Fahrwasser par cette rive; il pouvait d'ailleurs, en cas que l'ennemi parvînt à s'en emparer, lui offrir un abri favorable pour faire le coup de fusil sur la batterie Liédot, placée sur la rive opposée; on se détermina en conséquence à y mettre le feu dans la nuit suivante et à se contenter de la communication par la rive droite de la Vistule.

L'ennemi, étant incommodé par les coups fichans de Montbrun, a placé deux obusiers sur le revers du coteau en avant de Langfuhr, pour tirer par plongée sur Montbrun. Nous battons cette batterie du Holm, surtout depuis la perte de Kabrun, n'ayant plus la préoccupation de tirer sur nos postes. Dès que nous lâchons deux coups ils cessent le feu.

Nuit du 18 au 19 et journée du 19. — L'ennemi perfectionne son établissement à Kabrun et à Schellmühle et prolonge sa tranchée allant de Kabrun à l'allée de Langfuhr.

On met le feu dans la nuit à la deuxième Legau et on continue avec une nouvelle activité les travaux de la batterie Liédot et de celle de la Briqueterie, nommée batterie Gudin.

Nuit du 19 au 20 et journée du 20. — L'ennemi a fait, pendant la nuit, une batterie en arrière de Schellmühle, ainsi que trois communications; la première allant de cette nouvelle batterie à la maison de Strieshof, la deuxième de Kabrun à Schellmühle et la troisième partant du ravin de la montagne du Dragon, traversant la grande allée et aboutissant à la maison Kabrun.

Pendant le jour, l'ennemi a fait feu de la batterie du Belvéder, de celle de Johannisberg et de celle près du bois de Pitzkendorf.

On pousse avec vigueur les travaux des batteries Liédot et Gudin.

Nuit du 20 au 21 et journée du 21. — Il a fait une nouvelle batterie à Schellmühle, près de la rive gauche de la Vistule, dans l'emplacement de la grange brûlée.

Il a continué de tirer avec ses trois batteries de 24; quelques boulets sont arrivées à la lunette d'Istrie.

On a ajouté deux flancs à la coupure de l'allée qui forme batterie et continué les travaux entrepris.

Nuit du 21 au 22 et journée du 22. — L'ennemi a perfectionné ses ouvrages et particulièrement ses deux nouvelles batteries de Schellmühle. Il a continué son feu des trois mêmes batteries.

L'on a continué les travaux des batteries Liédot, Gudin et de l'Allée. L'on trace au Holm une nouvelle batterie près du moulin à épuisement, et une communication en glacis coupé pour aller de la batterie Gudin à celle de l'Allée.

Nuit du 22 au 23 et journée du 23. — Dans la nuit, l'ennemi a attaqué nos avant-postes d'Ohra il a cherché à les faire déployer, mais son entreprise n'a pas réussi... Il tire assez constamment de ses batteries de Pitzkendorf, Johannisberg et du Belvéder.

L'on a continué les mêmes travaux et l'on a commencé les batteries près du moulin à épuisement du Holm et la communication entre les batteries Gudin et de l'Allée.

Nuit du 23 au 24 et journée du 24. — L'ennemi ayant abattu la clôture du jardin de la maison Betker a, par là, démasqué une batterie de 5 embrasures dirigée contre la batterie Gudin.

Il continue ses autres ouvrages. Continuation des travaux précédens. L'on commence à couper les arbres de l'Aller-Engel.

Nuit du 24 au 25 et journée du 25. — Dans la matinée, il fit feu de cette nouvelle batterie et les deux de Schellmühle tirèrent en même tems sur le Holm, le fort Napoléon et la batterie Liédot, qui lui répondent ainsi que la lunette Corbineau, la lunette Tardivelle, les redoutes Gudin et Montbrun, le cavalier Jacob.

La batterie du Johannisberg continue à tirer comme les jours précédéns. Un de ses boulets emporta un travailleur bourgeois placé sur le parapet de la lunette d'Ohra. L'ennemi ayant cessé de tirer sur nos travaux depuis plusieurs jours, on avait cessé les travaux de nuit et le travail de jour se faisait entièrement à découvert : mais le feu qu'il fit obligea de reprendre les travaux de nuit et de ne travailler de jour qu'avec beaucoup de prudence...

Nous eûmes un obusier de démonté à la batterie Liédot ; il paraît qne nous avons également démonté une pièce à l'ennemi. Du reste point de blessés. La batterie Liédot qui n'est qu'à 350 toises de celle de l'ennemi a tiré avec beaucoup de justesse. Presque tous ses coups portaient dans les embrasures. Les obus éclataient en grande partie dans la batterie ennemie, d'autres s'enfonçaient dans les parapets où ils faisaient, en éclatant, l'effet de fougasses.

Continuation des mêmes travaux et de la coupure d'Aller-Engel.

Nuit du 25 au 26 et journée du 26. — L'ennemi n'a point tiré... Il était occupé de réparer ses batteries qui ont dû beaucoup souffrir hier de nos feux du fort Napoléon et de la redoute Liédot.

On a travaillé la nuit à Aller-Engel à la batterie de l'Allée, la batterie Gudin, leur communication, à la batterie Liédot et à celle du moulin ; mais la difficulté du travail sur ce dernier point s'oppose à l'avancement de l'ouvrage... On commence le transport des planches pour le baraquement des troupes du camp retranché.

Nuit du 26 au 27 et journée du 27. — Il fait feu de nouveau de ses deux batteries de Schellmühle et de celle de Betker. La canonnade fut très vive et dura 5 heures. Pendant ce même tems la batterie du Johannisberg tira sur le camp retranché.

A la redoute Liédot, un affût a été mis hors de service et un canonnier tué; l'épaulement souffre beaucoup.

A la batterie Gudin, dix palissades furent brisées par un boulet. Une embrasure de cette batterie est presque entièrement à refaire.

L'on a continué le travail de nuit pour les ouvrages de la rive gauche, mais on l'a suspendu au Holm à raison des difficultés.

Sur les 8 ou 9 heures du matin, la batterie Liédot tira deux coups de canon auxquels l'ennemi répondit et de là s'engagea une canonnade à laquelle prirent part le fort Napoléon, la redoute Liédot, la lunette Corbineau, le bastion Meunier, la lunette Tardivelle, le bastion Jacob, les batteries Gudin et Montbrun. Notre feu a dû être très efficace et nous avons dû démonter des pièces à l'ennemi et endommager considérablement ses épaulemens.

Nuit du 27 au 28 et journée du 28. — L'ennemi a réparé dans la nuit les dégâts de ses batteries. Des rapports de déserteurs disent qu'il y a eu 4 pièces de démontées.

Réparé pendant la nuit les dégradations faites par le feu d'hier... On continue le palissadement des batteries Gudin, et de l'Allée... Les logemens des ouvrages du camp retranché sont presqu'achevés... On s'occupe du baraquement.

La batterie Delzon est presqu'achevée, on fait son logement.

Nuit du 28 au 29 et journée du 29.—L'ennemi a été occupé à la réparation de ses batteries de Schellmühle. Il a ouvert une communication de Strieshoff à Lauenthal.

On a continué les travaux de nos batteries et réparé la redoute Liédot, épaissi ultérieurement son parapet et donné à ses embrasures une nouvelle direction afin de pouvoir battre les nouveaux établissemens de l'ennemi.

Le travail des ouvrages de campagne et des baraques se poursuit.

Nuit du 29 au 30 et journée du 30. — Rien de nouveau. L'ennemi a fait une salve de 101 coups de canon.

Le mauvais tems et l'état respectable dans lequel se trouvent les ouvrages ont fait supprimer le travail de nuit, on travaille pendant le jour aux points précités.

Dès le commencement de septembre les boutiques de boulangers ont été fermées et l'on n'a plus trouvé à acheter du pain, dans la ville.

Dans le courant de septembre près d'un millier d'habitans sortis ou expulsés de la place (du côté d'Ohra) et repoussés par l'ennemi, sont restés entre les avant-postes, exposés à toutes les horreurs de la famine (dans le village de Niderfeld). Ils ont mangé jusqu'aux feuilles des arbres, et brouté l'herbe. Plusieurs personnes d'assez bonne famille sont mortes de faim. Les malheureux se battaient quelquefois entre eux pour se disputer de misérables alimens. Vers la fin du même mois, le Gouverneur, touché de compassion, les a fait rentrer et leur a donné quelque peu de nourriture.

On assure que plusieurs habitans sont morts de faim dans la ville dans le courant de septembre.

Nuit du 30 septembre au 1er octobre et journée du 1er. — Rien de la part de l'ennemi.

Le tems s'est mis tout à coup au froid, il a gelé un peu. La journée a été très belle. J'ai visité le camp retranché du Hagelsberg et d'Ohra et le front de l'Inondation, le moulin près de l'écluse de pierre et tout le Burgerwald.

Il ne s'est rien passé de nouveau. Depuis hier le tems est devenu beau et la Vistule commence à baisser.

Au premier octobre, l'effectif de la garnison, non compris les employés, était encore de 19.000 hommes. Au 15 janvier, commencement du blocus, il était d'environ 38,000 hommes c'est-à-dire le double.

Nuit du 1er au 2 octobre et journée du 2. — L'ennemi a tiré de ses batteries de Schellmühle quelques coups de canon sur nos travailleurs de la batterie du Moulin. Les batteries du Belvéder et de Johannisberg ont aussi fait feu sur le camp retranché.

On travaille à tous les nouveaux ouvrages savoir : la batterie du Moulin, redoute Liédot, leur communication, batterie Gudin, batterie de l'Allée, leur communication, enfin le camp retranché et les baraquemens. Ces travaux consistent en perfectionnemens et réparations.

Belle journée, un peu froide, point de pluye non plus que dans la précédente.

Visité le Holm et les batteries de la Vistule.

Nuit du 2 et journée du 3. — L'ennemi a tiré sur nos travailleurs du Holm et nous avons tiré sur les siens. On aperçoit beaucoup de monde et même des officiers généraux dans la tranchée en avant de Langfuhr. On fit tirer quelques obus de Montbrun; l'un d'eux a éclaté si à propos dans la tranchée que tous les travailleurs ont disparu.

Continuation des mêmes travaux.

Belle journée, un peu froide, point de pluye.

Visité les travaux du camp des baraques sur le Hagelsberg et les postes avancés vers Schidlitz. Observé les nouveaux travaux de l'ennemi en avant de ces postes.

Nuit du 3 au 4 et journée du 4. — L'ennemi a fait paraître 12 bateaux armés dans le poldre d'Ohra. 5 ont fait feu avec du canon. Rien de nouveau sur les ateliers. Les travailleurs de la batterie du Moulin essuyèrent quelques coups de canon tirés de la deuxième batterie de Schellmühle.

Très beau tems, un grain de pluye dans la soirée.

Visité, avec les généraux Heudelet et Grandjean, les avant-postes de Schidlitz et du Hagelsberg. Tracé quelques nouveaux ouvrages à ces derniers.

Les boutiques de bouchers ont été fermées, on ne trouvait plus à acheter de viande d'aucune espèce, pas même du cheval. Depuis le 5 je n'ai plus vécu que de cheval et de poisson dont le prix n'était pas encore excessif.

L'argent a commencé à manquer dès le début de juillet, époque à laquelle on a cessé de payer la solde à la garnison; on a cependant donné le mois de juillet aux capitaines et aux lieutenans.

Nuit du 4 au 5 et journée du 5. — Quelques coups de canon sur nos travailleurs. L'ennemi abat quelques arbres dans le jardin de la maison Kabrun et démasque un ouvrage dont on ne peut connaître la nature; son relief fait présumer que ce peut être une batterie de mortiers; l'enfoncement du terrain confirme cette opinion.

Le feu de l'ennemi n'interrompt pas nos travaux que nous continuons comme de coutume avec la précaution de ne pas les mettre en masse à découvert.

Très belle journée.

Visité, avec M. le Gouverneur, le commandant de l'artillerie et celui de la marine, le Holm, le fort Napoléon, la redoute d'Hautpoul, Weichselmünde et Fahrwasser; ensuite la batterie Montbrun, où l'on tirait beaucoup contre un nouvel ouvrage que l'ennemi venait de démasquer en abattant des arbres du bosquet de Kabrun où cet ouvrage est situé. Dans le tems que nous étions occupés à l'observer par les embrasures, un des obus lancés de la batterie ennemie, située sur le penchant de la colline en face de celle de Montbrun, est tombé devant nous sur la plongée du parapet et a éclaté immédiatement en couvrant de terre toute notre batterie.

Nuit du 5 au 6 et journée du 6. — L'ennemi fit une tranchée de 100 à 150 toises de longueur en avant de Zigankenberg, sur la droite et environ à 300 toises de ce village; rien n'indique qu'il y établisse des batteries.

Les ouvrages se poursuivent; ceux du côté de l'ennemi sont avancés, ceux entrepris pour réparer les dégâts de l'Inondation ne vont que lentement à cause de leur difficulté.

Les batteries Kirgener et Caulaincourt, ainsi que la redoute d'Istrie, font un feu vif sur le travail que l'ennemi entreprend devant elles.

Très beau tems, un peu froid, un peu de pluye de 3 à 11 heures du soir.

Visité, avec Monsieur le Gouverneur, les fronts de l'Inondation et les nouveaux ouvrages en avant du Bischofsberg.

Nuit du 6 au 7 et journée du 7. — L'ennemi fait feu de ses batteries du Johannisberg sur les ouvrages de la tête du camp retranché. Les batteries de la tête du camp retranché tirent sur les travaux de l'ennemi. Un homme est tué dans le corps de garde à la gorge de la batterie d'Istrie. On s'occupe à couvrir le logement d'un blindage incliné.

Journée superbe, un peu froide. Depuis le 1er du mois, il a gelé un peu tous les matins.

Examiné le plateau de Schidlitz et tous les nouveaux ouvrages, depuis ce point jusqu'à la Vistule.

Nuit du 7 au 8 et journée du 8. — Pas de nouveaux travaux. L'ennemi commence à tirer avec deux mortiers des petites bombes et des obus de 7 pouces et demi. Ses mortiers étaient placés derrière un épaulement construit dans le jardin de la maison Kabrun. Les bombes arrivent en grande partie à la place Napoléon, quelques-unes atteignent l'enceinte.

L'ennemi, retenu par nos dispositions à une très grande distance de la place et obligé, par conséquent, à un développement de tranchée beaucoup plus considérable pour pouvoir embrasser les fronts, objets de ses attaques, voyant sa marche retardée depuis plus d'un mois, paraît déterminé à joindre le bombardement à la marche progressive de ses attaques.

Nos travaux ont continué. Le feu des mortiers de la batterie Kabrun a obligé les troupes casernées près de la porte d'Oliva de changer de quartier; partie est dans les blockhaus, partie est rentrée dans les quartiers éloignés.

Visité les fronts de l'Inondation.

Le tems s'est mis à la pluye et il est devenu beaucoup moins froid.

II

C'était le prélude d'un nouveau genre d'attaque. L'armée de siège, qui comptait cependant un corps d'armée allemand, ne craignait pas de bombarder une ville en quelque sorte allemande, réduisant les habitants, bien plus que la garnison, au plus triste sort. C'est que la situation de l'assiégeant dans la parallèle, dont il devait maintenant sortir pour cheminer contre le front d'Ohra, était des plus difficiles. Il s'y garantissait mal des feux du camp retranché et ses communications elles-mêmes étaient enfilées par les ouvrages construits dans le Holm. L'influence de nos nouvelles batteries devait se faire sentir plus encore lorsqu'il voudrait déboucher de sa seconde parallèle et pénétrer davantage au fond de l'entonnoir ouvert devant lui. Il eût fallu éteindre leur feu ou les enlever. Or, le grand relief de nos redoutes du camp retranché laissait, d'un côté, peu de chances de succès à une attaque de vive force, tandis que la Vistule s'opposait, de l'autre, à toute entreprise contre le Holm.

Après un mois de travaux et de cheminements, l'ennemi se rendit compte qu'il s'était engagé dans une impasse et modifia sa marche. Les travaux de Kabrun ne lui servirent plus qu'à attirer l'attention vers ce point, et à chercher à incendier la ville, tandis qu'il prononçait son attaque vers le front du Bischofsberg, en cherchant à enlever d'abord les ouvrages d'Ohra.

Nuit du 8 au 9 et journée du 9. — Sur les 10 heures, l'ennemi fit feu de toutes ses batteries, mais celle de Kabrun fut la seule qui lança des bombes. Elles ne firent pas plus d'effet que la veille.

Toutes nos batteries ayant vue sur celles de l'ennemi répondirent à son feu. Cet engagement d'artillerie dura environ une heure. Quelques bombes sont entrées en ville; elles étaient partie incendiaires, partie éclatantes.

Journée très pluvieuse, le froid cesse.

Conférences pour les nouveaux travaux, particulièrement sur les fronts de l'Inondation et de la Vistule.

Nuit du 9 au 10 et journée du 10. — Grande tranquillité.

Nos travaux continuent sans être inquiétés. On enlève tout l'intérieur d'un moulin à mouture de Plönendorf afin d'en construire un sur les bastions des fronts de l'Inondation. Cette opération était hasardeuse, le moulin n'étant qu'à 300 toises de la digue de la Vistule, vis-à-vis un endroit où l'ennemi avait fait une coupure à cette digue, par où il pouvait déboucher dans l'Inondation avec ses bateaux. Le moulin se trouvait à plus d'une demi-heure du fort Lacoste.

Tems couvert, peu de pluye.

Grand dîner de 50 couverts chez le commandant de la place.

La nuit s'annonce belle, claire et pas froide.

Nuit du 10 au 11 et journée du 11. — A 7 heures du soir l'ennemi commença un feu très vif de bombes. Elles étaient tirées de Kabrun ; un grand nombre parvint dans la ville et tomba sur la partie d'Alt-Stadt qui avoisine le rempart, mais le plus grand nombre de ces projectiles resta dans les fossés de l'enceinte et dans le jardin Napoléon. Dans le même tems, il lançait beaucoup de fusées incendiaires d'un grand nombre de ses avant-postes ; elle tombaient presque toutes dans le même quartier que les bombes. Une seule parvint beaucoup plus loin que les autres, tomba dans le grenier de l'hôpital n° 2 renfermant 150 Russes et des munitions ; ce fut la seule qui causa un incendie, qui malheureusement ne fut aperçu que trois quarts d'heure après son commencement. La négligence et la mauvaise volonté que montrèrent les bourgeois dans les secours qu'ils portèrent furent cause que le bâtiment fut entièrement consumé ; l'église des moines noirs, qui était attenante, n'eut qu'une fenêtre et une partie de son toit brûlées.

Pendant cet incendie, c'est-à-dire à 9 ou 10 heures du soir, l'ennemi attaqua avec des forces supérieures les postes de l'Étoile et du Capitaine, sur les hauteurs d'Ohra, ainsi que celui en avant des batteries Frioul. Nos postes furent obligés de se retirer et l'ennemi resta maître de ces positions. On fit aussitôt des dispositions pour reprendre ces postes dont la perte ne permettait plus de tenir la coupure d'Ohra. Le Gouverneur s'y porta avec des renforts. Lorsque les troupes furent réunies on en fit deux colonnes. La première passa par le ravin de l'église de Schottland et monta en avant des batteries Frioul; et la deuxième déboucha de la maison crénelée et monta sur les hauteurs d'Ohra. Malgré une vive résistance, les postes furent repris et l'on s'y maintint sous le feu continuel de l'ennemi... Il avait eu nos postes de 9 heures du soir à 1 heure du matin, pendant lequel tems il avait commencé une tranchée couronnant les hauteurs d'Ohra et qui devait se rejoindre à nos positions; mais la reprise obligea l'ennemi à faire un retour pour se couvrir de nos feux.

Nos troupes montrèrent beaucoup de vigueur et se portèrent franchement à l'attaque[1]. Cette action doit avoir coûté beaucoup de monde à l'ennemi. Toutes nos batteries ayant vue sur celles de l'en-

1. Général Husson, major Legros.

nemi répondirent à son feu avec baucoup de vigueur. La canonnade fut, de part et d'autre, très vive et dura toute la nuit.

Dans la grande rue d'Alt-Schottland, revenant des redoutes de Frioul, où il y avait un feu très vif, je reçus une balle dans le milieu du front, qui fit sauter par terre mon bonnet heureusement assez épais pour me parer le coup. Ce ne fut qu'une légère contusion. Cette pluye de balles qui tourmentait les batteries du Frioul venait de ce que les tirailleurs ennemis s'étaient établis dans le poste retranché, à 150 toises en avant de ces batteries. Cachés dans les fossés, ils faisaient un feu continuel.

Tems couvert, mais doux et assez beau; un peu de pluye vers le soir.

Depuis le 28 août, le poste de l'Étoile, simple retranchement sans artillerie, que les rapports des Russes traitaient de redoute, avait arrêté leurs efforts ; ils y avaient laissé nombre des leurs dans plusieurs assauts. La résistance de ce poste était due à ce qu'il était soutenu par les maisons d'Ohra. L'ennemi comprit enfin, le 11, que c'était cet appui qu'il fallait supprimer. Il incendia les maisons du faubourg, ce qui nous força à évacuer.

Journée du 11 et nuit du 11 au 12. — Environ à 10 heures du matin, l'ennemi ayant menacé avec des forces considérables le poste de l'Étoile, on l'a évacué. Les troupes qui l'occupaient étaient dépassées par les postes et les tranchées de l'ennemi, il n'y avait plus moyen d'y tenir. Nous conservions le poste en arrière, dit du Capitaine, mais, le soir, l'ennemi s'y porta en force, environ 2.000 hommes, et nous l'abandonnâmes de même. Il réunit par une tranchée ce poste avec le boyau couronnant la crête de la hauteur qu'il avait exécuté dans la nuit précédente, mais, au jour, ce nouveau travail n'étant pas assez avancé, il ne put s'y maintenir et se retira derrière l'épaulement du poste du Capitaine.

Il ne s'est rien passé ailleurs.

Journée du 12. — Nos travaux ont continué partout comme à l'ordinaire. En quittant l'Étoile, on a rendu l'occupation de la coupure très précaire. On y est dominé à portée de pistolet. Les canonniers sont criblés de balles. On fait mettre des portières pour les garantir. Les chevaux, constamment attelés, sont blessés à chaque instant. Les canonniers montrent beaucoup de valeur.

La matinée a été tranquille.

J'ai visité avec M. le Gouverneur les batteries de Frioul et lui ai montré les ouvrages projetés en avant.

Ou pour brûler la ville, ou pour faire diversion à son attaque sur Ohra, l'ennemi commença à midi à lancer des bombes de sa batterie de Kabrun. Un petit nombre a pénétré en ville, entr'autres une bombe incendiaire qu'on a éteinte tout de suite.

Le soir, on traça un ouvrage en avant de Frioul; il doit se poursuivre pendant la nuit, il fait partie des travaux de la 2me ligne de défense à Alt-Schottland. On l'entame au poste n° 2, en avant de Frioul.

Journée pluvieuse, tems assez doux.

Nuit du 12 au 13 et journée du 13. — L'ennemi perfectionne ses travaux. Pendant toute la nuit et tout le jour, ses sentinelles avancées échangeaient continuellement des coups de fusil avec nos défenseurs de la coupure.

Les batteries Frioul firent un feu suivi qui dut beaucoup inquiéter l'ennemi.

Pendant la nuit, l'ouvrage en avant du Frioul fut poussé ; mais ses fossés n'ayant pas encore assez de profondeur, on ne put y mettre, de jour, des travailleurs. Ils eussent été trop exposés.

Le 13, à 2 heures après midi, on commença une deuxième coupure en arrière dans la rue du Faubourg ; elle appuyait sa droite à la maison attenante à l'église ; elle traversait le village et appuyait sa gauche à une maison dans l'Inondation. Ces deux maisons doivent être crénelées et barricadées. Les maisons qui masquent les feux seront démolies.

Cette coupure est à la hauteur du petit ouvrage en avant de Frioul commencé cette nuit ; elle s'y trouve réunie par le ravin de l'église en avant duquel il y aura une ligne d'abattis que l'on obtiendra en coupant les arbres des jardins.

Très belle journée. A l'entrée de la nuit, il pleut un peu.

Nuit du 13 au 14 et journée du 14.—Vers les 7 heures du soir, l'ennemi fait du côté d'Ohra un houra de pied ferme, probablement dans l'intention de déranger nos travaux de la seconde ligne défensive entreprise à Alt-Schottland ; il sort de ses tranchées des hauteurs en poussant des cris affreux et faisant une fusillade des plus vives et des plus soutenues. Cette attaque paraît assez vive pour que l'on batte la générale ; toute la garnison prend les armes et se rend aux postes de combat ; mais à peine les troupes furent-elles rassemblées que l'ennemi, voyant que ni ses cris, ni son feu ne nous avaient ébranlés, rentra dans ses tranchées et n'en ressortit plus.

La garnison rentre à 10 heures.

L'ennemi s'est contenté de tirailler le reste de la nuit.

Le feu de l'ennemi dérangea nos travailleurs de nuit du petit poste et de la coupure. Ils reprirent leur travail à 10 heures du soir et on le continua malgré un tems affreux qui avait déjà duré toute la journée. On aperçut le matin deux batteries que l'ennemi avait démasquées pendant la nuit; une de 4 embrasures dirigée sur la coupure, et l'autre, de 7, dirigée sur la coupure, et 5 sur Frioul et son avancée.

Dans la journée du 14, l'ennemi a peu tiré. Quelques boulets et obus sur les travailleurs seulement. Il paraissait fort occupé à préparer ses nouvelles batteries du côté d'Ohra.

Notre artillerie du Bischofsberg a commencé à faire un feu assez vif sur ces batteries; il a continué la nuit suivante.

De la pluye jusqu'à 10 heures du matin, le reste de la journée tems assez beau.

Nuit du 14 au 15 et journée du 15. — Pendant la nuit, l'ennemi a perfectionné ses deux batteries aperçues la veille, l'une de 7 pièces, la plus à notre droite, l'autre de 4 pièces. Ses 3 lignes de tranchées sur le plateau paraissent achevées. Il fait une batterie qui sera probablement armée de mortiers sur le revers du côté d'Ohra. Du reste son feu de mousqueterie se réduit à très peu de chose actuellement, au lieu de la fusillade continuelle qui avait lieu précédemment.

Nous commençâmes à travailler de jour à l'avancée de Frioul. L'ennemi, l'ayant remarqué, amena quelques obusiers dans sa batterie de 4 embrasures et tira des obus sur nos travailleurs. Quelques-uns tombèrent dans l'ouvrage, mais ne blessèrent personne..... Le feu des batteries de Frioul et du Bischofsberg força bientôt l'ennemi à se taire.

L'on pousse avec la plus grande activité l'avancée de Frioul et la 2me coupure afin d'être en mesure lorsqu'on sera forcé d'abandonner la 1re coupure... Les travailleurs de nuit n'ont pas été inquiétés..... 300 hommes, travailleurs de jour pour l'avancée, reçurent des obus, mais on les éparpilla. Il n'y eut aucun accident et l'ouvrage alla toujours son train.

Le feu des batteries Frioul et du Bischofsberg ne se ralentit pas. Ce dernier dirige aussi des bombes sur les travaux du plateau d'Ohra.

Assez belle journée, un peu froide.

Nous avons examiné les travaux de l'ennemi de dessus le Bischofsberg avec M. le Gouverneur et le général de l'artillerie. On a commencé à tirer sur ses travaux non seulement du Bischofsberg, mais des bastions Gertrude et Medlock.

Nuit du 15 au 16 et journée du 16.—L'ennemi, pendant la nuit, perfectionna ses deux batteries et en fit une troisième de 3 embrasures à mi-côte sur les pentes du côté d'Ohra, à 250 toises de la première coupure. Il arma ses batteries à 4 et à 7 embrasures avec du canon de 24 et des obusiers, et fit un feu qui fut presque sans effet; du moins, il ne nous empêcha pas d'avancer nos ouvrages.

Pendant toute la nuit nous travaillâmes à l'avancée de Frioul et à la coupure de Schottland; au jour les travailleurs furent placés dans l'intérieur afin d'être moins exposés au feu de l'ennemi..... Le Bischofsberg et les batteries Frioul ont fait un feu réglé et suivi sur les travaux de l'ennemi. On juge à propos de répaissir intérieurement les batteries Frioul.

Assez belle journée, tems couvert, point de pluye.

J'ai visité les travaux d'Ohra avec le général Devilliers et les majors Schneider et Legros.

Nuit du 16 au 17 et journée du 17. — L'ennemi a continué l'armement de ces deux batteries de droite du poste du Capitaine, desquelles il fait un feu assez vif. Il a tiré aussi des bombes de 8 pouces dont quelques-unes sont tombées dans l'intérieur de l'enceinte, entre autre sur le magasin du génie, qui se trouve fort endommagé... Sa batterie des 3 embrasures à mi-côte n'a pas encore tiré et ne paraît pas être armée...

Il lance peu de bombes et point d'incendiaires. Il commence à tirer contre la première coupure, de sa nouvelle batterie, de même que contre la longue palissade qui est dans le prolongement de cette coupure, mais sans l'entamer.

On a poursuivi le travail de la coupure et celui de l'avancée dont la face gauche est massée. Les batteries Frioul sont épaissies de 6 pieds, le parapet a maintenant 15 pieds... On a pris les dispositions pour mettre le feu aux maisons entre les deux coupures dans le cas où l'ennemi forcerait la première avant la construction de la deuxième.

Tems couvert, assez doux, vers le soir de la pluye et du vent.

Nuit du 17 au 18 et journée du 18. — Dans la nuit, l'ennemi a paru très tranquille, mais sur les 9 heures du matin, il commença à lancer des fusées et des bombes, des obus, des boulets rouges de sa batterie des hauteurs d'Ohra, ainsi que de celles de Kabrun et Schellmühle, sur les quartiers de Lang-garten, Niderstadt, Vorstadt et Speicher-Insel... L'effet des premières a été plus à craindre; beaucoup sont arrivées à treize ou quatorze cents toises et sont tombées dans les quartiers de Pogen-fuhl et de Lange-Gasse, des fusées sont arrivées jusqu'à la Lange-Gasse où le feu prit trois fois, mais on s'y porta à tems pour l'éteindre. Avant onze heures du matin, on avait compté environ 15 a 1600 fusées incendiaires dont une bonne partie éclatait en l'air... Dans les magasins au Speicher, il n'y eut aucun incendie; du reste le feu de l'ennemi embrassait toute la partie de la ville comprise entre le Bischofsberg et le Lang-garten et limité par la Lange-Gasse.

Le feu fut très vif jusqu'à 11 heures et continua faiblement jusqu'au soir.

Malgré le feu de l'ennemi, nos travaux ont continué nuit et jour sans interruption, soit à l'avancée, soit à la deuxième coupure..... L'ennemi a fait feu de sa batterie à mi-côte sur la première coupure et sur nos travailleurs de la deuxième.

Très beau tems, beaucoup de vent.

J'ai visité le Bischofsberg, Frioul et tous les ouvrages vers Ohra.

Nuit du 18 au 19 et journée du 19. — Nos travaux ont continué comme de coutume..... On a été assez heureux pour prévenir tout incendie. La première batterie flottante poursuit l'ennemi à coups de canon. Capitaine Gauthier.

Belle journée, tems doux.

L'ennemi paraît avoir 6 mortiers, 3 obusiers, quelques pièces tirant à boulets rouges et les autres à boulets creux. Il continue toujours son feu.

Il nous accable (sans un moment d'interruption) d'une grêle de bombes, tant incendiaires qu'éclatantes, d'obus et de boulets rouges, dont une bonne partie tombe sur la grande place d'armes de Lang-Markt ou dans les environs.

A 7 heures et demie, une bombe tombe sur la maison de M. Muhl, au Lang-Markt, dans laquelle logeaient mes deux aides de camp et que je devais occuper moi-même. Deux jours auparavant, j'avais été au moment de m'y installer et, la veille, 18, j'y avais fait porter la majeure partie de mes malles et papiers, au milieu desquels la bombe est tombée.

Vers midi le feu devient très vif; plusieurs personnes sont tuées ou blessées sur la place du Lang-Markt. Entre autres un grenadier de la garde impériale en faction à la porte du payeur, au moment même où j'entrais sur cette place avec Monsieur le Gouverneur, avec qui je revenais de parcourir toute la ligne des avant-postes.

Nuit du 19 au 20 et journée du 20. — A 6 heures du soir, un incendie se manifeste dans le magasin de bois situé dans Speicher-Insel ou Ile des greniers, vers la partie méridionale. Le Gouverneur s'y transporte avec presque tous les généraux et l'état-major. On fait de vains efforts pour concentrer le feu dans le magasin, il gagne ceux du voisinage ainsi que d'immenses chantiers qui les environnent. Vers 10 heures, un grand nombre d'édifices étaient enflammés et le vent soufflait avec violence. A onze heures, l'incendie commence à menacer nos magasins d'approvisionnemens. Il se communique à 5 casernes voisines et à 3 qui leur faisaient face. Le danger était d'autant plus imminent que, par malheur, la première maison à brûler était un magasin de chandelles et de suif. On parvint avec beaucoup de peine à isoler ce bâtiment. C'est après avoir battu la générale, réuni beaucoup de moyens et fait d'énormes efforts qu'on est parvenu à arrêter les progrès du feu. Vers 3 heures du matin, on commençait à être sans inquiétude sur ce point et le danger cessa vers 5 heures du matin. On doit cet heureux résultat au dévouement des troupes et surtout à celui du corps du génie. On assure que le feu a été mis par un boulet rouge.

Vers 10 heures du soir de cette même nuit, un second incendie a éclaté avec violence dans une maison sur le Butter-Markt et a menacé d'embraser toute la portion de la ville dite Vorstadt. Deux ou trois maisons, avec leurs dépendances, y ont été consumées. M. le sénateur Eggert, chargé de la direction des pompes de la ville, y a été blessé grièvement d'éclats de bombe ou d'obus.

Le bombardement continue avec vivacité, l'ennemi lance beaucoup de boulets rouges, dont un entre dans le palais du gouverneur.

A midi, le feu prit dans un magasin de bois près du Valhoff; la réverbération l'aurait enflammé sans de prompts secours qui prévinrent les accidens. Alors l'incendie se dirigea sur Pogen-fuhl et Pleicher-Gasse, menaçant à la fois les magasins du génie et l'arsenal neuf. On parvint à le couper du côté de ces deux établissemens. L'on craignait que le feu n'atteignît les blindages de la poterne Weilben qui renfermaient 200 milliers de poudre. L'explosion eût été affreuse et eût pu faire brèche aux corps de garde. Le général Lepin y fit arriver sur-le-champ un détachement de canonniers et d'ouvriers, on détruisit toutes les clôtures et maisons voisines, on revêtit le blindage de briques et on parvint à isoler le magasin à tems.

Dans cet incendie et dans les précédens, l'ennemi

n'a cessé de tirer sur les points où il voyait le feu; les bombes et les obus y arrivaient à chaque instant.

D'autres incendies éclatent dans Vorstadt; on parvient à les contenir.

Pendant 30 heures, le feu n'a pas cessé.

Très belle journée, tems doux, point de vent.

Nuit du 20 au 21 et journée du 21. — L'ennemi a continué son feu. Il a percé des embrasures dans une batterie qui se trouve sur sa gauche, entre Wonneberg et le vallon de Schönfeld.

Point d'incendie pendant la nuit.

Dans la matinée, plusieurs maisons de Vorstadt-Scher-Graben sont la proie des flammes. On parvint à arrêter l'incendie. Jusqu'au 21 il n'y a pas eu de magasins de l'armée atteints ; mais, dans le grand incendie du 19, il y a eu de consumés 18 locaux employés au logement des troupes.

On a établi dans la Mottlau deux batteries flottantes, qui prennent des revers sur le plateau d'Ohra. Deux obusiers et une pièce de 12 ont fait feu. Ils ont étonné l'ennemi et produit un bon effet.

Ce même jour, le Comité de Défense, assisté du chef d'état-major et du commandant supérieur de la place, ainsi que des magistrats chargés de la police des incendies, a tenu une longue séance dans laquelle on a posé les bases d'une nouvelle organisation du service relatif à cet objet.

A 4 heures du soir, une dizaine de soldats russes se sont avancés sans armes vers la batterie d'Istrie, cherchant à exciter les sentinelles à déserter. On leur tira un coup de canon à mitraille et ils n'y revinrent plus.

Belle journée, tems doux.

Nuit du 21 au 22 et journée du 22. — L'ennemi continue son feu, mais moins vivement.

Nos travaux et palissademens continuent. L'incendie mal éteint de Vorstadt-Scher-Graben, s'est rallumé et menaçait de gagner l'église de Pogenfuhl : une coupure a borné ses progrès. Le feu prend souvent en divers endroits de l'isle des magasins, mais on l'éteint tout de suite.

Le soir, le Comité de Défense s'occupe de nouveau des moyens à préparer contre les incendies. Il arrête la formation d'un corps de pompiers et propose de nommer pour chef de ce corps le chef de bataillon du génie Répécaud.

Le même jour, on aperçoit une nouvelle batterie très longue à 4 embrasures en face du Bischofsberg.

Beau tems, un peu froid.

Nuit du 22 au 23 et journée du 23. — L'ennemi a ouvert une batterie de 4 pièces à son boyau du Zigankendorf. Il tire de la redoute en face de la barrière de Schidlitz, pour la première fois. Il continue à tirer sur la ville à bombes et boulets rouges. Il a 5 batteries à notre gauche sur le plateau d'Ohra, et une à notre droite entre Wonneberg et Schönfeld.

Il a tiré jusqu'à ce jour plus de 10.000 bombes.

Nos travaux se continuent. On palissade l'avancée

de Frioul, le travail de la 2e coupure s'avance et l'on ne travaille plus de nuit à Schottland.

Organisation du bataillon pour les incendies. M. le chef de bataillon Répécaud le commande.

J'ai visité, ce jour-là, Weichselmünde et Fahrwasser avec Monsieur le Gouverneur et le général Lepin.

Tems froid, mais assez beau.

Nuit du 23 au 24 et journée du 24. — Malgré la vivacité du feu de l'ennemi, aucun incendie ne s'est manifesté ; il n'y a que celui de Vorstadt-Scher-Graben qui s'entretient, mais sans progrès ni danger.

Vers midi, heure de la parade, l'ennemi écrase de bombes le quartier de Lang-Markt où elle défile ordinairement, mais il n'y en avait pas ce jour-là. Jusqu'à cette époque tous les incendies ont été contenus ou éteints.

Nos travaux sont les mêmes.

Je vais reconnaître avec le colonel de Richemont l'emplacement d'un nouvel ouvrage à faire sur le plateau du Zigankenberg et dominant Schidlitz, près du poste appelé poste du Chef de bataillon.

Tems humide, mais un peu froid.

Nuit du 24 au 25 et journée du 25. — Vers le soir le tems se met à la pluye, qui devient abondante vers 10 heures et dure toute la nuit, ce qui fait cesser le feu de l'ennemi.

Son feu recommence avec vivacité vers 11 heures du matin. Vers 2 heures après-midi, la pluye augmente et dure presque toute la nuit, en sorte que le feu de l'ennemi est peu considérable.

Nos travaux comme les jours précédens.

Le tems est mauvais et pluvieux.

Nuit du 25 au 26 et journée du 26. — Le feu de l'ennemi s'est beaucoup ralenti. Il travaille à réparer les dégâts que la vivacité de son feu a causés à ses batteries. Il monte une autre batterie sur le Zigankenberg.

Le feu se ranime un peu vers 4 heures.

Le tems est extrêmement mauvais. On a été forcé d'abandonner le travail de nuit, ce qui est sans inconvénient, vu l'avancement des travaux.

On a commencé cette nuit l'ouvrage au-dessus et à droite de Schidlitz, à gauche du Ziganskenberg, mais le tems oblige de suspendre les travaux vers 2 heures du matin. Le baraquement des troupes au camp retranché est près d'être achevé. On loge les troupes dans le Bischofsberg et le Hagelsberg.

Journée froide et pluvieuse. Il tombe de la grêle et même de la neige.

Nuit du 26 au 27 et journée du 27. — Dans la nuit, l'ennemi a commencé une redoute à 50 toises de notre poste le plus avancé, à gauche du Stolzenberg. Il a beaucoup avancé son ouvrage pendant la nuit. De l'autre côté du ravin, derrière cette redoute, il a travaillé à une tranchée et une batterie pour soutenir cette redoute en avant.

Ce nouvel ouvrage semble particulièrement destiné pour ses mortiers d'Ohra dont il ne fait presque plus d'ouvrage depuis quelques jours. On a aperçu sur sa droite des piquets indiquant la direction de la tranchée qu'il doit exécuter dans cette partie, en suivant la crête du petit contrefort.

La deuxième batterie de Schidlitz a été attaquée. L'ennemi a brûlé deux maisons et s'est retiré.

Vers midi, il fait une salve de réjouissance de 50 coups de canon.

Le travail de nuit à l'ouvrage au-dessus de Schidlitz ne donnant pas un résultat assez prompt, on y travaille pendant le jour.

Nos autres travaux se poursuivent; celui de la coupure d'Ohra a un peu souffert par le feu de l'ennemi qui tirait, sur la coupure et dans le village, des boulets rouges, des bombes, obus, etc., particulièrement sur le couvent des Jésuites. Il a mis le feu, mais on l'a éteint. Un paysan travailleur est tué et une femme grièvement blessée. Les batteries du Bischofsberg ont tiré toute la nuit sur les travaux de l'ennemi. Celles de Kirgener et d'Istrie ont aussi fait feu sur ceux de la hauteur de Schidlitz.

J'ai visité tous les travaux d'Ohra et le Bischofsberg.

Journée froide, mais belle. Beau soleil.

Nuit du 27 au 28 et journée du 28. — La redoute commencée la nuit d'hier par l'ennemi ainsi que sa 2e batterie du Zigankenberg ont été armées pendant la nuit et, au jour, elles ont tiré, l'une sur les batteries

Frioul et l'autre sur la tête du camp retranché et sur notre nouvel ouvrage. Un coup de boulet atteignit la bouche d'une pièce de 12, placée dans la redoute Kirgener. Le boulet se brisa et refoula le métal, mais la pièce, qui était chargée, partit sans que personne y mît le feu, et le boulet, en sortant, rétablit le métal [1].

On a beaucoup tiré sur le Frioul et sur Schottland, mais seulement quelques boulets rouges et bombes sur la ville. On a travaillé de nuit à la nouvelle batterie de Schidlitz, mais à une heure du matin le travail a été interrompu par une attaque de l'ennemi. Elle a eu lieu sur la tête du village de Schidlitz, sur le poste qui est à sa droite et sur celui du Stolzenberg. Il a perdu une trentaine d'hommes à l'attaque des deux premiers et n'a conservé que la deuxième.

On a également réparé pendant la nuit les batteries Frioul, qui souffrent beaucoup des 4 batteries dirigées contre elles.

Dans la journée, il y a eu quatre hommes de blessés au nouvel ouvrage de Schidlitz. L'ennemi a envoyé trois parlementaires qui n'ont point été reçus.

Les batteries flottantes continuent leurs feux. Le feu de l'ennemi sur la coupure d'Ohra a été si fort qu'il a fallu suspendre le travail pendant quelque tems.

Je visite les hauteurs du Stolzenberg et de Schidlitz pour chercher les emplacemens de quelques nouveaux ouvrages.

1. Rapport de l'artillerie.

Journée froide, mais assez belle. Il avait gelé la journée précédente.

Nuit du 28 au 29 et journée du 29. — L'ennemi continue ses travaux. Il a couronné le ravin, à la droite de sa redoute. Il tire sur les batteries Frioul avec 12 ou 15 pièces.

Il établit une nouvelle batterie sur la digue, dans le village d'Ohra; elle tire sur la première coupure et le couvent des Jésuites.

Le travail de nuit consistant à réparer les batteries Frioul et à former deux traverses en avant n'a pu se faire, faute d'ouvriers. Le nouvel ouvrage de Schidlitz en a aussi manqué pendant le jour. Ces contrariétés nous ont fait du tort.

Un sapeur a été tué à la coupure d'Ohra.

On se propose d'établir un ouvrage à la gauche du Stolzenberg.

Mauvais tems, mais moins froid. Pluye, neige par intervalle.

Nuit du 29 au 30 et journée du 30. — Dans la nuit, l'ennemi a joint, par une communication à droite, ce qu'il avait établi, à droite, sur la crête du ravin, avec la redoute au bas du plateau, en avant du Zigankenberg. Il a fait une levée de terre en avant de notre petit poste du Stolzenberg.

Il a beaucoup tiré sur Frioul, mais peu sur la ville.

L'on n'a eu que très peu de travailleurs aux batteries Frioul à cause du feu de l'ennemi. Elles en ont beaucoup souffert. Les talus extérieurs sont ruinés et les logemens criblés par les boulets de l'ennemi. On a été forcé de remettre leur restauration à la nuit prochaine.

On a commencé pendant la nuit le poste à gauche sur le plateau du Stolzenberg. On a aussi continué de nuit le travail de l'ouvrage de Schidlitz.

Pendant le jour, on a travaillé à la coupure, à l'avancée de Frioul, à l'ouvrage de Schidlitz et au camp retranché. Aux deux premières, on a perdu trois travailleurs bourgeois, et deux soldats à l'ouvrage de Schidlitz.

Dans la matinée, on voit arriver dans le port de Farhwasser un bâtiment russe pris par une embarcation de notre marine, commandée par le capitaine Dumoutier. Ce bâtiment, d'environ 200 tonneaux, était chargé principalement de suif, de sirops et d'huile de lin.

Belle journée, froid modéré, beau soleil.

Nuit du 30 au 31 et journée du 31. — L'ennemi a débouché par deux boyaux du redan qu'il avait ouvert la nuit dernière à l'extrémité du contrefort qui descend des batteries Frioul. Il s'est avancé d'une trentaine de toises et semble vouloir cheminer sur Frioul. Il a beaucoup tiré de toutes ses batteries.

Les nouveaux travaux de l'ennemi se trouvent, au matin, encore plus rapprochés de l'avancée du Frioul, ce qui inspire de l'inquiétude pour ce poste et pour les batteries de Frioul elles-mêmes. On forme le projet d'avancer dans la nuit, sur la gauche du Stolzenberg, quelques pièces de campagne soutenues par de l'infanterie, pour prendre à revers ces nouveaux travaux. Mais on y renonce ensuite dans la crainte d'engager une affaire trop considérable. On se contente de porter trois petits mortiers à l'avancée de Frioul, afin de tourmenter l'ennemi sur ce point et de retarder ses travaux de nuit, en faisant agir en même tems les pièces de Frioul et celles du Bischofsberg qui peuvent battre ces nouveaux ouvrages. On a continué, jour et nuit, les réparations des batteries Frioul et du masque à droite de la batterie de droite. On a eu 3 ouvriers blessés.

L'ouvrage au-dessus de Schidlitz a été continué sans éprouver de perte malgré que l'ennemi tirât à mitraille.

La 1re coupure a été évacuée en partie, on n'y a laissé qu'un poste. On a incendié en se retirant les maisons entre les coupures et, par là, on met à découvert nos travailleurs de la 2me coupure, qui n'est pas encore achevée. Il n'y a pas eu d'accord pris dans cette mesure qui est prématurée.

Très froid, un peu de neige.

Nuit du 31 au 1er novembre et journée du 1er. — Dans la nuit, l'ennemi poussa deux nouveaux boyaux en zigzags contre les batteries Frioul et s'avança par là d'une trentaine de toises. Il n'est plus qu'à 150 ou 180 toises de ces batteries. Il fit deux reconnaissances, l'une sur notre poste de Windmühle, l'autre sur celui du plateau du Stolzenberg. Il y perdit quelques hommes et se retira.

Continué les réparations de Frioul et fait un masque aux murs des logemens pour les préserver des coups directs et plongeans de l'ennemi. Continué l'ouvrage de Schidlitz où quelques hommes furent blessés.

Le feu des petits mortiers eut à peine commencé, que toutes les batteries ennemies tirèrent sur cet ouvrage et sur Frioul. Le feu de l'ennemi fut tellement vif et supérieur que nous cessâmes le nôtre. Celui de l'ennemi continua toute la journée et il fut si constant, qu'il fit soupçonner que l'ennemi ferait quelque tentative dans la nuit. En conséquence, on mit une réserve dans le ravin de Weinberg.

Belle journée.

Après avoir parcouru tous les avant-postes, je venais rendre compte au gouverneur de mes observations ; il sortait à pied, relevant de maladie, et me proposa de l'accompagner. Nous allâmes visiter tout le Bischofsberg et ensuite la prison des Russes. Je dînai chez lui.

Nuit du 1er au 2 et journée du 2. — Vers 7 heures, au moment où nous prenions le café et où il venait de se remettre au lit, étant très incommodé de sa course, on vient nous annoncer un incendie dans l'Isle des magasins. Je m'y rends de suite, il était déjà effrayant ; au bout de 2 heures, sa violence (excitée par un vent impétueux qui soufflait dans la direction de nos magasins de vivres) devient telle qu'il n'y a plus moyen de l'arrêter, à l'exception de la partie où sont nos six moulins à chevaux et une autre, près du pont de Lang-garten, où est un magasin de 4.000 quintaux de froment [1]. Vers minuit, presque tout le quartier de Speicher-Insel est en flammes ou menacé d'y être bientôt. On ne songe qu'à évacuer ce qu'on peut, ressource d'autant plus faible que la majeure partie des soldats amenés pour porter secours, ainsi que la populace de la ville, se livrent toute la nuit à un affreux pillage.

L'ennemi, tout en continuant avec violence son bombardement sur les points menacés, profite du moment où l'incendie est en pleine activité pour attaquer la coupure d'Ohra et l'ouvrage qui en appuie la droite. Il s'y porte avec des forces considérables et parvient à s'emparer de ce dernier, en se jetant dans le fossé et arrachant les palissades [2]. Aussitôt que cette attaque est connue, on rassemble des troupes, et la compagnie franche, soutenue par un bataillon polonais ayant à sa tête le major Fremy, s'élance dans la redoute occupée par les Russes et passe tout ce qui s'y trouve au fil de

1. Sauvés par le chef d'escadron Turkheim. — MM. Cottin, colonel d'artillerie, et de Marquessac, sous-chef d'état-major, sauvèrent un magasin de grains et un dépôt de munitions.

2. L'avancée, encore inachevée, était défendue par 50 hommes. Le capitaine Mangin fut tué, le lieutenant du génie Boërio reçut deux coups de feu. Les rapports citaient, en outre, le chef de bataillon Dybawski, les capitaines Boguslawiski, Lipinski et Meynier, l'adjudant commandant Quesnel, le chef de bataillon Clamont, l'adjudant-major Boulanger, le capitaine du génie Sudour, le lieutenant Jaimebon et le sous-lieutenant Connard.

l'épée, à l'exception d'une trentaine de prisonniers dont un officier blessé.

Pendant le tems que l'ennemi occupait cette position, il avait entrepris un boyau partant de ses tranchées, en face des batteries Frioul, et aboutissant à la gorge de l'avancée.

Dès que l'on eut repris ce poste, on effaça une partie de ce boyau ; l'autre partie au delà d'un ravin, à une cinquantaine de toises en avant, ne put être détruite, mais comme elle était enfilée par notre ouvrage, l'ennemi ne put s'en servir que lorsque nous l'eûmes évacué (le poste).

Repoussé sur ce point, il se porta, vers minuit, sur le plateau du Stolzenberg [1] et, en troisième lieu, sur le nouvel ouvrage au-dessus de Schidlitz, et commença de suite de s'y établir. Il ouvrit sur le Stolzenberg une tranchée de 350 toises du saillant de la lunette Cafarelli. Au-dessus et à droite de Schidlitz, il profita, pour se couvrir à la gorge de notre ouvrage, d'un fossé destiné à recevoir les palissades, et la prolongea à droite, de manière à couronner la crête qui domine Schidlitz, et à gauche de manière à se relier avec la batterie qui est en arrière. Mais cette communication n'était pas faite sur toute son étendue ; il n'avait pu l'entreprendre que sur 150 toises environ. A la pointe du jour, nous lui enlevâmes toutes ses positions, et nous

1. Il bloqua dans une maison l'adjudant-major Rivet, qui s'y maintint toute la nuit.

détruisîmes les travaux qu'il avait entrepris [1].

Dans ces différentes affaires, les pertes de l'ennemi furent très considérables; on lui fit 150 prisonniers et il eut un millier d'hommes tués et blessés. Les prisonniers nous apprennent qu'ils avaient tous les jours cinquante canonniers et un grand nombre de travailleurs tués ou blessés.

Dans la journée, on replante les palissades enlevées à l'avancée de Frioul, on efface tous les travaux de l'ennemi, et on continue le masque en terre destiné à couvrir les corps de garde des batteries Frioul des coups directs et plongeans [2].

Assez belle journée.

L'ennemi continue à bombarder la ville; un nouvel incendie se manifeste avec violence près de la grande église de Pogenpfuhl. On parvient à l'éteindre.

III

Jusque-là, malgré un développement de tranchée considérable, l'armée combinée des Russes et des Prussiens n'avait pas encore pu diriger ses approches contre le Bischofsberg lui-même. Les travaux n'avaient pu avoir d'autre but que de faire tomber le premier rideau de fortification passagère, qui couvrait la place. L'attaque générale, tentée dans la trop fameuse nuit du 1er novembre, n'avait eu

1. Les généraux Breïssan et Devilliers balayèrent le plateau du Stolzenberg et reprirent sur le Zigankenberg l'avancée Kirgener. Cités : le major Deskur, les chefs de bataillon Poniatowsky et Cryzewski, les capitaines Fahrbeck, Daconto, Perrin, Jeannin, commandant Carré. Le général Breïssan fut gravement blessé.

2. Capitaine du génie Dieudonné.

d'autre but que d'ouvrir enfin contre lui une première parallèle.

Nous avons vu comment elle avait échoué, mais l'assiégeant revint à la charge et réussit le lendemain.

Nuit du 2 au 3 et journée du 3. — L'ennemi n'entreprend rien de nouveau du côté d'Ohra et à la droite de Schidlitz, mais il s'empare du plateau du Stolzenberg et trace une parallèle à 350 toises des lunettes avancées et à 450 toises du fort, s'étendant depuis le petit poste que nous occupions en avant de la maison crénélée de l'étang, jusqu'à l'un des mamelons qui couronnent Schidliz, en suivant à peu près les contours du terrain comme l'indique le plan. Favorisé par le brouillard, qui ne se dissipe qu'à midi, il perfectionne et étend sa parallèle et ses communications. Il continue à bombarder.

On essaya, dans la matinée, d'enlever de nouveau, à l'ennemi, le plateau du Stolzenberg, et on parvint même jusque dans ses tranchées, mais il fit soutenir ses travailleurs par des forces si considérables qu'on fut obligé enfin d'y renoncer. Cette nouvelle position voyant absolument la gorge des batteries Frioul, on jugea alors qu'il serait impossible d'y tenir longtems et on reconnut s'il ne serait pas possible de prendre une position en arrière ; le plateau du Judenberg parut d'abord assez favorable, mais l'impossibilité d'établir une communication sûre, dès que l'ennemi serait aux batteries Frioul, et la difficulté de l'exécution, firent rejeter cette idée, et on se contenta de couvrir, par des traverses, les corps de garde des batteries Frioul, et d'épaissir les parapets des lunettes Leclerc et Cafarelli. D'ailleurs, l'ouvrage que l'on aurait pu établir sur le Judenberg avait, de toute nécessité, le grand défaut d'avoir toutes les faces enfilées ou prises à revers, et les faibles moyens d'exécution qu'on avait entre les mains ne pouvaient guère faire espérer de le terminer à tems; ce qui devait être d'une grande considération d'après les intentions que manifestait l'ennemi de commencer le siège et d'après l'état de la garnison.

Journée très brumeuse, mais point froide.

NOTE

A cette époque, la situation des assiégés devint extrêmement fâcheuse : les fatigues excessives, les maladies, qui commençaient à reparaître, les avaient affaiblis au point de ne pouvoir presque pas suffire à la simple garde des ouvrages de cette grande place, dont aucun pourtant ne tomba au pouvoir des ennemis.

Mais ce qu'il y avait de plus alarmant, c'est qu'une partie de la garnison était en défection. Les troupes allemandes, instruites des malheurs de Leipzig et rappelées par leurs souverains, refusaient le service extérieur et pouvaient faire craindre, à chaque instant, une insurrection, malgré les efforts de leurs chefs et de leurs officiers, dont la conduite a toujours été digne des plus grands éloges, et qui, dans une position aussi difficile, ont su concilier jusqu'à la fin les lois de l'honneur avec la soumission qu'ils devaient à leur gouvernement. Les Bavarois, dont la bravoure et le zèle ne pouvaient être surpassés, montrèrent constamment des sentimens qui les rendaient chers aux Français. Les braves Polonais, plus nombreux que les Allemands et qui se sont signalés pendant tout le siège par une valeur et un dévouement admirables, étaient fortement sollicités, par les proclamations de l'ennemi, de nous abandonner. Les Français, en petit nombre, à qui, pour cette raison, on était obligé de confier les postes les plus pénibles, étaient écrasés de service, et perdaient chaque jour beaucoup de monde.

La disette commençait à se faire sentir vivement; le soldat, qui ne recevait depuis huit mois qu'une chétive ration de chair de cheval desséchée (car c'était ceux hors de service qu'on envoyait à la boucherie) était même au moment d'en être privé tout à fait; tous les animaux les plus immondes, pouvant [1] servir à la nourriture, étaient consommés. Il n'y avait plus de viande salée, ni de légumes secs; l'eau-de-vie et le sel devaient bientôt manquer entièrement; le moment approchait où il ne devait rester pour toute ressource que quelques

1. On a mangé environ 29 mille chiens ou chats dans la ville de Dantzig pendant le blocus et le siège. Le poisson joua un grand rôle dans l'alimentation de la garnison; surtout au moment des crues, où l'on eut le poisson à très bon marché.

Voir, page 297, le prix des denrées à Dantzig.

grains dont la mouture était très difficile; le bombardement de l'ennemi, qui augmentait chaque jour de violence, détruisait une partie de nos moulins et menaçait sans cesse de détruire le reste.

Enfin, il paraissait de toute impossibilité de pouvoir soutenir les forces physiques des troupes exténuées de fatigue.

Il faut ajouter à tous ces malheurs la privation de solde depuis cinq mois, qui occasionnait beaucoup de mécontentement parmi les troupes étrangères.

Au milieu de tant de calamités, que l'approche des gelées allait encore augmenter en facilitant sur tous les points les attaques de vive force de l'ennemi, la garnison montra encore une fermeté inébranlable, et dans les actions journalières, qui devenaient sans cesse plus sanglantes, les troupes françaises surtout déployèrent un courage héroïque.

La place n'avait plus de vivres que jusqu'au 1er janvier, la garnison était réduite à 12 900 hommes valides dont une grande partie étrangers, et désormais mal disposés.

Le Gouverneur, sentant la nécessité d'informer l'Empereur de la situation nouvelle qui lui est faite, se décide à faire sortir son aide de camp, le capitaine Marnier, avec mission de gagner le Danemark, et, de là, le grand quartier général.

Nuit du 3 au 4 et journée du 4. — L'ennemi ne s'avance pas au delà des positions qu'il occupait la veille, et se contente d'établir des communications en zigzags; d'une part, entre la droite de sa parallèle et la batterie en arrière, et de l'autre, entre sa gauche et un petit poste placé sur le mamelon de la crête de Schidlitz, à hauteur de la tête du Stolzenberg, et qu'il a façonné en forme de redoute. Il établit une batterie de 4 embrasures sur le mamelon en arrière de ce dernier et couronne par une levée de terre celui qui est en avant et auquel vient aboutir l'extrémité de sa parallèle.

Il tire fort peu ce jour-là. Des officiers russes s'étaient avancés sur la batterie Montbrun avec des papiers à la main, on a tiré quelques coups et ils se sont éloignés. Ils portaient des proclamations pour corrompre la garnison et se présentaient chaque jour à tous nos postes pour les faire recevoir des vedettes.

Le Bischofsberg, le bastion Kœssel, le Hagelsberg et les batteries d'Istries et Kirgener firent un feu très vif sur les travaux de l'ennemi et le tourmentèrent fort.

Je visite le plateau du Judenberg avec le général Lepin et le colonel de Richemont, pour chercher l'emplacement de nouveaux ouvrages. Le plateau au-dessus de Schidlitz que nous occupions toujours offrait une très belle position pour placer une batterie volante qui enfilât et prît de revers la parallèle du Stolzenberg, mais on ne jugea pas, d'après l'état de la garnison, devoir exécuter cette diversion, de crainte de compromettre les troupes destinées à la soutenir. Elle était d'un accès impraticable avec nos mauvais chevaux et d'ailleurs peu soutenue par le poste de Schidlitz.

Prévoyant la nécessité d'abandonner incessamment cette position, on mit, dans la nuit, le feu au village de Schidlitz et à toutes les maisons qui étaient dans le vallon entre ce village et la hauteur du Zigankenberg. On conserva seulement une maison dans le ravin de droite qui mène à Zigankenberg. Cette maison fut crénelée et palissadée dans 24 heures. On ordonne une augmentation d'artillerie sur tous les ouvrages qui ont vue sur l'attaque. On rectifie pour ricocher et battre de plein fouet les tranchées. On fait placer des balles à feu pour éclaircir les travaux et faire en sorte que l'ennemi ne nous dérobe pas un nouvel ouvrage pendant la nuit. On place deux licornes à la gorge des redoutes Kirgener et d'Istrie. Elles sont garanties des anciennes batteries de l'ennemi et prolongent ses nouveaux ouvrages. Du côté du Bischofsberg, on continue à palissader la coupure d'Ohra et à réparer les batteries Frioul. On s'occupe également du logement des troupes tant dans l'intérieur du Bischofsberg que dans les ouvrages extérieurs. On commence des traverses pour y garantir les pièces des coups de plein fouet. Le chef de bataillon Michaud commande le génie avec le capitaine Dieudonné et les lieutenans d'Artois et Lapasque; on leur adjoint les capitaines Cassières et Comte, les lieutenans Beurnier, Paret et Vanéchout. Le personnel et le matériel de l'artillerie sont aussi organisés. On met 350 canonniers au service des pièces, on cherche à se procurer 500 auxiliaires pour approvisionner les batteries, et on confie le commandement de l'artillerie au commandant Farjon ayant pour adjoint le capitaine Aumont. Le colonel Cabrié commande le fort.

Belle journée.

Pour inquiéter l'ennemi dans ses tranchées, on avait, dès le mois d'octobre, organisé une compagnie franche, composée de 70 hommes d'élite, Français et Polonais, armés à la légère d'un fusil à baïonnette, d'un sabre et de pistolets. Elle était commandée par le capitaine de Chambure, les lieutenants Rosay, Jaimebon et le sous-lieutenant Connard.

Nuit du 4 au 5 et journée du 5. — L'ennemi ouvre quatre embrasures à la redoute qui appuie la gauche du Stolzenberg et s'empare de nouveau de l'ouvrage entrepris à la droite de Schidlitz, près le poste dit du Commandant[1]. On ne le lui dispute pas; il était impossible d'y tenir. Il avait une batterie à 250 toises et une autre en arrière. Il dépassait ce poste par ses batteries. Ses factionnaires étaient placés dans des trous, à demi-portée de fusil, et tiraient par salves dès qu'il paraissait un homme. On plaça quelques factionnaires en arrière, sur le prolongement du coteau, à hauteur de la redoute d'Istrie.

Il rétablit sur ce point les travaux qu'il avait commencés la nuit du 1er au 2 et que nous avions détruits dans la journée suivante, et les relie à la batterie en arrière par une tranchée passant en avant de cette batterie, et allant se réunir à une tranchée qui joint cette dernière avec une nouvelle

1. Avancée Kirgener, en avant de la redoute du même nom.

batterie à laquelle il travaille depuis deux jours, et qui est à peu près dans la direction du Ziganken-berg à Pitzkendorf. La compagnie franche, commandée par le capitaine de Chambure, s'embarque à Fahrwasser, dans la nuit du 4 au 5, et vient débarquer dans le Nehrung, en arrière de la ligne ennemie ; elle tombe sur l'état-major du général, met le feu au village de Bohnsack, fait sauter plusieurs caissons, se fait jour à travers l'armée pour regagner ses embarcations, mais ne les ayant plus trouvées, se retire par terre en escaladant les retranchemens russes. On estime à 300 hommes la perte de l'ennemi.

Le sergent d'artillerie Pionnier, chargé dans ces expéditions d'enclouer les canons et de mettre le feu, reçut un coup de fusil dans la poitrine en attachant un tourteau à la fenêtre du quartier général. Le factionnaire placé dans l'intérieur ajusta mal, et il en fut quitte pour avoir la barbe et les habits brûlés.

L'artillerie continue à tirer sur les ouvrages de l'ennemi ; mais son feu n'est pas aussi bien dirigé qu'on pourrait le désirer. On continue les travaux entrepris et les réparations des batteries Frioul.

Belle journée, tems doux.

Nuit du 5 au 6 et journée du 6. – L'ennemi commence une batterie sur le mamelon auquel aboutit la gauche de sa parallèle. Cette batterie, ainsi que les deux en arrière sur les mamelons qui couronnent Schidlitz, paraissent dirigées sur le front de Neugarten et les derrières du camp retranché du

Zigankenberg. Quelques embrasures permettent de pouvoir tirer sur les ouvrages de ce camp. Il fait avancer, dans la nuit du 5 au 6, une batterie volante en avant d'Heübude et lance des obus, des boulets creux et des fusées incendiaires sur le quartier de Lang-garten et particulièrement sur le palais du gouverneur. Cette expédition paraît être la revanche de celle que la compagnie franche avait faite la veille à Bohnsack. En dehors de cela l'ennemi tire peu. Il perfectionne ses ouvrages, mais n'avance pas.

Le Bischofsberg, le Hagelsberg et les ouvrages du Zigankenberg continuent leur feu sur les travaux de l'ennemi.

Aux batteries Frioul, on répare la nuit les dégradations du jour; aux lunettes Leclerc et Cafarelli, ainsi qu'à celle du Zigankenberg, on s'occupe de l'épaississement des parapets et l'on fait de nouveaux emplacemens pour établir de l'artillerie entre d'Istrie et Kirgener.

Tems pluvieux, peu froid.

Dans la soirée, un parlementaire se présente aux allées d'Oliva et remet une lettre du duc de Wurtemberg pour le Gouverneur.

Lettre du duc de Wurtemberg au Gouverneur.

Général,

Il y a quelques jours que j'ai envoyé à V. Exc.

un parlementaire, accompagné d'un trompette. Les avant-postes, après les avoir laissé approcher sans les avertir, ont tiré sur l'un et sur l'autre, et l'officier chargé de mes dépêches n'a pu, par conséquent, s'acquitter de sa commission.

J'essaie encore maintenant de faire parvenir cette lettre à V. Exc., quoique je ne puisse lui dissimuler que j'ai été surpris lorsque j'ai appris cette violation manifeste du droit des gens, pour lui faire connaître la véritable situation des affaires, et qu'elle n'a plus aucun espoir quelconque d'être secourue avec sa garnison.

Je n'entrerai pas dans des détails sur les derniers événemens qui ont eu lieu à la Grande-Armée française, puisqu'il me serait désagréable de vous faire part, mon Général, de choses qui ne pourraient que vous déplaire.

Il me suffit de vous assurer sur ma parole d'honneur que, d'après les dernières nouvelles, l'armée française est en pleine retraite sur le Rhin, ayant abandonné la Saxe et Erfurt, de manière qu'il y a apparence que, dans le moment où j'écris, elle a déjà repassé la Rhin. Je suis prêt, au reste, à communiquer à V. Exc. les papiers publics et toutes les nouvelles qui en font part.

Il me semble que, d'après cet aperçu fidèle des événemens politiques, V. Exc. fera de mûres réflexions sur la situation critique dans laquelle elle se trouve avec sa garnison, puisqu'il n'en sera bientôt plus tems, et qu'elle tâchera de conserver à son gouvernement un corps de troupes qu'un arrangement honorable et avantageux pourrait lui garantir.

Au reste, mon Général, je puis vous assurer que j'ai tous les moyens pour vous forcer à ne pas persister plus longtems à défendre une place qui n'a plus aucun espoir d'être débloquée, ni secourue.

Veuillez vous convaincre qu'en essayant encore une fois d'entrer en communication avec vous, mon Général, je n'ai d'autre vue que d'épargner aux malheureux habitans de Dantzig les misères sous lesquelles ils gémissent depuis si longtems.

C'est avec la plus haute considération, etc.

Signé : Alexandre de WURTEMBERG,
général en chef.

Nuit du 6 au 7 et journée du 7. — L'ennemi perfectionne ses travaux et commence à tirer de la batterie, sur le versant de Schidlitz, la plus éloignée de la place. Son feu est peu considérable dans la journée, il augmente le soir et beaucoup la nuit. Il ne pousse point les cheminemens en avant de sa parallèle.

On continue les travaux entrepris et on se détermine à condamner la porte de Neugarten, trop en prise aux batteries de l'ennemi.

Journée humide et froide.

Un aide de camp du Gouverneur apporte aux avant-postes de Langfuhr sa réponse à la lettre du duc.

Réponse du Gouverneur au duc de Wurtemberg.

Monseigneur,

Je m'empresse de répondre à la lettre que V. A. R. m'a fait l'honneur de m'écrire aujourd'hui, 6 novembre.

Le parlementaire qu'elle m'a adressé dernièrement aurait été reçu sans difficulté, si, dans le même instant, on n'avait vu répandre à peu de distance de lui plusieurs proclamations et adresses à la garnison, et si, dans le même tems, vos batteries n'avaient pas continué à faire feu ; ce n'est même qu'après l'avoir averti à plusieurs reprises qu'on s'est déterminé à le forcer à s'éloigner.

V. A. m'annonce des nouvelles fâcheuses pour l'armée française, et elle me répond sur sa parole d'honneur de la vérité de ces nouvelles. D'après cela, il ne m'est pas permis d'en douter. Je me permettrai cependant de lui faire observer que la fortune est inconstante, et que les succès à la guerre peuvent varier d'un jour à l'autre; que les assurances générales qu'elle me donne ne doivent pas m'ôter l'espoir de recevoir des secours quelconques, soit par la force des armes, soit par suite de négociations ; qu'ayant encore tout ce qu'il me faut pour me défendre vigoureusement pendant encore assez longtems, je ne puis songer à entrer en arrangement, sans manquer aux obligations qui me sont imposées.

V. A. m'assure qu'elle a tous les moyens de m'obliger à ne pas persister à défendre la place qui m'est confiée : c'est sans doute le langage qu'elle doit tenir. Mais sûrement elle ne connaît pas ceux qui me restent pour résister, et ce n'est qu'après cette connaissance, qu'elle pourra apprécier la valeur des moyens dont elle peut disposer elle-même.

Je la prie d'ailleurs d'être persuadée qu'attachant le plus grand prix à son estime, je crois devoir, pour la mériter, continuer à me défendre comme je l'ai fait jusqu'à présent, et ce sentiment suffirait seul pour diriger ma conduite, si elle n'était pas d'ailleurs déterminée par des devoirs sacrés envers mon souverain.

Quant aux papiers publics que V. A. a la bonté de m'offrir, je les accepterais avec reconnaissance, si elle daignait ajouter les journaux français à ceux publiés chez les puissances coalisées.

Je puis d'ailleurs assurer V. A. que j'ai ressenti pour le moins aussi vivement qu'elle les misères qui accablent les habitans de Dantzig, mais ces malheurs ne peuvent pas m'être imputés.

Quel que soit le parti que prendra V. A. d'après les intentions que je lui ai manifestées, je la prie de croire que rien ne pourra altérer les sentimens, etc.

Signé : Comte Rapp

Nuit du 7 au 8 et journée du 8. — L'ennemi démasque complètement la batterie la plus rapprochée de la porte de Neugarten. Il perfectionne sa tranchée et ses deux batteries sur la gauche du Stolzenberg.

On ouvre, pendant la nuit, les tranchées nécessaires pour placer des fougasses à bombes sous la contrescarpe des batteries Frioul.

Le Bischofsberg fait un feu assez vif sur les travaux de l'ennemi, mais les batteries d'Istrie et Kirgener ne tirent pas autant qu'elles le devraient. L'artillerie ne paraît pas sentir tout l'avantage de cette position qui prend d'enfilade et même de revers les travaux de l'ennemi sur le Stolzenberg.

L'ennemi était fort gêné dans la tranchée qu'il était obligé de morceler en crémaillère [1]. Sa parallèle, au lieu d'embrasser le front du Bischofsberg, de former par conséquent, suivant les règles, une ligne concave, forma bientôt une ligne convexe, ainsi qu'on peut le voir sur le plan. Les redoutes du camp l'obligeaient à retenir en arrière, à refuser sa gauche, tandis que les redoutes du côté d'Ohra l'obligeaient à refuser sa droite. Enfin, s'il voulait en déboucher, ses cheminements étaient vus de nos pièces. Il est vrai que, de ses nouvelles batteries, il allait, lui aussi, voir la gorge même des ouvrages de Frioul, ce qui eût suffi

1. La situation difficile de l'ennemi dans sa tranchée du Stolzenberg, d'où il n'osa pas sortir jusqu'à l'heure où la famine obligea la place à se rendre, montre combien est injuste le reproche, qui a été formulé par des auteurs allemands, de n'avoir su prévoir que l'attaque dirigée contre le front d'Oliva. L'attaque contre le Bischofsberg était dans la mesure du possible prévue, et le camp du Hagelsberg, comme une arme à deux tranchants, frappait aussi bien à droite en croisant ses feux avec ceux du Holm, qu'à gauche en battant le Stolzenberg de concert avec les ouvrages de Frioul.

pour rendre les redoutes intenables à tous autres qu'à leurs intrépides défenseurs. Ceux-ci, bien que la situation y fût désormais précaire, ne les abandonnèrent pas. Le génie ayant dû renoncer, faute de temps et de ressources, à établir un ouvrage plus en arrière sur le Judenberg, s'attacha à prolonger la résistance des redoutes de Frioul en élevant, à la gorge des redoutes et de l'avancée, des traverses qui se trouvèrent prêtes à point le jour où l'ennemi put diriger sur elles son feu. Et, de fait, ses ouvrages tinrent encore 20 jours ; ils auraient même tenu davantage contre la seule action de l'artillerie.

Journée assez belle, froid modéré.

Le duc de Wurtemberg envoie une seconde lettre particulièrement relative aux troupes bavaroises et en même tems quelques feuilles du journal de Londres. Il invite le gouverneur à faire de sérieuses réflexions, et à balancer les inconvéniens inévitables d'une résistance tout à fait inutile avec les avantages qui résulteraient en conservant à son gouvernement un corps de troupes aussi distingué que celui de la garnison de Dantzig.

La lettre du prince finissait par ces mots :

« S. M. le roi de Bavière ayant fait une alliance offensive et défensive avec les puissances coalisées, j'ai l'honneur d'en prévenir officiellement V. Exc., afin qu'elle veuille bien accorder la permission aux troupes bavaroises, qui se trouvent à Dantzig, de sortir de la place, vous donnant en même tems ma parole d'honneur, mon Général, que ces troupes ne seront point employées par moi, mais renvoyées directement en Allemagne. Je pense qu'elle voudra d'autant moins se refuser à cela, que le gouverneur de Wurtemberg en a déjà donné l'exemple.

« Je serai, dans peu de jours, dans le cas de lui faire la même demande relativement aux troupes polonaises et saxonnes, puisque, d'après les nouvelles, on attend à chaque instant la conclusion de la paix et d'un traité d'alliance entre les puissances coalisées et le roi de Saxe qui est à Berlin. »

Nuit du 8 au 9 et journée du 9. — L'ennemi joint ses boyaux de l'attaque sur les batteries Frioul avec la parallèle qui couronne le plateau du Stolzenberg, par une tranchée passant à 50 toises environ du poste du Sergent et ayant un boyau d'amorce dirigé sur la maison crénelée de l'étang. Il étend à sa droite la tranchée jusqu'au village de Schottenhauser et établit en arrière une communication en zigzags allant aboutir dans la plaine, à la parallèle établie à la hauteur de la tête de Schottland. Ces travaux le rapprochent beaucoup des batteries Frioul.

On reconnut, à la pointe du jour, qu'une partie des nouveaux boyaux de l'ennemi était complètement enfilée de l'avancée de Frioul et qu'un obusier, placé dans cet ouvrage, serait d'un très grand effet. On a continué les travaux entrepris.

Le corsaire l'Heureuse-Tonton, capitaine Dumoutier, part vers 7 heures du soir avec un aide de camp du gouverneur, le capitaine Marnier, chargé de porter des dépêches à l'Empereur.

La situation du 10me corps à cette date est la suivante :

Malades	4.097
Employés	600
Combattans	12.900

lont au plus 8.000 Français.

Le Gouverneur envoie par un aide de camp sa éponse à la deuxième lettre du duc de Wurtemberg.

Réponse du général Rapp au duc de Wurtemberg.

Monseigneur

Puisque V. A. R., par la lettre qu'elle m'a fait 'honneur de m'écrire, le 7, a cru devoir me renou-eler les propositions contenues dans celle du 6, u'il me soit permis de lui en témoigner mes regrets.

Dans toutes les occasions V. A. R. a pu juger des entimens d'honneur de la brave garnison de Dantig et de ses dispositions toutes conformes à mon aractère personnel; sa conduite est donc indépenante de tous les événemens ; elle doit se défendre t se défendre jusqu'à la dernière extrémité : et ien loin de croire, Monseigneur, que, si elle était orcée de succomber plus tard, V. A. R. la traiterait noins bien, elle a une trop haute idée de votre graneur d'âme, pour douter un instant qu'elle ne s'acuiert, au contraire, un titre de plus à votre estime.

V. A. R., pour me déterminer, appuye sur la mière et les souffrances des habitans ; assurément (et ils le savent tous), j'y prends, comme homme, la plus grande part, mais comme militaire, V. A. R. sait que cette considération est la moindre de toutes.

Cependant, si d'une part V. A. R. est convaincue que je ne puis être secouru, et que d'une autre elle croit si bien connaître l'état de mes approvisionnemens qu'elle soit persuadée que je n'en ai plus que pour peu de semaines, il n'y a aucun inconvénient à ce que le bombardement et l'incendie des habitans cessent. Ces dispositions, Monseigneur, ne dépendent pas de ma volonté, mais entièrement de la vôtre.

Quant à la défection des Bavarois que m'annonce V. A. R., je l'apprends avec d'autant plus de regret que les Français ont toujours eu le plus vif attachement pour cette nation brave et loyale. Mais de pareilles communications ne peuvent avoir pour moi de caractère officiel qu'autant que je les recevrai de mon souverain.

Je dois donc déclarer à V. A. R. que je ne peux, sans un ordre de l'Empereur, mon maître, les laisser sortir de Dantzig; mais puisque V. A. R. attache quelque importance à cette sortie, qu'elle veuille bien me permettre d'envoyer en courrier un officier prendre les ordres de mon souverain; son retour apportera toutes les déterminations qu'exige un tel état de choses ; etc., etc.

Nuit du 9 au 10 et journée du 10. — L'ennemi ne chemine point, il perfectionne ses travaux et palissade son établissement fait à l'emplacement de notre ouvrage au-dessus de Schidlitz. Rien encore n'annonce de batterie sur ce point.

Les fougasses à bombes sont placées à l'ouvrage de gauche des batteries Frioul. Chaque caisse est composée de 4 bombes de 10 pouces, chargées de 6 livres de poudre.

On continue les travaux entrepris, tant pour l'épaississement des parapets des ouvrages avancés que pour l'établissement de traverses sur les faces qui peuvent être enfilées des positions de l'ennemi.

La nuit, de la pluye; le jour, assez beau tems; point de froid.

Monsieur le duc de Wurtemberg adresse une troisième lettre au Gouverneur.

Lettre du duc de Wurtemberg au Gouverneur.

Voyant que V. Exc. persiste toujours dans une détermination qui n'est plus motivée par aucun prétexte quelconque, puisque la prise que vient de faire un de nos cutters anglais du bâtiment commandé par le capitaine Marnier [1] m'a mis entièrement au fait de l'état de la garnison de Dantzig et de toutes ses ressources, ce qui m'a confirmé en plein les renseignemens que j'avais déjà précédemment, il est par conséquent tems que je lui fasse part des

1. Le capitaine Marnier n'avait pas été pris. Il parvint trop tard, mais sain et sauf, à destination, après un voyage digne d'un roman d'aventures.

instructions positives que j'ai reçues relativement au sort de la garnison.

Il y est dit :

«Si, malgré toutes les nouvelles que vous donnerez au général Rapp de l'état actuel des affaires, des désastres qu'a éprouvés l'armée française et de sa retraite précipitée vers le Rhin, il continuait encore à se défendre plus longtems, il est ordonné à V. A. R. de n'entrer plus tard en aucun arrangement avec lui, si elle ne trouve pas, en entrant dans la place, au moins pour vingt-cinq jours de vivres, et de ne lui accorder d'autres conditions que celle de se rendre à discrétion.

«Dans ce cas, les généraux et autres officiers seront envoyés dans les villes de district et autres endroits des gouvernemens d'Orenbourg et de Perm, où se trouvent déjà le général Vandamme et ses officiers et les soldats, partie dans le gouvernement de Wiatka, partie dans celui de Tomsk. Le général d'infanterie Korsakow, gouverneur militaire de Wilna, auquel, dans ce cas, les individus formant la garnison de Dantzig doivent être préalablement adressés, a déjà reçu, à cet égard, les instructions nécessaires, ainsi que les gouverneurs civils des provinces où ces troupes doivent passer le tems de leur captivité. »

La paix étant faite avec la Bavière et les ducs de Saxe, celle du roi de Saxe étant sur le point d'être signée, les troupes auxiliaires qui se trouvent dans la garnison ne peuvent, sans crime et sans risque d'être traitées comme rebelles, continuer à servir une cause qui leur est tout à fait étrangère. La garnison de Dantzig serait donc réduite aux seules troupes françaises et napolitaines qui s'y trouvent, et ce motif sera plus que suffisant pour légitimer V. Exc. vis-à-vis de tout le monde, et pour ne pas persister plus longtems à défendre une place qu'elle a conservée depuis tant de mois à son souverain.

L'empereur Napoléon ayant quitté l'armée et étant de retour à Paris, je me vois dans l'impossibilité d'accorder à V. Exc. la demande qu'elle me fait relativement à l'envoi d'un courrier.

Quel que soit le parti que vous prendrez, mon Général, je dois vous déclarer avec franchise que j'exécuterai ponctuellement les ordres que j'ai reçus relativement à votre garnison, si vous laissez venir les choses à l'extrémité, et l'événement prouvera à V. Exc. si je suis homme de parole.

Si elle veut m'envoyer un officier général muni de pleins pouvoirs pour traiter d'un arrangement, j'ai donné les ordres au général Tourtchaninoff, qui commande à Langfuhr, de le recevoir avec les égards qui lui sont dus; mais en même tems, j'ai l'honneur de vous prévenir, mon Général, que, regardant toute correspondance ultérieure comme parfaitement inutile, je ne recevrai plus, excepté la réponse à cette lettre, d'autre parlementaire qu'avec le drapeau blanc.

Nuit du 10 au 11 et journée du 11. — L'ennemi

commence à travailler à des batteries sur le plateau du Stolzenberg.

On place dans la nuit les fougasses à bombes de l'ouvrage de droite.

D'après les dispositions de l'ennemi, on avait jugé qu'il commencerait de nouveaux travaux dans la nuit et on avait placé dans le vallon de Weinberg la compagnie franche pour se jeter sur les travailleurs. Mais l'ennemi n'entreprenant rien, cette compagnie s'élança dans les boyaux en avant du poste du Sergent et y fit un carnage terrible. La perte de l'ennemi fut estimée à 200 hommes, parmi lesquels 4 officiers.

Pendant que cette expédition se passait, l'ennemi s'était approché de nouveau en avant d'Heübude et avait lancé des fusées et des boulets creux sur le quartier de Lang-garten, mais ce fut sans effet. Le feu prend dans la journée au Terrhoff par une bombe lancée des batteries d'Ohra.

Soirée et nuit pluvieuses.

Même tems que la veille, journée belle, point de froid.

Le Gouverneur répond à la troisième lettre du duc de Wurtemberg.

Réponse du général Rapp au duc de Wurtemberg.

Monseigneur,

...... Si V. A. R. est persuadée qu'il ne reste à ma garnison que pour vingt-cinq jours de vivres, les renseignemens qu'elle a sont loin d'être exacts, et je ne vois pas quelle confirmation elle peut en avoir par la prise du capitaine Marnier.

La reddition de la place qui m'est confiée, Monseigneur, est tellement éloignée qu'il n'est pas tems de la négocier. A l'époque convenable seulement mes parlementaires se présenteront.

V. A. R. prévient qu'elle n'en recevra plus qu'avec le drapeau blanc ; je la prie d'observer que ma garnison ne consentira jamais à des humiliations, et qu'à la dernière extrémité, il lui restera plus d'un moyen de négociation assez déterminant peut-être pour que V. A. veuille bien les admettre. Mes désirs sont d'ailleurs parfaitement conformes avec les intentions de V. A. R., pour cesser, dès ce moment, toute correspondance relative à des propositions de cette nature.

Je ne finirai cependant pas, Monseigneur, sans témoigner à V. A. R. tous mes regrets sur son refus de l'envoi d'un officier à mon souverain, la présence de S. M. à Paris ne serait pas un obstacle. Ce moyen ne peut porter aucune espèce de préjudice aux intérêts des puissances coalisées, et il est le seul, au contraire, qui puisse avancer les arrangemens de Dantzig.

S'il était possible de s'accorder à ce sujet, j'enverrais un officier général à Langfhur pour donner plus d'étendue aux motifs d'utilité réciproque de cet envoi.

Comte RAPP.

Nuit du 11 au 12 et journée du 12. — L'ennemi perfectionne ses batteries et on peut déjà découvrir, à la pointe du jour, que l'une d'elles sera placée sur la grande rue du Stolzenberg et battra le saillant de la lunette Cafarelli, et qu'une autre, plus à gauche, pourra enfiler sa face droite, et, entre les deux, un grand emplacement pour des mortiers. On découvre, dans l'espace intermédiaire entre ces deux batteries, quelques embrasures dirigées sur la maison crénelée de l'étang.

On continue les travaux entrepris et on s'occupe de réparer les dégâts à mesure qu'ils sont connus. On a été dans la plaine d'Heübude et on a trouvé la trace de nos coups précisément dans l'emplacement occupé par l'ennemi, ce qui prouve que nos boulets l'ont fait déloger hier.

Belle journée, point de froid. Beau soleil.

Nuit du 12 au 13 et journée du 13. — L'ennemi perfectionne ses travaux. On reconnaît à la pointe du jour que presque tout le plateau du Stolzenberg est couronné par une suite de batteries, soit de canons, soit de mortiers, disposées à peu près en crémaillère ; on aperçoit également que l'ennemi, par des traverses en arrière de sa ligne, cherche à se dérober aux revers et aux enfilades des batteries d'Istrie et Kirgener. Il continue à tirer des incendiaires vivement jour et nuit.

Le génie continue les travaux entrepris et les réparations journalières. L'artillerie s'est enfin déterminée à amener des obusiers dans l'avancée de

Frioul pour enfiler le boyau qui est absolument dirigé sur cet ouvrage. Cette seule pièce produit un très grand effet. Les traverses que l'ennemi élève en arrière de sa ligne font voir combien les ouvrages du Zigankenberg seraient redoutables pour lui, s'ils étaient armés convenablement.

Très belle journée, tems doux. — Vers midi, le gouverneur reçoit une quatrième lettre du duc de Wurtemberg qui l'invite à envoyer un officier général à Langfuhr. Le Gouverneur répond en l'annonçant pour le lendemain.

Nuit du 13 au 14 et journée du 14. — Les Russes perfectionnent leurs batteries et en commencent une nouvelle de six embrasures en avant du boyau enfilé par l'avancée de Frioul. Ils ont déjà plus de 25 embrasures en face du Frioul.

L'épaississement des lunettes d'Istrie et Caulaincourt est terminé. On s'occupe toujours de celui des lunettes Leclerc et Cafarelli, ainsi que des réparations des batteries Frioul et de l'avancée. L'obusier placé dans ce dernier ouvrage produit un excellent effet.

Le général de division Heudelet et le colonel de Richemont vont, vers 4 heures du soir, en parlementaires à Langfuhr ; ils ont une conférence de 2 heures avec le duc de Wurtemberg.

Tems doux, mais nébuleux et pluvieux dans la soirée.

Nuit du 14 au 15 et journée du 15. — Les Russes perfectionnent leurs batteries et on peut déjà distinguer 28 embrasures quoiqu'elles ne soient pas encore totalement démasquées. Ils ne présentent pas encore de pièces sur leurs batteries en face du Bischofsberg, mais ils tirent beaucoup de toutes les autres. Ils construisent de très hautes traverses dans celles en face du Bischofsberg pour se garantir des enfilades à droite et à gauche.

On place des fougasses à grenades le long de la contrescarpe de l'avancée de Frioul.

Du reste, même direction dans les travaux sur le front d'attaque.

Vers une heure après midi, le commandant Richaud, sous-directeur des fortifications de Dantzig, est tué roide d'un boulet de canon aux batteries Frioul, au moment où il montait sur la banquette.

Belle journée, tems doux.

Nuit du 15 au 16 et journée du 16. — Les Russes perfectionnent leurs batteries et on entend dans la nuit de grands mouvemens relatifs sans doute à leur armement.

La compagnie franche, armée de petites échelles, surprend le poste de Kabrun et le passe au fil de l'épée [1].

Très beau tems, un peu froid, beau soleil.

Vers 3 heures après midi, l'ennemi tire une salve de 50 coups de canon. Un officier russe, aux avant-postes, annonce que c'est pour la prise de Stettin.

Ce jour-là, j'avais le gouverneur à dîner chez moi.

Nuit du 16 au 17 et journée du 17. — Toutes les

1. Lieutenants Rosay et Surimont. La compagnie franche fut bientôt surnommée « compagnie infernale ».

batteries du plateau du Stolzenberg sont complètement démasquées, et commencent à tirer à 9 heures 1/2 du matin. Leur feu se soutient très vivement pendant une grande partie de la journée, et la plupart des bombes éclatent en l'air au-dessus du Bischofsberg. L'ennemi lance aussi beaucoup de bombes sur la ville. Plusieurs de ces batteries se trouvaient à peu près dans le prolongement de quelques faces, mais l'intention de l'ennemi parut moins être de les ricocher que d'accabler les deux lunettes avancées. L'ennemi, ayant su probablement que nous avions placé des fougasses le long de la contrescape des batteries Frioul et de l'avancée, et se trouvant d'ailleurs très incommodé par l'obusier placé dans ce dernier ouvrage qui enfilait l'un de ses boyaux, amena, le soir, six petits mortiers à la Cohorn dans ses tranchées, à 150 toises de ces ouvrages, et les inonda d'obus de 5 pouces pendant que les batteries d'Ohra en lançaient, de leur côté, de 10 pouces. Bientôt les terre-pleins, les parapets et les fossés furent bouleversés, et une bombe étant tombée sur l'une des fougasses de la batterie de gauche les fit toutes sauter.

Nos batteries tirèrent 3 400 coups. L'artillerie du Bischofsberg répondit d'abord avec beaucoup de vigueur ; on employait deux machines à mettre les grains de lumière dans les batteries. Mais son feu ne se soutint pas. L'obusier de l'avancée de Frioul est retiré sous prétexte qu'il attire tout le feu de l'ennemi sur ce petit ouvrage.

Le génie s'occupe jour et nuit des dégradations faites par une artillerie aussi formidable que celle de l'ennemi. Les traverses, sur les faces droites de la lunette Cafarelli et du bastion Mittel, sont terminées.

Journée froide, mais belle.

Le soir et la nuit, du vent et de la pluye.

Nuit du 17 au 18 et journée du 18. — Les Russes continuent un feu terrible sur le Bischofsberg et font sauter un coffret de cartouches dans la lunette Leclerc.

Ils portent jusqu'à 12 le nombre des mortiers dirigés sur les batteries Frioul et l'avancée, les placent dans le point le plus voisin des ouvrages de Frioul et parviennent encore à faire sauter les fougasses de la face droite de ce dernier ouvrage, en l'inondant d'une pluie de bombes.

On parvient constamment à réparer les dégradations du Bischofsberg, mais cela devient beaucoup plus difficile aux batteries Frioul et à l'ouvrage avancé. Il faut passer toutes les nuits à relever et à replanter les palissades qui sont emportées à chaque instant. Nous avons tiré 3 000 coups.

Vers une heure après midi, un parlementaire vient annoncer qu'une salve de 50 coups que l'ennemi venait de tirer a pour objet de célébrer la prise de Stettin, dont la garnison, disait-il, est prisonnière de guerre.

A 7 heures, un autre parlementaire se présente avec une lettre pour le Gouverneur. Le général de service lui fait des difficultés à cause de la circonstance de la nuit. Il se retire en annonçant qu'il reviendra demain.

Beau tems, assez doux.

Nuit du 18 au 19 et journée du 19. — Les Russes couronnent la crête du ravin qui sépare leurs tranchées des batteries Frioul et qui passe à 40 toises environ de l'avancée et à 50 ou 60 de Frioul. A la pointe du jour, on aperçoit leur nouveau travail; une espèce de demi-place d'armes en avant de leur parallèle avec boyau de communication en arrière. Ils font pendant ce travail un feu très vif de leurs mortiers. Ils le continuent pendant toute la journée. Ils tourmentent surtout les ouvrages de Frioul.

Dans cette même nuit, voulant prendre leur revanche de l'expédition de la compagnie franche sur Kabrun, ils tentent d'enlever le poste de la batterie Gudin. Ils viennent armés de petites échelles et se jettent dans les fossés ; mais bientôt les troupes, à droite et à gauche de ce petit poste, engagent la fusillade et on leur lance quelques grenades qui les font retirer promptement. Un d'eux, qui avait déjà franchi la ligne d'abattis qui est à droite de la batterie, est fait prisonnier ; plusieurs sont blessés et le reste s'enfuit, abandonnant ses échelles sur le bord de la contrescarpe.

Le parlementaire n'est pas revenu, comme il l'avait annoncé. Il paraît que son but était d'observer les avant-postes et les positions de nos troupes du côté de Langfuhr pour l'attaque de la nuit. On a su que ce parlementaire portait une lettre pour le gouverneur et une pour le prince Radziwill, dont l'objet est facile à deviner.

On continue les mêmes travaux. Nos avant-postes ne prévinrent pas des mouvemens de l'ennemi, en sorte qu'il ne fut pas inquiété de toute la nuit, quoiqu'il se trouvât fort près des batteries Frioul.

Belle journée, tems doux, un peu froid.

Nuit du 19 au 20 et journée du 20. — Ils commencent une batterie en arrière du poste du Sergent que nous avions été obligés d'évacuer la veille. On la découvre dès le matin. Elle est de deux pièces et paraît dirigée vers la lunette Leclerc et enfiler sa face droite. Ils tirent des batteries en arrière quelques obus sur la maison crénelée, à la naissance du vallon de Weinberg. Ils continuent leur feu sur le Bischofsberg et les batteries Frioul et abattent un pau de muraille du corps de garde de la batterie de droite, de manière que la gorge en est ouverte. Ils tentent sur la batterie de l'allée de Langfuhr, dite Fitzer, la même opération qu'ils avaient tentée la veille sur Gudin et y donnent trois assauts avec des échelles ; mais ils ne sont pas plus heureux ; on leur tire plusieurs coups de mitraille et ils laissent sur place deux morts et un blessé.

Le poste était défendu par un détachement du 1er régiment westphalien. Cette attaque a eu lieu à 4 heures 1/2 après midi. On continue à réparer les dégâts commis par l'artillerie ennemie. On bouche par des sacs de terre la brèche faite au mur de gorge de la batterie de droite.

Même tems que la veille.

Nuit du 20 au 21 et journée du 21. — Les Russes prolongent leur tranchée qui couronne le ravin en avant des batteries Frioul, à droite jusqu'à Schottenhauser, et à gauche jusqu'au poste du Sergent, en se rapprochant à 40 ou 50 toises des batteries à même distance du vallon de Weinberg. De là, ils dirigent un boyau allant aboutir à l'extrémité droite de leur batterie de six pièces, la plus rapprochée des batteries Frioul. De manière que la batterie que l'on avait découverte la veille se trouve enclavée dans cette nouvelle tranchée.

Dans la même nuit, ils démasquent deux nouvelles embrasures à la batterie qui est placée sur un mamelon de la crête qui domine Schidlitz, à la hauteur du corps de garde de la tête du Stolzenberg. Ils ont en batterie cent quarante bouches à feu, dont soixante et dix de 24, trente de 12, quarante mortiers ou obusiers.

Temps doux, un peu brumeux.

Le Gouverneur, après avoir consulté le comité de défense, prend la résolution d'abandonner les ouvrages de Frioul et le faubourg d'Ohra.

D'après les détails que nous venons de donner sur les travaux de l'ennemi, et en jetant les yeux sur le plan, on verra que, par l'occupation du poste du Sergent, il se trouvait pour ainsi dire à la gorge des batteries Frioul. Ses deux parallèles, extrêmement rapprochées de ces ouvrages, et le vallon en arrière, parfaitement dérobé aux vues de la place, lui permettaient d'y rassembler des forces considérables pour se jeter tout à coup dans le vallon de Weinberg, qu'enfilaient les dernières batteries, et d'attaquer à la fois la réserve, les batteries et les ouvrages avancés. Ces batteries, labourées par une quantité incroyable de bombes et de boulets, se trouvaient fort endommagées, malgré le soin qu'on mettait à réparer toutes les dégradations à mesure qu'elles étaient faites, et elles n'offraient plus qu'une faible résistance par elles-mêmes, en sorte que le salut non seulement de leur garnison, mais même des troupes placées à la coupure, se trouvait très compromis, en cas que la réserve, attaquée elle-même, ne pût venir à leur secours. Toutes ces raisons, réunies à différentes considérations relatives aux circonstances particulières où se trouvait la garnison [1], déterminèrent l'évacuation volontaire et totale de ces batteries et de tous les ouvrages de Schottland. Telle fut la fin de la défense du faubourg de Schottland, défense remarquable par la bravoure et l'opiniâtreté avec lesquelles chaque pouce de terrain fut disputé à l'ennemi. Les moindres postes ne furent abandonnés qu'après avoir été pris et repris plusieurs fois, et avoir coûté des pertes considérables à l'ennemi.

1. Défection des troupes étrangères qui, sans passer à l'ennemi, réclamèrent de ne pas être employées à l'extérieur. Les Bavarois, puis les Polonais, eux-mêmes, demandèrent à ce que l'on prît cette mesure à leur égard.

La première coupure ne fut évacuée que longtems après que l'ennemi fut établi à 150 toises en avant, sur des hauteurs qui la plongeaient complètement et d'où les batteries l'accablaient d'obus et de mitraille.

Enfin, quant aux batteries Frioul et aux ouvrages de la seconde coupure, l'ennemi fut obligé de cheminer vers eux avec la plus grande circonspection, sous la protection de batteries formidables qui ne cessaient de les foudroyer nuit et jour, et lorsqu'il en fut à 120 toises environ, malgré les effets terribles de son artillerie, il ne jugea pas encore devoir se hasarder à les attaquer de vive force, et il employa plusieurs jours à les inonder d'une pluie de bombes et d'obus. On ne peut trop admirer la constance avec laquelle les troupes résistèrent à tous ces divers genres d'attaque. Enfin, le terre-plein, les parapets et les corps de garde étaient complètement bouleversés, les fougasses en partie éventrées et presque toutes les défenses détruites; on ne se détermina à évacuer ces petits ouvrages que lorsque l'ennemi, par le développement lent et successif de ses tranchées, en avait déjà, pour ainsi dire, tourné la gorge.

En résumant, on verra que l'ennemi fut obligé de suivre, contre de faibles ouvrages commencés presqu'en même tems que ses batteries, la marche lente et successive réservée à l'attaque de la fortification permanente la mieux soignée, de déployer un appareil considérable d'artillerie et d'y employer près de trois mois. Les rapports les plus exacts font monter au moins à 4000 hommes les pertes qu'il fit dans toutes ces diverses attaques.

NOTE

Le détail de tant de combats ne peut être exposé dans une notice, mais on peut donner une idée d'une opération qui, lorsqu'elle sera bien connue, occupera sûrement une place honorable dans les fastes militaires de l'armée française ; c'est la défense du faubourg d'Ohra qui s'étendait jusqu'à une demi-lieue de la place, et que les assiégés n'ont abandonné que dans les derniers jours du siège. Son occupation leur donnait de grands avantages et contribuait puissamment à retarder la marche de l'ennemi; aussi l'attaqua-t-il avec les plus grands moyens. Repoussé constamment dans les assauts fréquens et meurtriers qu'il y livra, il s'était vu forcé à lui faire les honneurs d'un siège en règle : la résistance fut comparable à celle de Saragosse; on se défendit pied à pied, de maison en maison, et par des retranchemens successifs construits à la hâte sous un feu continuel et épouvantable d'artillerie; trois redoutes en terre, qu'on avait construites pour défendre la droite de ce faubourg dont la gauche était couverte par une inondation, furent battues constamment pendant plus d'un mois par plus de 60 bouches de feu, et écrasées de bombes ; elles n'étaient plus à la fin que des monceaux informes de terre, qui avaient à peine l'apparence de fortifications, et leurs parapets, criblés par un feu non interrompu, renfermaient presque autant de boulets que de terre. La plus avancée de ces redoutes fut enlevée le 1er novembre par l'ennemi, qui ne la conserva que quelques minutes ; elle fut reprise à la baïonnette par une compagnie de volontaires qu'on avait appelée la compagnie infernale, et qui se distingua, jusqu'à la fin du siège, par une foule d'actions de vigueur.

Enfin, après que les tranchées de l'assiégeant eurent presque enveloppé le faubourg et lui eurent donné la facilité d'en déboucher instantanément à la portée du pistolet avec plusieurs milliers d'hommes, de l'attaquer sur tous les points à la fois et de couper sur-le-champ de la place les troupes qui le défendaient, on se décida à l'abandonner après y avoir mis le feu. La garnison, à cette époque, était si affaiblie, qu'on aurait eu peine à consacrer une réserve de 400 hommes à soutenir la retraite des quelques centaines de braves qui défendaient le faubourg d'Ohra.

Nuit du 21 au 22 et journée du 22. — En conséquence des déterminations prises dans la journée du 21, on évacue les batteries Frioul vers 9 heures du soir. On met le feu au village de Schottland, on ferme la porte de Petershagen, et on ne laisse dehors qu'un poste à la maison du Judenberg et quelques hommes le long de la crête de ce vallon. L'artillerie ne fut pas prévenue à tems de cette évacuation et ne tira pas sur les batteries Frioul de toute la nuit. Ce ne fut que vers 10 heures du matin que son feu commença sur ce point, encore ne fut-il pas très vif. On plaça à la porte de Petershagen les six pièces retirées des batteries du Frioul, on fit diriger contre les redoutes deux pièces de 24 du bastion Salvator, deux pièces de 6 du blockhaus de gauche, et on amena dans le chemin couvert 10 petits mortiers de 6 pouces et demi. On donna la même direction aux pièces du bastion Mittel et de la lunette Leclerc aux batteries de la porte Legethor. On tira 4 000 coups dans la journée.

Les batteries Frioul ayant été abandonnées, ainsi que les ouvrages de Schottland, vers 9 heures du soir, l'ennemi vint s'y établir dans la nuit même et ouvrit une tranchée allant de ces batteries au poste du Sergent qu'il agrandit, et auquel il parut donner la forme d'une redoute. Il abandonna la batterie de deux pièces qu'il avait commencée en arrière de ce petit poste, et en construisit deux nouvelles de trois pièces, à hauteur du boyau qui allait aboutir à la batterie de six pièces. L'une était dans le prolongement de la face droite de la lunette Leclerc, et l'autre paraissait dirigée sur la maison crénelée du Judenberg.

Il continua à lancer beaucoup de bombes et d'obus sur le fort.

Vers midi, un parlementaire du Prince se présente et remet une lettre pour le Gouverneur, accompagnée d'un paquet cacheté contenant des balles prétendues mâchées.

Assez belle journée, tems doux, un peu de pluye.

Nuit du 22 au 23 et journée du 23. — Il perfectionne les travaux de la nuit précédente, et continue un feu très vif.

Les lunettes d'Istrie et de Kirgener sont particulièrement tourmentées et souffrent beaucoup. Il faut sans cesse les réparer.

Dès que nous eûmes abandonné les batteries Frioul, nous songeâmes à assurer autant que possible la communication de la place avec la lunette Lasalle et l'avancée Legethor; pour cela, on ouvrit une tranchée en jetant les terres du côté des hauteurs, depuis la demi-lune jusqu'à l'avancée, et on pratiqua sur la droite un zigzag conduisant au point le plus rapproché de la lunette Lassalle, où on pouvait s'embarquer. Pendant ce tems, nos batteries flottantes, placées dans la Mottlau, faisaient un feu très vif sur les travaux des Russes qu'elles prenaient d'enfilade ou de revers. L'ennemi, sentant leur importance, leur avait opposé, depuis plusieurs jours, trois batteries au niveau de l'eau. L'une placée à Niderfeld, l'autre sur la digue de la Radaune et la troisième sur celle de la Mottlau. Plusieurs batteries des hauteurs pouvaient également les contrebattre.

Le Gouverneur répond au duc de Wurtemberg et lui envoie une boîte de balles mâchées trouvées sur nos blessés. Un instant après, il reçoit une nouvelle lettre du duc qui lui annonce la reddition de Modlin et l'invite à entrer en arrangement et à envoyer à Langfuhr un officier général muni de pleins pouvoirs.

Tems doux et brumeux, un peu de pluye.

Nuit du 23 au 24 et journée du 24. — L'ennemi démasque une batterie de deux pièces à la droite des batteries Frioul, et destinée à battre la porte de Pétershagen. On arrive à cette batterie par le fossé qui va de la grande église aux batteries Frioul. Outre cette communication, il en avait établi une autre partant de l'avancée de Frioul, contournant la crête du vallon et venant aboutir à peu près au saillant de la batterie de gauche dans le parapet de laquelle on avait pratiqué une ouverture.

Même conduite que la veille de la part de l'ennemi. Son feu devient plus vif, il ne chemine point en avant et tourmente beaucoup les lunettes d'Istrie et Kirgener. On continue à réparer les brèches faites au palissadement par l'artillerie de l'ennemi et à remplacer les barrières.

Un grand nombre de bombes tombent dans l'intérieur du fort, dans les fossés et sur les blockhaus, mais aucune ne les endommage. Les boulets qui enfilent les chemins couverts leur font plus de mal et coupent quelques blindes.

Vers 3 heures de l'après-midi, le Gouverneur reçoit une lettre de M. le duc de Wurtemberg qui lui fait passer celle du capitaine de Chambure, jetée dans les retranchemens des Russes à la sortie de Kabrun.

Le duc lui annonce la reddition d'Erfurt et la victoire (prétendue), qu'il dit être remportée sur les Français à Hanau par le général de Wrède.

Le Gouverneur lui répond sur-le-champ pour lui proposer d'envoyer le lendemain à Langfuhr le général Heudelet et le colonel de Richemont.

Tems brumeux, mais doux, un peu de pluye dans la soirée.

NOTE

Tant d'efforts et de fatigues devaient avoir un terme, et, vers le 20 novembre, tous les moyens de résistance étaient presqu'entièrement épuisés. A la vérité les travaux de l'ennemi n'étaient encore poussés qu'à trois cents toises des ouvrages de la place quoiqu'il eût déjà développé plus de 14.000 toises de tranchées, et, si les vivres et les hommes n'eussent pas manqué aux assiégés, ils pouvaient espérer de résister encore trois ou quatre mois de plus et peut-être davantage, surtout à cause des énormes difficultés que la mauvaise saison devait opposer à l'exécution des travaux sous un climat aussi rigoureux; mais, d'un autre côté, les dangers de la défection de la majeure partie des étrangers devenaient immiuens ; le peu de troupes, sur lesquelles on pouvait compter, devait nécessairement succomber bientôt à tant de fatigues, de misères et de privations.

LA CAPITULATION

A la fin de novembre, après sept mois de blocus et plus de trois mois de siège régulier. l'ennemi n'était pas plus rapproché de la place que nous ne l'étions en 1806, lors de notre premier coup de pioche. Le camp retranché gênait ses cheminements sur le Stolzenberg et il avait devant lui le Bischofsberg en parfait état, augmenté de nouveaux ouvrages, puis la partie la plus forte de l'enceinte bastionnée. Pour cheminer du Stolzenberg, vers le front d'attaque, il devait parcourir un terrain en pente vers la place, exposé aux feux plongeants d'ouvrages de grand relief: « Il devait travailler au milieu de décombres qui rendent toujours la marche de l'assiégeant pénible et le feu de l'assiégé meurtrier; » il fallait ensuite traverser un ravin et remonter sur le glacis.

Si, profitant des glaces, il se présentait du côté de l'Inondation, comme on l'avait craint l'hiver précédent, il devait se heurter à des défenses formidables, rendant impossible un coup de main, et là, pas de tranchées possibles. L'état des fortifications encore intactes et les rigueurs de l'hiver permettaient donc largement, ainsi que le disait la note citée au chapitre précédent, d'atteindre le terme fixé par l'Empereur. Mais il fallait que la place fût, à d'autres points de vue, dans une situation satisfaisante. Malheureusement il lui manquait ce que ni le courage, ni l'industrie ne peuvent suppléer, du pain ! Elle n'avait plus de grain que pour le mois de décembre et l'on n'était même pas sûr que, durant ces quelques jours, la défection d'une partie de la garnison ne vînt mettre les défenseurs à la merci de l'ennemi.

Du capitaine Marnier, pas de nouvelles : on savait seulement que Napoléon avait dû se replier derrière le Rhin; la France, après avoir porté la guerre jusqu'à Moscou, était, à son tour, envahie.

Nuit du 24 au 25 et journée du 25. — L'ennemi démasque une batterie de 8 embrasures, au poste du Sergent, dirigée sur la porte de Petershagen, il perfectionne sa batterie à la gorge de Frioul, et commence, en arrière, une batterie de 4 embrasures dirigée sur la redoute Lasalle et l'avancée de Legethor.

On crut même, à gauche des 4 embrasures déjà démasquées, en reconnaître 4 autres qui n'étaient encore qu'indiquées, et qui paraissaient, comme les précédentes, destinées à combattre les batteries de l'Inondation.

Le feu de l'ennemi et le nôtre sont très vifs.

L'artillerie a eu plusieurs plates-formes brisées par les bombes et quelques pièces démontées; elle continue cependant un feu assez vif. Les batteries de l'Inondation et celle du Zigankenberg produisent surtout un effet excellent, quoique l'ennemi ait établi plusieurs traverses en arrière de sa ligne.

Le génie continue à réparer les dégradations et termine le pont sur les fossés de la place en arrière de la communication blindée.

Le général Heudelet et le colonel de Richemont se rendent à Langfuhr et ils ont une longue conférence avec M. le duc de Wurtemberg. Ils reviennent en rendre compte le soir même à M. le Gouverneur. Ce dernier écrit au duc pour lui annoncer que ces deux messieurs se rendront de nouveau auprès de lui, le surlendemain 27.

Tems brumeux, un peu de pluye dans la soirée, point de froid.

Nuit du 25 au 26 et journée du 26. — L'ennemi perfectionne ses travaux et continue à tirer force bombes et boulets sur le fort.

On ne découvre point de nouveaux ouvrages. Beaucoup de palissades sont brisées dans les divers points du Bischofsberg.

L'artillerie fait, dans la nuit, un feu très vif.

Le génie continue les mêmes réparations.

Le duc de Wurtemberg écrit au Gouverneur qu'il attend le lendemain matin à onze heures le général Heudelet et le colonel de Richemont.

Le Gouverneur réunit le conseil de défense composé conformément aux règlemens, et lui fait part des propositions du duc de Wurtemberg d'entrer en accommodement, des conférences qui ont eu lieu à ce sujet et d'après lesquelles il croit pouvoir espérer obtenir un traité de reddition conditionnel, qui nous conserverait la place jusqu'à l'époque où les vivres nous manqueront absolument. Le conseil pense unanimement qu'il convient que le gouvernement traite sur ces bases et tâche d'obtenir un pareil traité.

Tems très brumeux.

PROCÈS-VERBAL

DU

CONSEIL DE DÉFENSE

Cejourd'hui, vingt-trois novembre mil huit cent treize, Son Excellence Monsieur le Gouverneur Général a assemblé un conseil de défense composé de :

Messieurs

Le général de division, baron Grandjean, commandant la 7me division ;

Le général de division, comte Heudelet, commandant la 30me division ;

Le général de division du génie de Campredon, commandant en chef celui du corps d'armée;

Le général de division, baron Bachelu, commandant la 34me division ;

Le lieutenant général Detrès, commandant la 33me division ;

Le contre-amiral Dumanoir, commandant la marine ;

Le général de brigade Cavaignac, commandant la cavalerie;

Le général de brigade Bazancourt, commandant supérieur de la place;

Le général de brigade Lepin, commandant en chef l'artillerie du 10me corps;

Le général de brigade, prince Radziwil;

Le général de brigade d'Héricourt, chef d'état-major général;

Le colonel du génie de Richemont, directeur des fortifications;

Le colonel d'artillerie Chapelle, chef d'état-major de cette arme;

Le sous-inspecteur aux revues Reybaud, faisant fonction d'inspecteur du 10me corps;

Le commissaire-ordonnateur Barthomeuf, faisant fonction d'ordonnateur en chef.

Lecture faite des lettres patentes de Monsieur le Gouverneur Général et du chapitre 4 du décret impérial du 24 décembre 1811, Son Excellence a dit :

« Messieurs,

« Depuis le commencement du blocus, la garnison de Dantzig a donné les preuves les plus signalées de son dévouement; elle a su, par sa bravoure, par sa résignation aux fatigues et aux privations, par le bon esprit qui l'anime et qui, de tant de troupes diverses, n'a fait longtems qu'une seule famille, elle a su, dis-je, commander l'admiration des armées ennemies, étonner les habitans au milieu desquels le sort des armes l'a placée, et se couvrir de gloire par des faits innombrables de valeur. C'est à ce bon esprit, à la bonne volonté de chacun, que l'on a dû la construction et le perfectionnement de tant de travaux nécessaires à la défense de la place et contre lesquels viennent encore échouer les efforts de l'ennemi; cette exactitude dans le service, qui a déjoué tant de fois ses entreprises; ces résultats heureux d'expéditions, qui ont servi au ravitaillement de la place et prolongé ses ressources. Mais des circonstances inattendues ont changé ces dispositions dans une partie de la garnison, et déjà la défection de plusieurs auxiliaires qui en font partie fait craindre de plus grandes pertes dont on doit peut-être prévoir les effets.

« La désertion nombreuse, les murmures dans les travaux et dans le service, les propos tenus par les soldats, par les officiers même des troupes allemandes, tout concourt à faire naître l'opinion que, bien loin de se confier à ces troupes, il faut désormais les surveiller autant que l'ennemi extérieur.

« Les Polonais, qui forment une portion nombreuse de la garnison, sont dans une position telle que des événemens déjà annoncés hautement à ces troupes ainsi qu'à moi, et qui peuvent arriver d'un jour à l'autre, nous priveraient absolument de leur secours et mettraient la garnison tout à fait hors d'état de défendre la place.

« Dans cet état de choses, les Français eux-mêmes ne peuvent se défendre d'une inquiétude qui, en en ajoutant les peines morales aux fatigues physiques, détruit jusqu'à l'artifice de nos forces. Les plus modérés pensent qu'à chaque instant un abandon peut les mettre à la merci de l'ennemi; les autres plus exagérés enchérissent encore sur ces sinistres idées.

« Quant aux Bavarois, aux Westphaliens et aux corps de la Confédération, les chefs de ces troupes qui allaient aux avant-postes ont manifesté le désir qu'elles n'y fussent plus envoyées, et dès lors, on ne doit plus compter sur elles pour la défense de la place. Mais une circonstance plus alarmante ou du moins plus pénible à mettre au jour, c'est que des fractions de corps français partagent le mauvais esprit des alliés : les bataillons des 45me, 54me et 94me régimens sont en grande partie composés de sujets réunis en dernier lieu à la France; chaque jour, la désertion augmente; les soldats de ces corps ne vont aux travaux que par force, montrent la plus mauvaise volonté dans le service et professent les mêmes principes que les étrangers en matière de défection. Il n'est donc plus permis de se reposer avec sécurité que sur une faible portion de la garnison; on peut encore espérer quelques efforts, mais non pas des prodiges.

« L'incendie qui a consumé la majeure partie de nos magasins a réduit nos approvisionnemens en grains à une consommation de quarante-huit jours; mais il faut observer que nous n'avons aucun approvisionnement en farines; que les moyens de mouture que nous employons sont très précaires et insuffisans, ce qui oblige à des variations continuelles dans la fixation de la ration.

« Les autres denrées sont loin d'être dans la même

proportion que les grains : il ne reste dans la place qu'environ sept cents chevaux, sur lesquels il faut en conserver trois cents à l'artillerie pour le transport de ses munitions sur les vastes fronts que nous avons à défendre, cinquante au génie pour les travaux de la fortification, et trois cents à l'administration pour le transport des grains et pour les moutures qui ne peuvent se faire, en grande partie, que par le moyen des moulins à manège ; d'où il suit qu'il ne resterait pour la consommation qu'une cinquantaine de chevaux, à moins de désorganiser et anéantir des services indispensables et sur lesquels repose la défense. Il faudrait donc suppléer au défaut de viande par une augmentation de gruau, ce qui diminuerait d'autant les ressources en pain.

« Il ne reste d'eau-de-vie que pour quarante-deux jours.

« Je ne parlerai pas de la possibilité de prolonger ces ressources par des réductions dans la composition de la ration : on sait trop à combien de murmures celles qui ont été opérées ont donné lieu et qu'elles ont été le prétexte d'une désertion nombreuse. Il n'y a d'ailleurs dans les magasins aucun des alimens que l'on rassemble pour les tems de siège afin de varier la nourriture du soldat ; les malades mêmes ne peuvent être mieux traités que les hommes en santé, par suite du dénuement absolu des alimens qu'on leur accorde ordinairement.

« Vous connaissez, Messieurs, le fâcheux état de nos hôpitaux : le plus considérable a été ruiné par le bombardement, et l'incendie de trois autres a achevé de détruire le peu de ressources qui nous restaient.

« La solde a été acquittée aussi longtems qu'il a été possible ; cependant, il est dû cinq mois à la troupe et quatre aux officiers. Je sais tout ce qu'ils souffrent de cette pénurie par la cherté excessive de toutes choses ; mais cette privation, quelque sensible qu'elle soit, est la moindre de toutes les considérations ; elle n'en est une pour nous que par rapport aux étrangers.

« L'artillerie et la fortification sont, en général, en bon état, les deux armes n'ont rien négligé de ce que les moyens mis à leur disposition ont permis. Je n'énumérerai pas les travaux que nous avons exécutés ou perfectionnés depuis le blocus : le journal du siège et ceux du génie les font connaître : ils sont immenses. La construction et les réparations de ces ouvrages ont tellement fatigué les soldats, que ce n'est qu'avec les plus grandes peines que l'on parvient à faire exécuter ceux que la marche de l'ennemi rend indispensables ; et cela se conçoit facilement, si l'on réfléchit que les troupes faisant le service montent et descendent continuellement, et que dans l'intervalle elles sont commandées pour les travaux.

« Le moment des glaces approche, et l'on ne peut se dissimuler qu'alors la nécessité des travaux les plus durs par leur nature et par le tems de leur exécution, leur continuité et leur immensité, ne soit en disproportion totale avec le nombre et la force de nos soldats. Si l'on ajoute à cet état de choses la nécessité de garder cet immense développement de fronts inondés qui, jusqu'à ce jour, n'a exigé que la surveillance de quelques factionnaires, on ne voit qu'insuffisance et malheur.

« Depuis près de trois mois, j'ai repoussé constamment toutes les sommations de l'ennemi. Je le devais. Aujourd'hui, Messieurs, loin de nous l'idée de rien faire qui soit indigne de nos devoirs et des intérêts de Sa Majesté; mais quelques-uns d'entre vous m'ont fait considérer de plus près, d'une part, tout ce que notre situation a d'effrayant, et de l'autre, l'avantage qu'il y aurait d'affermir les Polonais et de les rassurer, en leur donnant la certitude positive que nous ne les abandonnerons pas comme on le leur a insinué; enfin, que l'ennemi, qui nous croit encore dans une situation beaucoup moins critique, paraît disposé à faire un traité conditionnel. Je vous prie d'examiner s'il convient de faire ce traité, dans la supposition que l'on puisse obtenir de conserver la place jusqu'à l'époque où nous savons que nos vivres nous mèneront, et si notre honneur ou les intérêts de Sa Majesté n'en souffriront pas.

« J'ai besoin de votre avis sur cette question importante. »

Le conseil alors a examiné dans les plus grands détails l'exposé fait par Son Excellence Monsieur le Gouverneur Général, et après une discussion approfondie de la situation de la garnison, considérée sous tous les rapports possibles, le Conseil a été unanimement d'avis :

Que, s'il est possible de conclure un traité de reddition conditionnelle qui laisse à la garnison la faculté de conserver la place à Sa Majesté jusqu'à l'entière consommation des vivres, et qui n'aurait son exécution qu'autant qu'elle ne serait ni secourue ni ravitaillée, ou que Sa Majesté n'en aurait pas disposé d'une autre manière, ce traité serait avantageux et convenable, puisque, d'une part, il donnerait un moyen assuré de parvenir au dernier terme assigné par l'état des vivres, et que, d'une autre, il mettrait à l'abri de toutes les chances défavorables qui sont à craindre.

Signé : BARTHOMEUF, REYBAUD, CHAPELLE, RICHEMONT, D'HÉRICOURT, baron LEPIN, BAZANCOURT, CAVAIGNAC, DUMANOIR, PEPE, DESTRÈS, baron BACHELU, CAMPREDON, comte D'HEUDELET et baron GRANDJEAN.

Nuit du 26 au 27 et journée du 27. — L'ennemi démasque une nouvelle batterie de six pièces à droite de celle de 8 pièces établie au poste du Sergent, et enfilant la face droite du bastion Mittel.

Il travaille fortement à se couvrir à la gorge des batteries Frioul et entretient un feu très vif.

Même feu et mêmes travaux de la part de notre artillerie et du génie.

Le général Heudelet et le colonel de Richemont se rendent à Langfuhr et confèrent avec le duc de

Wurtemberg jusqu'à la nuit. Ils conviennent de presque tous les articles du traité conditionnel pour la reddition de la place.

A 8 heures du soir, le feu cesse entièrement.

Tems brumeux et doux; le soir il neige.

Nuit du 27 au 28 et journée du 28. — L'ennemi perfectionne ses travaux et continue à tirer jusque vers 8 heures du soir, heure à laquelle on reçoit sur les deux lignes l'ordre de cesser le feu.

Vers 1 heure de l'après-midi, le général Borosdyn et le général Welyamminoff, les colonels Manfredi et Pullet [1] viennent à Dantzig comme plénipotentiaires, ils y passent le reste de la journée jusqu'à 10 heures du soir à conférer avec le général Heudelet et le colonel de Richemont.

Après de longues discussions, on convient de tous les articles de la capitulation conditionnelle pour la reddition de la place, sauf l'approbation de Monsieur le duc de Wurtemberg.

Tems brumeux un peu froid.

29 novembre. —Assez belle journée, un peu froide.

Vers midi, les quatre officiers russes venus la veille reviennent chez le Gouverneur et confèrent de nouveau avec ses chargés de pouvoir. A neuf heures du soir, la convention est signée par les

1. Probablement le même qui, lieutenant, commandait le génie de la défense, lors du siège de 1807. L'ingénieur français Bousmart dirigeait la défense. Le général Kalkreuth était gouverneur. L'empereur Napoléon, par égard pour la belle défense de Dantzig et la valeur de son chef, accorda à la place les plus belles conditions. On va voir avec quelle loyauté cet exemple fut suivi.

chargés de pouvoirs respectifs ; ceux des Russes en prennent une expédition et repartent pour la soumettre à l'approbation du duc de Wurtemberg.

30 novembre. — Il commence à geler assez fort. Beau tems.

Dans l'après-midi, un colonel russe accompagné du colonel du génie Pullet vient apporter double copie de la capitulation signée par le duc et en rapporte deux pareilles signées par le Gouverneur, ce qui consomme l'échange des ratifications.

Immédiatement après, on livre aux Russes la ligne des redoutes formant le camp retranché, en avant des front d'Oliva et du Hagelsberg, de même que le camp retranché de Fahrwasser, le Mowenkrug, la Platte et Montebello.

CAPITULATION DE LA PLACE DE DANTZIG

sous conditions spéciales, conclue entre Leurs Excellences Monsieur le lieutenant général **Borosdyn,** *Monsieur le major-général* **Welyamminoff,** *en fonction de chef d'état-major ; et Messieurs les colonels du génie* **Manfredi** *et* **Pullet,** *chargés de pleins pouvoirs de Son Altesse Royale Monseigneur le duc de* **Wurtemberg,** *commandant en chef les troupes formant le siège de Dantzig d'une part ;*

et Leurs Excellences Monsieur le comte **d'Heudelet,** *général de division ; Monsieur le général de brigade* **d'Héricourt,** *chef d'état-major général, et Monsieur le colonel de* **Richemont,** *également chargés de* *pleins pouvoirs de Son Excellence le comte* **Rapp**, *aide de camp de l'Empereur, commandant en chef le 10e corps d'armée, Gouverneur Général d'autre part.*

Article premier.

Les troupes formant la garnison de Dantzig, des forts et redoutes y appartenant, sortiront de la ville avec armes et bagages, le 1er janvier 1814/20 décembre 1813, à 10 heures du matin, par la porte d'Oliva, et poseront les armes devant la batterie Aller-Engel, si jusqu'à cette époque la garnison de Dantzig n'est pas débloquée par un corps d'armée équivalent à la force de l'armée assiégeante, ou si un traité conclu entre les puissances belligérantes n'a pas fixé, jusqu'à cette époque, le sort de la ville de Dantzig. — Messieurs les officiers conserveront leurs épées. — Eu égard à la vigoureuse défense et à la conduite distinguée de la garnison, le peloton de la garde impériale et un bataillon de 600 hommes conserveront leurs armes, et ils prendront avec eux deux pièces de six ainsi que les chariots de munitions y appartenant. Vingt-cinq cavaliers conserveront de même leurs chevaux et leurs armes.

Article 2.

Les forts de Weichselmünde, le Holm et les ouvrages intermédiaires, ainsi que les clefs de la porte extérieure d'Oliva, seront remis à l'armée combinée dans la matinée du 24/12 décembre 1813.

Article 3.

D'abord, après la signature de la présente capitulation, le fort Lacoste,celui de Neufarhwasser, avec les dépendances et la rive gauche de la Vistule jusqu'à la hauteur de la redoute Gudin, et à partir de ce dernier ouvrage, la ligne des redoutes qui se trouvent sur le Zigankenberg, ainsi que la Mowen, krugschantz, seront remis, dans leur état actuel, sans aucune détérioration, entre les mains de l'armée assiégeante ; le pont qui réunit présentement la tête de pont de Farhrwasser avec le fort Weichselmünde sera reculé et placé à l'embouchure de la Vistule, entre Neufahrwasser et la Mowenkrugschantz.

Article 4.

La garnison de Dantzig sera prisonnière de guerre et sera conduite en France. Monsieur le Gouverneur comte Rapp s'engage formellement à ce que ni les officiers, ni les soldats ne servent, jusqu'à leur parfait échange, contre aucune des puissances qui se trouvent en guerre avec la France, et il sera dressé un contrôle exact des noms de MM. les généraux, officiers, ainsi que des sous-officiers et soldats composant la garnison de Dantzig, sans exception quelconque. Cette liste sera double. Chacun de MM. les généraux et officiers signera la promesse et donnera sa parole d'honneur de ne point servir, ni contre la Russie, ni contre ses alliés jusqu'à leur parfait échange. On fera de même un contrôle exact de tous les soldats qui se trouvent sous les armes et un autre de ceux qui sont ou blessés ou malades.

Article 5.

Monsieur le général comte Rapp s'engage à faire accélérer autant que possible l'échange des individus formant la garnison de Dantzig, grade par grade, contre un nombre égal de prisonniers appartenant aux puissances coalisées ; mais si, contre toute attente, cet échange ne pouvait avoir lieu, à défaut d'un nombre nécessaire de prisonniers russes, autrichiens, prussiens ou autres, appartenant aux Cours alliées contre la France, ou si les dites Cours y mettaient quelques obstacles, alors, au bout d'un an et un jour, à dater du 1er janvier 1814, nouveau style, les individus formant la garnison de Dantzig seront déchargés de l'obligation formelle contractée dans l'article 4 de la présente capitulation, et pourront être employés de nouveau par leur Gouvernement.

Article 6.

Les troupes polonaises et autres, appartenant à la garnison, auront une pleine et entière liberté de suivre le sort de l'armée française, et, dans ce cas, seront traitées de la même manière, excepté celles de ces troupes dont les souverains seraient alliés avec les puissances coalisées contre Sa Majesté l'Empereur Napoléon, lesquelles seront acheminées sur les États, ou vers les armées de leurs souverains, suivant les ordres qu'elles en recevront et qu'elles enverront chercher par des officiers ou courriers, aussitôt la signature du présent. MM. les officiers polonais et autres donneront chacun leur parole d'honneur par écrit de ne pas servir contre les puissances alliées jusqu'à leur parfait échange, conformément à l'explication donnée par l'article 5.

Article 7.

Tous les prisonniers, de quelque nation qu'ils soient, qui appartiennent aux puissances en guerre contre la France et qui se trouvent présentement à Dantzig, seront remis en liberté et sans échange, et envoyés aux avant-postes russes, porte de Pétershagen, le matin du 24/12 décembre 1813.

Article 8.

Les malades et les blessés appartenant à la garnison seront traités de la même manière et avec les mêmes soins que ceux des puissances alliées. Ils seront envoyés en France après leur parfait rétablissement, sous les mêmes conditions que le reste des troupes formant la garnison de Dantzig. Un commissaire des guerres et un des officiers de santé seront laissés auprès de ces malades pour les soigner et réclamer leur évacuation.

Article 9.

D'abord qu'un certain nombre d'individus, appartenant aux troupes des puissances coalisées, aura été échangé contre un nombre égal d'individus, appartenant à la garnison de Dantzig, alors ces derniers peuvent se regarder comme libres de leur engagement précédent contracté formellement dans l'article 4 de la présente capitulation.

Article 10.

Les troupes de la garnison de Dantzig, à l'exception de celles qui, au terme l'article 6, recevront les ordres de leurs souveraius, marcheront par journées d'étapes, en quatre colonnes et à deux jours de distance l'une de l'autre, et d'après la marche-route ci-jointe, et seront escortées jusqu'aux avant-postes de l'armée française. Les fournitures pour la garnison de Dantzig se feront, en marche, conformément à l'état ci-joint.

La première colonne se mettra en marche le $\frac{\text{2 janvier 1814}}{\text{21 décembre 1813.}}$

La deuxième le 4; ainsi de suite.

Article 11.

Tous les Français non combattants et qui ne sont point au service militaire pourront suivre, s'ils le veulent, les troupes de la garnison; mais ils ne peuvent point prétendre aux rations fixées pour les militaires; ils pourront disposer au reste des propriétés qui seront reconnues leur appartenir.

Article 12.

Le $\frac{24}{12}$ décembre 1813, il sera remis aux commissaires nommés par l'armée assiégeante, tous les canons, mortiers, les armes, munitions de guerre, plans, dessins, devis, les caisses militaires, tous les magasins, de quelque nature qu'ils soient, les pontons, tous les objets appartenant au corps du génie, à la marine, à l'artillerie, au train, voitures, sans aucune exception quelconque, et il en sera fait un double inventaire qui sera remis au chef d'état-major de l'armée combinée.

Article 13.

MM. les généraux, officiers d'état-major et autres conserveront leurs bagages et leurs chevaux fixés par les règlemens français et recevront le fourrage en conséquence pendant la marche.

Article 14.

Tous les détails relatifs aux transports à accorder, soit pour les malades et blessés ou pour les corps et officiers, seront réglés par les chefs des deux états-majors respectifs.

Article 15.

Il demeure réservé au Sénat de Dantzig de faire

valoir, auprès de Sa Majesté l'Empereur Napoléon, tous ses droits à la liquidation des dettes qui peuvent exister de part et d'autre, et Son Excellence le Gouverneur Général s'oblige à faire donner à ceux envers qui les dettes ont été contractées des reconnaissances qui servent à certifier leurs créances; mais, sous aucun prétexte, il ne pourra être retenu des otages pour ces créances.

Article 16.

Les hostilités de tout genre cesseront de part et d'autre à dater de la signature du présent traité.

Article 17.

Tout article qui pourrait présenter des doutes sera toujours interprété en faveur de la garnison.

Article 18.

On fera quatre copies exactes de la présente capitulation, dont deux en langue russe et deux en langue française, pour être remises en double aux deux généraux en chef.

Article 19.

Après la signature de ces pièces officielles, il sera permis au Gouverneur Général comte Rapp d'envoyer un courrier à son Gouvernement. Il sera accompagné jusqu'aux avant-postes français par un officier russe.

Fait et convenu à Langfuhr, cejourd'hui $\frac{29}{17}$ novembre 1813.

Signé : le général comte d'Heudelet, le général d'Héricourt, le colonel de Richemont, le lieutenant général chevalier Borosdyn, le général major Welyamminoff, en fonctions de chef d'état-major, le colonel du génie Manfredi, le colonel du génie Pullet.

Vu et approuvé :

Signé : le comte Rapp, Alexandre de Wurtemberg, général de cavalerie et général en chef des troupes combinées devant Dantzig.

1er décembre. — Froid de 3 à 4 degrés au-dessous de zéro, assez beau tems.

Le fort Lacoste est livré à l'ennemi.

Le Gouverneur renvoie au duc de Wurtemberg tous les officiers russes prisonniers (ces officiers n'ont pu partir que le 3 décembre). Le duc lui envoie un cadeau de 40 vaches.

2 décembre. — Froid de 4 à 5 degrés. Un peu de vent.

Le Gouverneur écrit au duc de Wurtemberg pour le prier de désigner l'officier destiné à accompagner le colonel de Richemont, qu'il désire faire partir tout de suite pour se rendre auprès de l'Empereur.

Le général Breïssan meurt dans la soirée des

suites de sa blessure reçue le 2 novembre au matin.

3 décembre. — Le tems s'adoucit, il dégèle presque entièrement.

Le duc de Wurtemberg répond qu'il a désigné, pour accompagner le colonel de Richemont, le capitaine Freyman, aide de camp de M. le général Lœwis, mais qu'il désire que ces officiers ne partent que le lendemain 4.

4 décembre. — Même tems que la veille, il dégèle entièrement.

Le colonel de Richemont part à 8 heures du matin, arrive avec mes chevaux à Langfuhr et en repart à 9 heures avec des chevaux de poste pour se rendre auprès du duc, à Oliva, où l'attendait le capitaine Freyman. Il déjeune avec le duc et repart à midi pour continuer sa route.

On célèbre les funérailles du général Breïssan.

5 décembre. — Même tems que la veille, fort doux pour la saison. — Rien de nouveau.

6 décembre. — Tems très doux, belle journée. — Rien de nouveau.

7 décembre. — Tems brumeux et très doux.

Le Gouverneur envoie son aide de camp chez le duc, avec une lettre pour l'inviter à faire accélérer la restitution des eaux de la Radaune. Il le fait prévenir en même tems qu'il ira lui rendre visite incessamment.

8 décembre. — Journée très brumeuse et humide, point froide.

Le général Farine, chef d'état-major, se rend

à Langfuhr à une conférence avec le chef de l'état-major russe concernant la marche de la garnison après l'évacuation de la place. On convient qu'elle prendra la route de Stettin (près de Stettin), Prenzlow, Brunswick, Hanovre, Münden, Munster et Wesel. D'autres mesures proposées sont ajournées au surlendemain, 10.

9 décembre. — Même tems que la veille.

Un aide de camp du duc de Wurtemberg vient porter au prince Radziwill deux lettres de famille.

L'ordre du jour annonce l'ordre de marche pour rentrer en France sur quatre colonnes commandées par les généraux Grandjean, Heudelet, de Campredon et Bachelu.

10 décembre. — Le tems devient froid et sec, il dégèle un peu. Belle journée.

Le Gouverneur va rendre visite au duc de Wurtemberg accompagné des généraux Heudelet et Cavaignac. On le reçoit avec de grandes distinctions et beaucoup de politesses.

11 décembre. — Tems couvert, il neige. Le soir, beau clair de lune, le froid augmente, il gèle dans la nuit.

M. le colonel Pullet vient dîner chez le Gouverneur, j'ai une longue conservation avec lui concernant le siège.

12 décembre. — Froid de 6 degrés au-dessus de la glace. Belle journée.

Les Bavarois qui se trouvent dans la place, formant le fond du 13me régiment de la ligne commandé par le colonel comte Buttler, partent à 10 heures du matin, au nombre d'environ 400. (Mon valet de chambre Jean Kreis se marie.)

Ce jour termine le 11me mois de mon séjour à Dantzig.

13 décembre. — Froid un peu moindre, assez beau tems.

Toutes les troupes de la Confédération du Rhin, qui faisaient partie de la garnison de Dantzig, quittent cette place.

14 décembre.— Le froid se soutient. Belle journée.

Le chef d'état-major va conférer à Langfuhr avec celui des Russes pour régler la marche de la garnison après l'évacuation de la place. (Cette conférence ne peut avoir lieu, M. de Welyamminoff étant retenu chez lui pour cause de maladie.)

15 décembre. — Froid diminue, il dégèle presque toute la journée. Le soir, il neige.

Les chefs d'état-major des deux armées ont une conférence à Langfuhr pour régler la marche-route.

16 décembre. — Il dégèle tout à fait.

On annonce le départ de deux colonnes d'écloppés pour le 23 et le 26.

17 décembre. — Le tems est le même.— On communique la marche-route.

On annonce que dès le lendemain, 18, la viande (même celle de cheval) cessera d'être distribuée. On réservera pour les hôpitaux le peu de chevaux disponibles.

18 décembre. — Le tems devient froid ; la gelée est assez forte le matin ; elle diminue le soir.

Tous les prisonniers russes, au nombre de 8 à 900, sont rendus à l'ennemi et sortent de la ville.

19 décembre. — Il dégèle presque entièrement. — Le pont de bateaux qui communique avec le Holm est rompu par les glaces que charrie la Vistule. — On y établit un bac.

20 décembre. — Le dégel continue.

Conférence entre les deux chefs d'état-major. On convient de faire marcher les éclopés sur cinq colonnes, au lieu de deux.

21 décembre. — Le dégel continue.

Le chef d'état-major russe écrit pour demander qu'on règle le cérémonial de la remise de la clef de la porte d'Oliva, le 24.

22 décembre. — Le dégel continue.

Conférence à Langfuhr entre les deux chefs d'état-major; elle se passe d'une manière satisfaisante. J'accompagne le Gouverneur aux allées de Langfuhr où il y avait marché. Nous y voyons les généraux Borosdyn et Koulebakin. Le comte d'Ohra, Prussien, y était aussi.

23 décembre. — Le dégel continue.

La première colonne des éclopés part de Dantzig.

24 décembre. — Même tems.

Le Gouverneur reçoit une lettre du duc de Wurtemberg, datée de la veille (11 heures du soir), qui lui annonce que l'Empereur Alexandre n'a point approuvé l'article de la capitulation qui porte que la garnison de Dantzig rentrera en France, ainsi que celui relatif aux Polonais, qui doivent retourner en Pologne d'après la volonté de l'Empereur Alexandre.

L'Empereur Alexandre, sans avoir égard à la capitulation ci-dessus, ordonne que la garnison de Dantzig soit envoyée en Russie comme prisonnière de guerre, au lieu de rentrer en France.

Le général en chef, Gouverneur Général, a répondu par la protestation suivante à la lettre du général ennemi qui lui annonçait cette violation de ses engagemens.

Le comte Rapp au duc de Wurtemberg [1].

Dantzig, le 24 décembre 1813.

Monseigneur,

J'ai fait une capitulation avec V. A. R. Aujourd'hui elle m'annonce que, sans y avoir égard, l'Em-

1. Le colonel de Richemont, qui était parti le 4 pour porter la capitulation à Napoléon, avait été arrêté, le 18 décembre, à Francfort-sur-le-Mein d'où il écrivit la lettre que nous donnons ci-après :

Au Prince Wolkonski, chef de l'état-major général de Sa Majesté l'Empereur Alexandre.

Francfort-sur-le-Mein, le 17 décembre 1813.

Monseigneur,

Conformément à l'un des articles de la convention conclue le 28 novembre dernier entre S. A. R. le duc de Wurtemberg, commandant en chef l'armée combinée devant Dantzig, et Son Exc. le comte Rapp, Gouverneur Général de cette place, j'ai été

pereur Alexandre ordonne que la garnison de Dantzig soit envoyée en Russie comme prisonnière de guerre au lieu de rentrer en France. Le 10me corps

désigné pour être le porteur de la capitulation à S. M. l'Empereur Napoléon, et j'ai reçu de Son Altesse un passe-port et une sauvegarde pour traverser l'Allemagne et être remis aux avant-postes français. Depuis quatre jours, je suis arrêté dans cette ville en attendant la permission de poursuivre ma route pour remplir ma mission. Ce délai inattendu, les bruits qui circulent dans le public et quelques articles douteux insérés dans plusieurs gazettes allemandes m'auraient donné de vives inquiétudes sur les dispositions des alliés, relativement à l'exécution de la capitulation, si le caractère connu de S. M. l'Empereur Alexandre eût permis le moindre doute injurieux à sa justice et à sa loyauté.

La garantie du traité qui fixe le sort de Dantzig repose sur tout ce qu'il y a de sacré parmi les hommes : la parole du souverain, l'honneur de la nation, les lois de la guerre, respectées de tous les peuples civilisés et sanctionnées par l'histoire du monde, et enfin la bonne foi, avec laquelle les premières conditions de ce traité (qui ont livré pour ainsi dire les assiégés à la merci des assiégeans) ont été remplies.

Tels sont, Monseigneur, les titres qui établissent les droits de la garnison de Dantzig. Votre Altesse en appréciera plus particulièrement la légitimité par le détail des circonstances qui ont précédé et accompagné la capitulation.

Dès les derniers jours d'octobre, S. A. R. le duc de Wurtemberg avait adressé à S. Exc. M. le Gouverneur de Dantzig des propositions d'entrer en accommodement, en lui faisant part des événemens qui avaient eu lieu sous les murs de Leipzig, et de a capitulation de Dresde. Ces ouvertures avaient été renouvelées depuis, mais toujours sans résultat. Vers le 15 novembre, S. A. R. récidiva ses propositions en insistant sur la convenance de profiter du moment pour obtenir des conditions avantageuses qu'il pouvait encore accorder, mais que la garnison ne pouvait plus espérer si elle tardait à traiter. Cette notification *fut accompagnée de la copie officielle d'une lettre écrite par S. M. I. de toutes les Russies à S. A. R.* Cette lettre était conçue dans le même sens ; elle avait servi de base aux propositions du duc et devait être, pour Monsieur le Gouverneur, la preuve authentique que Son Altesse était investie de toute la confiance et des pleins pouvoirs de l'Empereur Alexandre. C'est alors laisse à l'Europe, à l'histoire et à la postérité, à juger une aussi étrange infraction des traités, contre laquelle je proteste formellement.

que commencèrent les négociations qui amenèrent la capitulation du 28 novembre. Tous les articles en ont été discutés en présence du duc, ou plutôt avec Son Altesse Royale elle-même, qui, fidèle à ses instructions, n'a jamais voulu admettre que les conditions qu'elle était autorisée à accorder, déclaration qu'elle a renouvelée plusieurs fois dans le cours des négociations, pour prouver aux commissaires sa bonne foi, et pour éloigner jusqu'au plus léger doute de la scrupuleuse exécution des conditions qu'il aurait consenties. La capitulation a donc été conclue non comme traité provisionnel, mais comme traité définitif, et son exécution a commencé le jour même de la signature, par la remise de presque tous les forts extérieurs et des positions qui avaient le plus d'influence sur la défense de la place. C'est-à-dire que les assiégés, se reposant sur la sainteté d'un traité solennel, sur la bonne foi et la loyauté des assiégeans, se sont, dès les premiers jours, livrés à leur discrétion et, dès lors, ils ont dû disposer des approvisionnemens qui leur restaient pour améliorer le sort du soldat, en lui restituant la portion de subsistance que les circonstances avaient forcé de lui retirer. — Quelles dispositions pourraient aujourd'hui rétablir les rapports qui existaient entre les armées respectives au moment de la capitulation, et remplacer les vivres dont la consommation n'aurait point eu lieu sans elle? Mais comment douter de l'exécution d'un traité qui concilie les intérêts des assiégeans aussi bien que ceux de la garnison? — Le faible avantage de rentrer en France, sous la condition de ne point servir d'un an et un jour, n'est-il pas compensé par la possession d'une des places les plus importantes de l'Europe, dont la saison, ni les progrès des travaux ne permettaient d'espérer la conquête sans des sacrifices immenses, et qu'on ne pouvait obtenir que démantelée, puisque l'abandon successif des forts qui composent son ensemble en aurait commandé la destruction.

M. le Gouverneur n'a pas seulement traité avec S. A. R. le duc de Wurtemberg, comme commandant en chef de l'armée combinée. C'est un prince de la Maison Impériale, c'est l'oncle de l'Empereur Alexandre qui s'est engagé envers lui; Sa Majesté pourrait-elle retirer une parole donnée en son auguste nom? et la garnison de Dantzig, après un an entier d'une défense hono-

Par suite de ces principes sacrés, j'ai l'honneur d'annoncer à V. A. R. que, m'en tenant strictement au texte d'une capitulation que je ne dois pas regarder comme anéantie parce qu'elle est violée, je l'exécuterai ponctuellement, et que je suis prêt à remettre aujourd'hui même aux troupes de V. A. R. les forts Weichselmünde, Napoléon et le Holm, ainsi que tous les magasins, et à sortir de la place, avec ma garnison, le 1er janvier prochain.

A cette époque, la force et l'abus du pouvoir pourront nous entraîner en Russie, en Sibérie, partout

rable qui a dû lui mériter l'estime de son ennemi (et qu'elle avait encore les moyens de prolonger), n'est-elle pas en droit de réclamer une capitulation qu'elle a elle-même accordée à l'armée prussienne dans des circonstances, sans doute, bien malheureuses et au moment de donner l'assaut?

Pardon, Monseigneur, d'avoir arrêté si longtems Votre Altesse sur un sujet qui probablement n'a élevé aucune difficulté. Mais j'ai cru de mon devoir, comme l'un des commissaires qui ont pris part à la capitulation de Dantzig et comme l'officier qui a été désigné pour en porter la copie à S. M. l'Empereur Napoléon, de profiter de la proximité du quartier général de l'Empereur Alexandre pour présenter à Votre Altesse des détails qui sont peut-être ignorés d'elle et de Sa Majesté elle-même.

J'aurais pu ajouter que les avantages stipulés par la capitulation du 28 novembre sont plutôt apparents que réels, puisque la garnison de Dantzig est composée en partie de troupes allemandes dont les souverains sont entrés dans la Confédération générale; mais c'est une considération tous à fait étrangère au traité et qui ne peut avoir aucune influence sur son exécution.

J'ose espérer que Votre Altesse confirmera tous mes pressentimens en me permettant, conformément à ce traité, de continuer ma route jusqu'aux avant-postes français.

J'ai l'honneur d'être, avec un profond respect,

De Votre Altesse,

Le très, etc...

Signé : Colonel de Richemont.

où l'on voudra; nous saurons souffrir, mourir même s'il le faut, victimes de notre confiance dans un traité solennel.

L'Empereur Napoléon et la France sont assez puissans pour nous venger tôt ou tard.

Dans cet état de choses, Monseigneur, il ne me reste aujourd'hui aucun arrangement à faire avec Votre Altesse Royale, m'en référant entièrement à la capitulation du 29 novembre qu'on peut, je le répète, enfreindre, mais non anéantir.

J'ai l'honneur d'être, avec respect.

Signé : Cte Rapp.

L'aide de camp du Gouverneur, monsieur Türkeim, chargé d'apporter la lettre ci-dessus au duc, revient le soir même à 10 heures avec une seconde lettre de celui-ci. Il avait causé longtems avec le duc et le général Borosdyn.

25 décembre. — A peu près même tems.

Le Gouverneur répond à cette dernière lettre du duc. Monsieur Türkeim la porte et revient vers 5 heures du soir, annonçant que le duc répondra le lendemain et qu'il semble vouloir exiger qu'on entre dans un nouvel arrangement.

26 décembre. — Même tems.

Monsieur le général du génie Manfredi vient apporter à Monsieur le Gouverneur une lettre du duc de Wurtemberg qui le presse de nouveau d'entrer dans un nouvel arrangement. Il demande qu'un général se rende auprès du duc qui le désire.

27 décembre. — Tems un peu plus froid. — Un peu de gelée. Les généraux de Campredon et Bachelu (après une convocation extraordinaire des principaux officiers de troupes françaises) se rendent auprès du duc de Wurtemberg et ont une conférence de deux heures avec lui.

Le soir, les quatre plénipotentiaires russes arrivent chez le Gouverneur (à 11 heures), portant l'ultimatum du duc qui lui annonce que les hostilités recommenceront le 29, à midi, si la capitulation dont il envoie le modèle n'est pas signée.

Le duc de Wurtemberg proposait, si la garnison ne voulait pas se rendre prisonnière de guerre, de restituer les ouvrages qu'il avait occupés, sauf Neufahrwasser qu'il gardait comme garantie de la sortie des Westphaliens, et de reprendre les hostilités. C'était, d'après lui, remettre les choses en l'état. Au lieu de 12.000 hommes de troupes, présentes le 19 novembre, dont les Russes ignoraient alors les dispositions, il ne restait plus que 6.500 Français ou Napolitains pour garder une place immense ; cette garnison n'avait plus que pour huit jours de vivres, l'ennemi le savait ; le fort et le faible des ouvrages occupés par lui étaient maintenant connus ; le prestige enfin dont avaient su s'entourer les défenseurs de Dantzig et qui faisait la moitié de leur force, s'était évanoui à la vue de ce petit nombre d'hommes épuisés.

28 décembre. — Conseil de guerre pour délibérer sur l'ultimatum du général ennemi. On convient unanimement, vu le manque absolu de vivres, de se soumetttre aux conditions qu'il impose. A 10 heures du soir, les généraux de Campredon et Devilliers se rendent à Oliva (ou plutôt Polanken), quartier général du duc de Wurtemberg, et tâchent d'obtenir quelques modifications. On convient d'une capitulation qui doit être signée le lendemain.

Tems humide. Il gèle dans la soirée.

29 décembre. — Tems moux et humide.

Le général Borosdyn et le colonel Pullet rapportent la capitulation qui est signée et approuvée par les deux généraux en chef dans la journée.

CAPITULATION DE LA PLACE DE DANTZIG

imposée le 29 décembre 1813.

Capitulation de la ville de Dantzick conclue entre Leurs Excellences M. le lieutenant général Borozdyn, M. le général major Welyamminoff, en fonction de chef d'état-major, M. le général Manfredi et M. le colonel du génie Pullet, chargés de pleins pouvoirs de S. A. R. M. le duc Alexandre de Wurtemberg, commandant en chef les troupes formant le siège de Dantzick, d'une part, et Leurs Excellences M. le général de division de Campredon, M. le général de brigade baron Devilliers et M. le général de brigade d'Héricourt, chef d'état-major, également chargés des pleins pouvoirs de Son Excellence M. le comte Rapp, aide de camp de l'Empereur, commandant en chef du 10e corps d'armée, Gouverneur Général, d'autre part.

La garnison de Dantzick se trouvant dénuée de tous moyens ultérieurs de défense, il a été accordé ce qui suit :

Article premier.

Les troupes formant la garnison de Dantzick, des forts et redoutes y appartenant, sortiront de la ville avec armes et bagages, le 2 janvier 1814 (nouveau style), à dix heures du matin, par la porte d'Oliva, avec tous les honneurs militaires, en considération de la vigoureuse défense et de la conduite distinguée de la garnison et poseront les armes sur les glacis. MM. les officiers conserveront leurs armes, bagages, chevaux et domestiques ; les sous-officiers et soldats leurs havre-sacs et effets.

La garnison de Dantzick sera prisonnière de guerre jusqu'à son parfait échange et conduite en Russie, elle ne sera cependant point envoyée dans les provinces éloignées de l'empire.

Article 2.

Les forts de Weichselmünde, le Holm, les ouvrages intermédiaires, ainsi que les portes extérieures d'Oliva, de Neugarten, et celle de Petershagen seront remis à l'armée combinée, le jour après la signature de la présente capitulation, à 11 heures du matin.

Article 3.

Il sera dressé une liste exacte des noms de tous MM. les généraux et officiers, ainsi que des sous-officiers et soldats composant la garnison de Dantzick, sans exception quelconque. Cette liste sera double ; on fera de même un contrôle exact de tous les soldats qui se trouvent sous les armes et un autre de ceux qui sont ou malades ou blessés.

Article 4.

Les troupes polonaises sortiront par la porte de Petershagen, 24 heures avant la garnison, et seront renvoyées, chacun dans ses foyers, sous promesse de ne pas servir contre la Russie, ni contre ses alliés, dans le courant de la guerre actuelle. Elles seront traitées, du reste, de la même manière que les autres régimens polonais qui se trouvent déjà dans le duché de Varsovie. Les troupes allemandes, qui sont encore à Dantzick, sortiront de la place le jour après la signature de la capitulation et seront renvoyées en Allemagne.

Article 5.

Tous les prisonniers, de quelque nation qu'ils soient, qui appartiennent aux puissances en guerre contre la France et qui se trouvent encore présentement à Dantzick, seront mis en liberté sans échange et envoyés aux avant-postes russes par la porte de Petershagen, le 19 (31) décembre 1813.

Article 6.

Les malades et les blessés, appartenant à la garnison, seront traités de la même manière et avec les mêmes soins que ceux des puissances alliées et seront envoyés en Russie après leur parfait rétablissement. Un commissaire des guerres et des officiers de santé seront laissés auprès de ces malades pour les soigner et les accompagner pendant la route. Les infirmes et les hommes qui sont tout à fait hors d'état de reprendre un service actif resteront à Dantzick et seront compris dans le contrôle des hommes à l'hôpital.

Article 7.

D'abord qu'un certain nombre d'individus appartenant aux troupes des puissances alliées aura été échangé contre un nombre égal d'individus appartenant à la garnison de Dantzick, alors ces derniers pourront se regarder comme libres de leur engagement précédent contracté formellement dans l'article 1er de la présente capitulation et seront renvoyés dans leur pays.

Article 8.

Les troupes de la garnison de Dantzick marcheront par journées d'étapes en 4 colonnes, à 2 journées de distance l'une de l'autre, d'après la marche-route ci-jointe, et seront escortées jusqu'au lieu de leur destination. Les fournitures en vivres et fourrages pour la garnison de Dantzick se feront en marche conformément à l'état ci-joint. La première colonne se mettra en marche le 3, la deuxième le 5, et ainsi de suite.

Article 9.

Tous les Français non-combattans, attachés au

service militaire, suivront le sort de la garnison et jouiront des mêmes avantages. Ceux des non-combattans qui ne sont point au service militaire pourront suivre, s'ils le veulent, les troupes de la garnison de Dantzick ou rester dans la ville; mais ils ne pourront point prétendre aux rations fixées pour les militaires; ils pourront, au reste, disposer des propriétés qui seront reconnues leur appartenir.

Article 10.

Il sera établi, sous la garde des magistrats de Dantzick, un dépôt où les comptabilités des corps et administrations pourront être remises sous le scellé et conservées jusqu'à la paix, époque à laquelle elles seront réclamées et renvoyées en France. Il s'entend de soi-même que la nature de ces papiers sera vérifiée par des commissaires russes.

Article 11.

Le jour après la signature de la présente capitulation, il sera remis aux commissaires, nommés par l'armée assiégeante, tous les canons, mortiers, armes, munitions de guerre, plans, dessins, devis, les caisses militaires, tous les magasins, de quelque nature qu'ils soient, les pontons, tous les objets appartenant au corps du génie, à la marine, à l'artillerie, aux trains, voitures, etc., etc., sans aucune exception quelconque, et il en sera fait un double inventaire qui sera remis au chef de l'état-major de l'armée combinée.

Article 12.

MM. les généraux, officiers d'État-major et autres conserveront les voitures, bagages et chevaux fixés par les règlemens français, et ils recevront les fourrages en conséquence pendant la marche.

Article 13.

Tous les détails relatifs aux transports à accorder soit pour les malades ou blessés, soit pour les corps et les officiers, seront réglés par les chefs des deux États-majors respectifs.

Article 14.

Il demeure réservé au Sénat de Dantzick de faire valoir, auprès de Sa Majesté l'Empereur Napoléon, tous ses droits à la liquidation des dettes qui peuvent exister de part et d'autre, et Son Excellence le Gouverneur Général s'oblige à faire donner à ceux envers qui ces dettes ont été contractées des reconnaissances qui servent à justifier leurs créances.

Article 15.

Les hostilités d'aucun genre ne recommenceront de part ni d'autre, à dater de la signature du présent traité.

Article 16.

Tout article qui pourrait présenter des doutes sera toujours interprété en faveur de la garnison.

Article 17.

On fera 4 copies exactes de la présente capitulation, dont deux en langue russe et deux en langue française, pour être remises en double aux deux généraux en chef.

Fait et convenu à Langfuhr le 17-29 décembre 1813.

Le lieutenant général.

Signé : Borozdyn.

Le général-major

Signé : Welyamminof, etc., etc., etc.

La violation de la capitulation imposait sans doute de nouvelles souffrances à la garnison, mais elle ne pouvait plus nuire aux intérêts de la France ; le but principal, aux yeux du Gouverneur, était atteint : la place ne serait remise aux Russes qu'à la dernière bouchée de pain. Le reste ne pouvait lui paraître qu'accessoire et ne méritait pas qu'il conduisît à une mort aussi inutile que certaine ceux qui avaient survécu aux horreurs du siège.

30 décembre. — Même tems. — Le Gouverneur, accompagné du général de Campredon, va rendre visite à Polanken au duc de Wurtemberg qui les retient à dîner.

Les troupes russes prennent possession de Weichselmünde, le Holm, les ouvrages intermédiaires, ainsi que des trois portes d'Oliva, Neugarten et Pétershagen.

31 décembre. — Le tems se refroidit un peu. — Les chefs de l'état-major se réunissent à Langfuhr pour régler la marche. Mais ils n'arrêtent rien.

Les généraux russes Borosdyn et Manfredi viennent le soir chez le Gouverneur et annoncent que l'on n'est pas sûr de pouvoir laisser des généraux à Mittau.

2 janvier 1814. — Départ de Dantzig avec la garnison à 10 heures du matin.

Arrivée avec la 3me colonne à Uhlkau, propriété de M. Muhl, de Dantzig, à 11 heures du soir. On avait préparé un grand souper pour le général Rapp.

La garnison de Dantzig avait, depuis le 15 janvier 1813, perdu 19 392 hommes. L'abandon des contingents étrangers l'avait réduite à 6400 Français et 1600 Napolitains, dont 1500 malades restèrent à Dantzig. A Thorn, les Napolitains furent arrêtés et l'on n'envoya en Russie que les Français dont l'itinéraire fut le suivant, d'après le journal de voyage du général de Campredon dont nous arrêtons ici la publication, car il ne renferme plus que des notes sans intérêt historique.

ITINÉRAIRE [1]

De la route qui doit être suivie par le 10e corps d'armée pour se rendre à Kiewe.

DATES		DÉSIGNATION des LIEUX D'ÉTAPE
FRANÇAISES	RUSSES	
7 Janvier 1814..	26 Décem. 1813..	Dirschau.
8 — ..	27 — ..	Mewe.

1. Nous donnons, telle qu'elle est dans la pièce elle-même, l'orthographe bizarre des noms qui suivent : Dans Schewetze il faut reconnaître Schwetz, de même pour Kikol, Scompe, Sierpe, Kosiobrody, Starawies, Mokobody, Zbuczyn, Bzesc-Litewski, Datin, Roschischtsche, Lutsk, Kilikiew, Nowgrod-Wolynski, Schitomir, Bischew, Kiew.

DATES		DÉSIGNATION des LIEUX D'ÉTAPE
FRANÇAISES	RUSSES	
9 Janvier 1814..	28 Décem. 1813..	Neuenbourg.
10 — ..	29 — ..	Séjour.
11 — ..	30 — ..	Grouppé.
12 — ..	31 — ..	Schewetze.
13 — ..	1er Janvier 1814..	Topolno.
14 — ..	2 — ..	Séjour.
15 — ..	3 — ..	Bromberg.
16 — ..	4 — ..	Pole.
17 — ..	5 — ..	Séjour.
18 — ..	6 — ..	Thorn.
19 — ..	7 — ..	Tchomikowska.
20 — ..	8 — ..	Quiquoli.
21 — ..	9 — ..	Séjour.
22 — ..	10 — ..	Scompé.
23 — ..	11 — ..	Serptze.
24 — ..	12 — ..	Cozebrody.
25 — ..	13 — ..	Séjour.
26 — ..	14 — ..	Hatvelovo.
27 — ..	15 — ..	Hoholé.
28 — ..	16 — ..	Poultousk.
29 — ..	17 — ..	Séjour.
30 — ..	18 — ..	Fourgine.
31 — ..	19 — ..	Starouwece.
1er Février 1814..	20 — ..	Makowesy.
2 — ..	21 — ..	Séjour.
3 — ..	22 — ..	Zboutchine.
4 — ..	23 — ..	Medgizzy.
5 — ..	24 — ..	Vosxgenitz.
6 — ..	25 — ..	Séjour.

DATES		DÉSIGNATION des LIEUX D'ÉTAPE
FRANÇAISES	RUSSES	
7 Février 1814..	26 Janvier 1814..	Brestletowski.
8 — ..	27 — ..	Roudnia.
9 — ..	28 — ...	Mokrani.
10 — ..	29 — ..	Séjour.
11 — ..	30 — ..	Ratno.
12 — ..	31 — ..	Datiné.
13 — ..	1er Février 1814..	Darotiché.
14 — ..	2 — ..	Séjour.
15 — ..	3 — ..	Kolodozno.
16 — ..	4 — ..	Sviniqui.
17 — ..	5 — ..	Radgitche.
18 — ..	6 — ..	Séjour.
19 — ..	7 — ..	Loutzque.
20 — ..	8 — ..	Dorostay.
21 — ..	9 — ..	Mirogochi.
22 — ..	10 — ..	Séjour.
23 — ..	11 — ..	Yaricowe.
24 — ..	12 — ..	Ostrog.
25 — ..	13 — ..	Moschanilque.
26 — ..	14 — ..	Séjour.
27 — ..	15 — ..	Kiliquiewe.
28 — ..	16 — ..	Perébilowka.
1er Mars 1814..	17 — ..	Noworod-Volinska
2 — ..	18 — ..	Séjour.
3 — ..	19 — ..	Négolone.
4 — ..	20 — ..	Vilsque.
5 — ..	21 — ..	Gétomire.
6 — ..	22 — ..	Séjour.
7 — ..	23 — ..	Korostichewe.

DATES		DÉSIGNATION des LIEUX D'ÉTAPE
FRANÇAISES	RUSSES	
8 Mars 1814..	24 Février 1814..	Priworotka.
9 — ..	25 — ..	Brousilowe.
10 — ..	26 — ..	Séjour.
11 — ..	27 — ..	Bichewe.
12 — ..	28 — ..	Belohorotka.
13 — ..	29 — ..	Kiewe.

Arrivé à Kiew, le 15 mars, le général y resta jusqu'au 21 juin, date à laquelle parvint la nouvelle de l'abdication de l'Empereur. Tous les Français furent rapatriés après trois mois de captivité. Nous devons dire que, si la garnison de Dantzig fut, de la part des gouvernants, l'objet d'une de ces iniquités que l'histoire enregistre avec regret, les nations étaient, alors comme aujourd'hui, si peu faites pour se haïr, que nos soldats rencontrèrent sur leur route beaucoup d'égards et d'humanité.

NOTE

Telles sont les principales circonstances de ce siège remarquable par l'accumulation des calamités, des désastres et des difficultés de toute espèce que les assiégés ont dû vaincre. Les assiégeans ont montré beaucoup d'intelligence dans leurs attaques, et leurs troupes se sont constamment battues avec une grande valeur. La longue résistance qu'ils ont éprouvée a été occasionnée principalement par l'avantage qu'ont eu les assiégés de profiter, pour préparer leur défense, du long espace de tems qu'il a fallu à l'ennemi afin de réunir la grande quantité de moyens nécessaires pour entreprendre le siège d'une place aussi étendue, moyens dont il a su faire un très bel usage. Son artillerie surtout a été supérieurement servie; elle a lancé de trois à quatre cent mille projectiles de toute espèce. Les assiégés en ont employé près de 150 mille. On citerait bien peu de sièges où il se soit fait une telle consommation de munitions, pendant lequel on ait exécuté une si immense quantité de travaux, et où les troupes aient montré, de part et d'autre, autant de constance, de courage et de dévouement.

Pendant le cours de cette longue et pénible défense, les assiégés ont eu beaucoup à se louer de la conduite des malheureux habitans de Dantzig ; accablés par les plus cruels fléaux, en proie aux horreurs d'une affreuse épidémie, de la disette et, dans les derniers tems, de la famine, du bombardement, des incendies, ils ont montré, jusqu'à la fin, une patience et une fermeté vraiment admirables. On n'a vu parmi eux ni soulèvement, ni désordre, pas même de murmures. Jamais la population de Dantzig n'a causé de sérieuse inquiétude à la garnison. Cette population, d'environ quarante mille âmes, était réduite à la moitié vers la fin du siège par les maladies, la famine et l'émigration. On pourrait citer une foule de traits touchans sur les souffrances de toute espèce qui ont exercé la courageuse résignation des habitans de Dantzig. Un grand nombre d'entr'eux, pressés par la famine, ne craignaient pas d'aller, pour un morceau de pain, travailler journellement aux fortifications dans les postes les plus avancés et sous le feu à mitraille de l'ennemi ; des femmes, des enfants ont été tués sur les travaux, et cela ne décourageait pas les autres [1].

Il y a sûrement très peu de villes en Europe, qui aient été aussi maltraitées des suites d'une guerre qui a coûté tant de maux à l'humanité.

Ajoutons que l'on n'a jamais vu, dans l'histoire, de Gouverneur bloqué, avec une garnison en partie étrangère, dans une place à moitié démantelée, faire preuve de plus de fermeté, de hardiesse et d'adresse que Rapp en ces circonstances critiques. Si l'on peut citer quelques défenses égales à celle de Dantzig en héroïsme, si l'on en rencontre de plus en vue par leurs conséquences politiques, il n'en existe pas où l'on ait su tirer parti, pendant aussi longtemps et avec autant d'habileté, d'éléments en apparence plus faits pour perdre que pour conserver une place forte.

Le renom des chefs, l'importance des intérêts, l'habileté [2]

1. Il mourut 5592 habitants pendant le blocus et le siège.

2. Nous regrettons de ne pas avoir la compétence nécessaire pour faire ressortir l'originalité (pour l'époque) du rôle du génie portant au dehors ses travaux dès le commencement du siège régulier, et forçant l'ennemi à assiéger de simples ouvrages de campagne. A l'heure de la capitulation, les œuvres vives de la place étaient entières, bien que l'assiégeant eût cheminé durant trois mois. Voir ci-après le rapport du général de Campredon.

de la défense, le courage de la garnison, la durée de la résistance, les ressources, chaque jour nouvelles, déployées par la place au dedans et au dehors, la profusion des moyens employés contre elle, les traverses sans nombre supportées par les troupes en font un épisode unique dans l'histoire du temps, un de ceux que nous pouvons rappeler avec le plus légitime orgueil.

RAPPORT

SUR LES TRAVAUX DU GÉNIE

Pendant le Blocus et le siège de Dantzig, depuis le 15 janvier jusqu'au 27 novembre 1813; de même que sur les travaux et la marche de l'ennemi.

C'est le 15 janvier 1813 que les communications de la place avec les contrées environnantes ont commencé à être interrompues par les premiers partis de cavalerie. Voici quelle était la situation des fortifications de la place à cette époque.

Le corps de place, du côté des six fronts tournés vers les hauteurs, était en assez bon état; mais sur tout le reste du pourtour, bordé par l'Inondation ou par la Vistule, il était extrêmement faible : les parapets, la fausse braie, dans la majeure partie de cette étendue, étaient déformés et d'un facile accès ; un seul rang de vieilles palissades, dégradées en beaucoup d'endroits, était le seul obstacle contre une attaque de vive force que des fossés profondément gelés rendaient d'autant plus facile qu'il n'existe point de chemin couvert sur les quatorze fronts défendus par les eaux; à peine y reste-t-il quelques vestiges de places d'armes rentrantes qu'on ne distingue presque pas lorsque les eaux de l'Inondation sont très élevées.

Le fort Desaix, qui couvre la porte de Lang-garten, pouvait déjà servir utilement, quoique manquant encore d'une pièce essentielle, savoir de sa demi-lune dont on n'avait pu entreprendre la construction.

La grande et la petite tête du pont du Holm (à droite et à gauche de l'entrée du canal de navigation) avaient leurs fortifications en assez bon état, mais exigeaient encore bien des travaux, et surtout des locaux blindés pour les troupes et les magasins ; il n'y en avait encore aucun. Sur les sept ouvrages avancés autour des têtes de pont, trois seulement étaient à peu près terminés, les autres étaient restés ou imparfaits ou à peine ébauchés.

Le fort du Hagelsberg avait son réduit, revêtu en maçonnerie, assez avancé, mais la demi-lune était à peine ébauchée ; ses chemins couverts, ses blockhaus de places d'armes rentrantes, ses communications blindées avec les ouvrages extérieurs, tout cela n'était qu'entrepris et très imparfait, en sorte que les dehors de ce fort n'étaient pas à l'abri d'un coup de main.

Le front d'Oliva, qui prolonge la seconde enceinte jusqu'à la Vistule, était d'une faiblesse extrême, et la majeure partie de ses parapets et chemins couverts en très mauvais état. Il en était de même du front de Neugarten qui lie le Hagelsberg avec le Bischofsberg et qui, par l'état de dégradation et la mauvaise disposition de ses ouvrages, laissait les plus vives inquiétudes dans le cas d'une attaque de vive force.

Le fort de Bischofsberg avait déjà la plupart des masses de ses ouvrages assez bien formées; mais les palissademens étaient très incomplets ; presque tous les blockhaus et les communications manquaient, le chemin couvert était encore imparfait, l'avant-chemin couvert à peine ébauché, et tout le terrain en avant du fort était encombré de maisons ainsi que de plusieurs édifices considérables d'une destruction difficile. On ne pouvait pas considérer ce fort comme à l'abri d'insulte.

La forteresse de Weichselmünde et ses immenses dépendances (c'est-à-dire la tête du pont de Montebello, le camp retranché de Farhwasser et les ouvages de l'Ile de la Platte) avaient été extrêmement négligées pendant les années précédentes, et il serait trop long d'exposer le détail de tout ce qui manquait dans cette partie. Il suffit de dire que l'ensemble de tous ces ouvrages était d'un extrême degré de faiblesse, et, à l'exception du petit fort carré revêtu en maçonnerie qui lui sert de réduit, rien de tout le reste n'était réellement à l'abri d'un coup de main.

Le fort Napoléon et la redoute d'Hautpoul, qui, conjointement avec le Holm, assurent la communication de Weichselmünde avec Dantzig, étaient encore dans un état d'imperfection; il n'existait aucun local blindé, mais seulement quelques baraques provisoires.

Le fort Lacoste était très avancé, mais exigeait encore bien du travail, surtout pour ses logemens blindés et ses blockaus défensifs.

Tel était l'état de la place de Dantzig à l'époque du commencement du blocus, au milieu de ce cruel hiver qui avait anéanti ses plus puissans moyens de défense.

La Vistule, la Radaune, la Mottlau, tout le front de l'Inondation n'offraient qu'une plaine de glace, pouvant porter partout les pièces du plus gros calibre; des neiges glacées encombraient tellement tous les chemins couverts qu'on pouvait aisément les franchir.

Dans une situation pareille, nous devions d'abord nous mettre en garde contre des attaques de vive force, qu'un ennemi entreprenant aurait pu tenter avec d'autant plus d'espoir de succès, que la garnison, composée à la vérité, dans l'origine, de plus de 30 mille hommes, fut bientôt mise, par d'affreuses maladies, dans un état si triste qu'à peine pouvait-elle suffire au service des postes dans une place d'une si vaste étendue, laquelle exigeait, dans de si fâcheuses circonstances, la surveillance la plus exacte sur tous les points. Ce service était d'autant plus pénible qu'on n'avait pas eu le tems de prendre les mesures nécessaires pour mettre tous les hommes de garde à l'abri des rigueurs de la saison. Dans moins d'un mois, plus de la moitié de cette garnison était dans les hôpitaux, et sur le reste beaucoup d'hommes languissans et découragés. Il est résulté de ces malheurs que la garnison n'a pu fournir habituellement presqu'aucun secours pour les travaux de fortification, et ce n'a été que vers les derniers mois du blocus qu'on a pu en obtenir quelques faibles détachemens, qu'on était même obligé de ménager, vu les fatigues extrêmes du service.

Les premiers soins, dès le commencement de janvier, se portèrent sur la rupture des glaces et le désencombrement des neiges sur tous les points, opération d'une difficulté énorme, surtout par un froid de plus de vingt degrés, et après que la glace avait eu le tems de se former jusqu'à une profondeur de plusieurs pieds. Ce pénible travail fut suivi jour et nuit avec une opiniâtreté incroyable qui surmonta tous les obstacles. Mais il fallut la renouveler plusieurs fois, la glace se formant de nouveau. On parvint enfin, non seulement à ouvrir une large cunette dans tous les fossés de la place et des forts, mais encore à débarrasser entièrement la Vistule, depuis son embouchure jusqu'au delà du fort Lacoste, c'est-à-dire sur un développement de plus de cinq mille toises, résultat que personne n'osait espérer.

Pendant ce tems, on suivait avec une activité sans relâche, et également de nuit comme de jour, les travaux nécessaires sur presque tous les points de la place. Il fallait fendre la terre avec la hache, même après l'avoir fait échauffer longtems en la couvrant de bois allumés. Cette assiduité était indispensable, puisque nous étions menacés de voir un siège régulier commencer, dès le milieu de mars, c'est-à-dire deux mois après le commencement du blocus.

Au milieu de ces pénibles travaux, un fléau d'une autre espèce vint porter au comble nos embarras et nos inquiétudes; un dégel subit et, à la suite, une énorme débâcle de glaces survinrent dès les derniers jours de février. Une crue considérable des eaux de la Vistule, dont il n'y avait pas d'exemple depuis près d'un demi-siècle, rendit ce fléau encore plus destructeur; la Vistule déborda sur ses deux rives, ses digues furent rompues en plusieurs endroits; des écluses furent détruites, d'immenses dégâts s'aperçurent bientôt dans presque tous les points de la place et des forts; une grande quantité de palissades furent emportées, renversées ou ébranlées; les masses de nos ouvrages furent entamées en beaucoup d'endroits, et des forts entiers, particulièrement le fort Napoléon, étaient menacés d'une destruction totale par d'immenses courans d'eau qui s'étaient formés dans la plaine d'Heybude : ce qui nous alarma le plus, ce fut la destruction d'un des deux grands batardeaux qui soutiennent l'Inondation; l'autre était également menacé et ne fut sauvé que par des efforts extraordinaires; il fallut aussi des peines infinies pour rétablir promptement un batardeau provisoire à la place de celui qui avait été détruit; sans cela notre Inondation ne pouvait être soutenue, et la place se trouvait presque sans défense sur la moitié de son pourtour, surtout à raison de l'état de dégradation où ces accidens l'avaient mise.

Je n'entrerai point dans le détail des pénibles et nombreux travaux qui furent entrepris pour réparer les suites d'un si grand désastre ou pour en prévenir de plus fâcheuses : nos efforts furent assez heureux pour conserver la place et les forts dans leur intégrité; mais les moyens considérables qu'il fallut employer pour cela consommèrent une grande partie de ceux dont nous pouvions disposer, et retardèrent conséquemment les ouvrages entrepris sur une foule de points. Néanmoins, dès la fin d'avril l'ensemble de la place se trouvait, à la rigueur, en état de soutenir un siège régulier, quoique bien éloigné du point où nous désirions la mettre, et manquant encore de beaucoup d'objets nécessaires pour qu'on pût faire une très vigoureuse résistance. Favorisés ensuite par la belle saison, nos travaux prirent une grande activité, les ouvrages se perfectionnèrent à vue d'œil, et voici le tableau abrégé de l'état où se trouvent la place et les forts de Dantzig, à l'époque actuelle du 27 novembre.

Avant de faire cet exposé, il est nécessaire de parler d'un nouveau débordement de la Vistule qui a eu lieu le 7 septembre. A la suite d'une crue extraordinaire, le bassin de l'Inondation s'est rempli tout à coup d'un immense volume d'eau. Il s'est établi dans les fossés un courant rapide qui a endommagé de nouveau les fronts bas, emporté totalement le batardeau provisoire construit dans le mois de mars précédent, et dégradé fortement l'autre batardeau. Des portes d'écluses ont été enlevées, des ponts détruits, des portions considérables de contrescarpes renversées; en sorte que les eaux de l'Inondation ont eu plusieurs issues pour s'écouler, ce qui faisait craindre de nouveau l'anéantissement de cette inondation si essentielle à la défense de la place. Mais comme les eaux se sont soutenues constamment à une assez bonne hauteur, nous sommes fondés à croire que d'après des coupures considérables qui ont été faites aux digues de la Vistule, en dessus et assez loin de la place (coupures que l'ennemi a probablement ordonnées, du moins en partie, dans le dessein de nous nuire), une portion des eaux de la Vistule s'écoule actuellement par le bassin de l'Inondation, ce qui a rendu inutile la reconstruction du batardeau. Mais le dommage occasionné par cet accident a été presqu'aussi considérable que celui de l'hiver dernier, et nous a aussi enlevé une grande partie de nos moyens pour y porter remède.

Je reviens à l'exposé de la situation actuelle des fortifications de Dantzig.

Le corps de la place est en bon état. Sur les fronts du côté des eaux, on a terminé les réparations des parties endommagées par le dernier débordement et on a placé un second rang de fortes palissades sur tous ces mêmes fronts qui sont au nombre de quatorze.

Le Bischofsberg est dans un état très respectable, ayant partout quatre rangs de palissades, deux dans le chemin couvert et deux dans le fossé, tous ses ouvrages extérieurs bien terminés, ses communications blindées partout, les places d'armes rentrantes réunies chacune d'un blockhaus, les saillantes, de tambours en charpente ; tout le terrain en avant bien nettoyé et toutes les maisons rasées.

Le fort du Hagelsberg présente aussi un aspect imposant ; l'énorme relief des ouvrages de ce fort, particulièrement de la demi-lune, a occasionné un travail immense, surtout pour les revêtemens en charpente de cette demi-lune.

Le front de Neugarten, entre le Hagelsberg et le Bischofsberg, a été renforcé.

Celui d'Oliva a reçu des améliorations, mais ce qui rassure le plus sur ce point, c'est le camp retranché fait en avant du Hagelsberg et qui, se prolongeant par sa droite jusqu'à la Vistule, forme une première ligne en avant du front d'Oliva. Je vais donner quelques détails sur ce camp retranché.

A peu près à l'époque du premier armistice, c'est-à-dire vers le commencement de juin dernier, on avait songé à prolonger les moyens de la défense de la place, en établissant quelques nouveaux ouvrages avancés sur les hauteurs qui dominent de près le Hagelsberg et qui sont aussi favorables aux approches de l'ennemi. On avait commencé à y construire quelques lunettes qui furent interrompues pendant la durée de l'armistice ; mais les circonstances permirent d'en reprendre les travaux dès la fin de juillet. Ces ouvrages avaient plusieurs buts d'utilité, car outre qu'ils devaient retarder la marche de l'assiégeant sur ce front de la place, ils tenaient plus éloigné le bombardement que l'ennemi pourrait tenter (et l'événement l'a prouvé), de plus, ils procuraient une saillie très favorable pour prendre des revers avantageux contre les cheminemens de l'ennemi sur le Stolzenberg (ce qui s'est encore vérifié, comme on le verra plus loin).

Ces lunettes, au nombre de trois, ayant parfaitement réussi, et l'ennemi nous donnant le tems de pousser plus loin les avantages de ce travail, on a imaginé de prolonger cette ligne sur sa droite, par quatre autres redoutes couronnant des mamelons jusque près de la grande allée d'Oliva, et finalement, l'ennemi nous ayant menacés d'une attaque vers le front d'Oliva, on a construit encore deux fortes redoutes dans la plaine en prolongement de la même ligne, qui s'étend ainsi jusqu'à la Vistule. Ce camp retranché, dont les parties se soutiennent très bien l'une et l'autre, est appuyé en arrière par deux camps de baraques qui peuvent contenir 4 à 500 hommes. L'effet de cette disposition a été de tenir, dans cette partie, l'ennemi éloigné d'environ 900 toises de la place.

On a exécuté des travaux immenses à Weichselmünde et ses dépendances. Le fort Carré, l'enceinte pentagonale qui l'entoure et les ouvrages extérieurs de cette enceinte, le fort de Montebello et ses dehors, le camp retranché de Fahrwasser et les ouvrages de la Platte : tout cela a été très amélioré et mis en bon état de défense. Une foule de locaux blindés ont mis en sûreté les hommes et les munitions, en sorte que l'on n'a presque rien perdu dans les énormes canonnades et les bombardemens que Weichselmünde a soufferts à plusieurs reprises, pendant la première moitié de septembre. Jusqu'à présent, tout a été conservé dans cet ensemble d'ouvrages, malgré sa grande étendue et l'état de faiblesse où il s'est trouvé pendant longtems.

La redoute d'Hautpoul a été perfectionnée. On a aussi mis en bon état et palissadé la longue demi-canonnière qui lie la redoute, d'un côté avec Weichselmünde, de l'autre avec le fort Napoléon.

Ce dernier fort a reçu beaucoup d'améliorations; on l'a pourvu d'excellens blockhaus suffisants pour la garnison et tous ses approvisionnemens.

Le fort Lacoste a été mis en très bon état; il a tous les blockhaus défensifs ou servant de logemens qui lui sont nécessaires. Les deux inondations successives l'avaient fait beaucoup souffrir, mais tout a été réparé.

On a procuré au fort Desaix les abris blindés dont il avait besoin, de même qu'à la lunette Colbert.

Tel est le tableau de la défense de Dantzig. Je vais maintenant exposer la marche des travaux de l'ennemi.

Jusqu'à l'époque de l'armistice, on ne lui a vu reconstruire presqu'aucun ouvrage, si ce n'est quelques épaulemens de batteries très éloignés de la place et qui étaient plutôt défensifs qu'offensifs. Vers le milieu de juillet, c'est-à-dire plus d'un mois après la notification de l'armistice, les difficultés survenues avec l'ennemi relativement à la fourniture de vivres, ayant engagé M. le Gouverneur à recommencer les hostilités, nous reprîmes, d'après son ordre, les travaux commencés en avant du Hagelsberg. L'ennemi, de son côté, entama, dès le 18 juillet, une chaîne de sept à huit redoutes, depuis les hauteurs en avant d'Ohra jusque près de celles de Langfuhr, et passant devant Schönfeld, Wonnberg et Pitzkendorf. A la même époque, il paraît que les Russes commencèrent à recevoir de la grosse artillerie et à préparer des approvisionnemens de fascines et gabions, qui sont devenus immenses par la suite et dont on voyait souvent passer de nombreux transports. La grosse artillerie s'est accrue par degrés et, à l'époque du 24 août, où les hostilités ont décidément recommencé, par suite de la dénonciation de l'armistice, il avait déjà probablement une assez bonne quantité d'obusiers, de gros canons et de mortiers.

Il est à remarquer que les difficultés qui survinrent vers le milieu de juillet avaient été levées au bout de sept à huit jours et, dans cet intervalle, comme on avait encore l'espoir d'un rapprochement, les hostilités ne furent presque rien. Néanmoins, après que l'armistice eut été de nouveau maintenu, on continua les travaux de part et d'autre. L'ennemi fit peu de chose jusque vers la fin d'août; mais nous poussâmes avec vivacité la construction de nos lunettes en avant du Hagelsberg, et nous construisîmes d'autres ouvrages du côté d'Ohra.

Je vais les faire connaître avec quelque détail.

Il est bon d'observer préalablement que le long faubourg qui s'étend jusqu'à 11 ou 1.200 toises en avant de la porte de Petershagen est composé de trois parties qui se touchent : la première, qui se nomme Altschottland, a eu la portion la plus voisine de la place détruite par les Prussiens lors du siège de 1807; la seconde est Stadtgebieth et la troisième proprement Ohra; mais, pour abréger, j'ai désigné cet ensemble sous le nom d'Ohra et je continuerai de même.

Les avantages immenses que nous procurait la possession des dehors de la place, à raison des fourrages, des vivres et de l'éloignement où se trouvait l'ennemi pour un bombardement, avaient décidé à conserver autant que possible les villages de Langfuhr, Schidlitz et Ohra; on y parvint par une suite de combats glorieux et au moyen de plusieurs postes fortifiés ; en sorte que nous avons pu nous maintenir dans tous les trois jusqu'à la fin d'août, époque à laquelle l'ennemi a commencé à agir avec plus de vigueur pour chercher à nous resserrer.

Nous avions crénelé et entouré de palissades deux maisons à droite et à gauche de l'entrée de Langfuhr. Ces maisons étaient soutenues par un bon poste fortifié à 200 toises en arrière, placé à la maison Kabrun; de plus, les issues du village avaient été toutes fermées par des palissades et des barrières.

La position du village de Schidlitz n'avait pas permis l'emploi de postes fortifiés. Dans cette partie, la disposition du terrain était telle qu'il aurait fallu occuper trop de points et à une grande distance de la place, et nous avions cru que l'ennemi ne chercherait pas à s'y établir tant que nous occuperions les hauteurs du Zigankenberg et du Stolzenberg qui la commandent à droite et à gauche ; et en effet ce n'est que vers la fin d'octobre qu'il a attaqué sérieusement ce village, lorsque ses progrès sur ces deux hauteurs lui ont permis de le faire avec succès. Jusqu'à cette époque, de simples postes ont suffi pour sa conservation. On avait jugé beaucoup plus important de porter les soins à la défense du faubourg d'Ohra qui, sur sa droite, est immédiatement dominé par une suite de contre-forts liés au plateau de Stolzenberg et dont l'occupation aurait favorisé beaucoup les approches de l'ennemi vers le Bischofsberg, ainsi que les établissemens qu'il aurait pu faire pour bombarder la ville de plus près. Pendant les six premiers mois du blocus, on a occupé en entier le faubourg jusqu'aux dernières maisons; mais comme on ne pouvait pas espérer de s'y maintenir constamment, on avait préparé en arrière, au débouché du vallon qui se prolonge depuis Schönfeld, un poste fortifié au moyen de deux maisons crénelées et d'une longue palissade qui couvrait entièrement la partie du faubourg à droite de la Radaune; de plus, on tenait en avant, sur les hauteurs, deux postes couverts d'une simple levée de terre et connus sous les noms de poste de l'Étoile (c'était le plus avancé) et de poste du Capitaine.

L'ennemi ayant attaqué souvent ces deux postes, ainsi que la tête du faubourg, à gauche de la Radaune, du côté de l'Inondation, on se détermina, vers la fin d'août, à prolonger celui qu'on avait déja fortifié, au moyen d'une coupure bien retranchée, qui se liait avec l'Inondation. Cette position, armée de quelques pièces d'artillerie, a résisté jusqu'à la fin d'octobre à tous les efforts de l'ennemi, qui a fait des pertes considérables dans ses attaques multipliées; mais on avait préparé, à deux ou trois cents toises en arrière, un retranchement très respectable dont il sera parlé plus en détail, et qui a tenu l'ennemi longtems en échec dans cette partie. Ces deux lignes de retranchemens étaient soutenues par deux fortes batteries, fermées à la gorge par une palissade, liées entre elles par un chemin couvert, et qu'on avait nommées les batteries du Frioul. Elles étaient situées sur la sommité du contrefort qui se trouve environ à 300 toises du Bischofsberg. Cet ouvrage a été entrepris le 20 juillet; il avait en avant de lui une forte redoute, aussi palissadée et fermée à la gorge, qu'on appelait l'Avancée de Frioul, et qui était un très bon appui pour la droite du second retranchement (ou 2e coupure) d'Ohra, dont la gauche allait s'appuyer à l'Inondation et se trouvait flanquée par les parties avancées de la place, ainsi que par trois batteries flottantes établies sur la Mottlau. Telles sont les dispositions prises successivement pour fortifier le faubourg d'Ohra. Je vais maintenant indiquer la marche des travaux de l'ennemi depuis la reprise des hostilités.

C'est le 24 août qu'elles ont recommencé et, dès le 29, l'ennemi attaqua en force le village de Langfuhr, dont il fut vigoureusement repoussé, après une affaire très longue et qui lui coûta beaucoup de monde. Le 2 septembre, il revint à la charge avec de plus grands moyens et s'empara de ce village. Mais les deux maisons crénelées à l'entrée tinrent ferme toute la nuit, et on crut devoir les lui abandonner dans la matinée, conservant cependant le poste de Kabrun où nous restâmes encore quinze jours. Les troupes qui occupaient ces maisons crénelées se défendirent avec un courage héroïque et firent perdre beaucoup de monde à l'ennemi.

Dès qu'il se vit maître de Langfuhr, il établit, dans la nuit, une parallèle à la hauteur des deux maisons crénelées, laquelle se trouvait ainsi à 1100 toises de la porte d'Oliva. Il construisit, les jours suivans, plusieurs batteries dans cette parallèle qui s'étendait assez loin sur la gauche et sur la droite, jusqu'aux premières hauteurs.

En même tems il commença plusieurs batteries sur les hauteurs qui s'étendaient vers sa droite en prolongement de cette première parallèle ; il les arma successivement de plusieurs pièces de 24 ; mais comme elles étaient à 1500 toises du Hagelsberg, elles faisaient même peu d'effet sur les nouvelles redoutes en avant de ce fort, qui avaient déjà beaucoup de consistance. Les ouvrages à droite de ces redoutes avançaient rapidement. La batterie Montbrun était déjà armée et produisait un très bon effet, mais la totalité du camp retranché, armé de plus de 25 pièces d'artillerie, ne fut entièrement terminée que vers la fin d'octobre.

Les 2, 3, 4 et 16 septembre, la flottille ennemie, qui avait près de 200 voiles de toute espèce, fit un feu terrible sur le camp retranché de Farhwasser, la Platte, et Weichselmünde, mais sans nul effet; la journée du 16 fut surtout remarquable. L'ennemi lança, sans exagération, 18 mille boulets, bombes, boulets creux, obus, bombes incendiaires ou fusées à la congrève. Nous n'eûmes pas trois hommes de tués. Aucun de nos bâtimens de guerre ne fut endommagé. Quelques dégradations aux parapets étaient déjà réparées dans la nuit, et 2 ou 300 palissades brisées furent replacées sur-le-champ. Le projet de l'ennemi était bien certainement de donner l'assaut au camp retranché de Farhwasser, s'il était parvenu à détruire nos batteries au moyen de l'énorme feu de sa flottille, ainsi qu'il s'en était flatté. Ses colonnes d'infanterie étaient déjà à portée, prêtes à marcher, mais l'artillerie du camp retranché les tint toujours en respect et, depuis ce temps, l'ennemi renonça à toutes tentatives sur ce point.

Le 17 septembre, il s'établit dans le poste de Kabrun que nous avions abandonné, et, le lendemain, à la maison de Bethier et à Schellmühle. Il forma sur-le-champ une seconde parallèle à 900 toises de la place et y établit en quelques jours plusieurs batteries. Il prolongea aussi cette parallèle sur sa droite, jusqu'aux hauteurs; de notre côté, nous avions préparé une batterie sur la rive droite de la Vistule, en face de l'embouchure du canal de Schellmühle, et une autre se construisait plus loin, sur la même rive, près du moulin d'épuisement; ces batteries, réunies à celles du camp retranché et des ouvrages avancés de la place, entretinrent, pendant 7 à 8 jours, un combat avantageux d'artillerie avec celles de l'ennemi qui finit par être réduit au silence, et il parut n'avoir plus aucune intention de cheminer de ce côté.

Mais, vers le commencement d'octobre, il menaça particulièrement le côté d'Ohra où, liant ses anciennes redoutes par une espèce de parallèle, à 12 ou 1300 toises de la place, il poussa en avant les communications, et fit l'honneur à la tête d'Ohra de cheminer en règle contre elle par un très grand développement de tranchées.

Dès le 5 octobre, on aperçut, dans le jardin de la maison Kabrun, une batterie de mortiers qui commença à tirer le 8 du même mois. L'ennemi lança pendant plusieurs jours beaucoup de bombes, boulets rouges, fusées et toute espèce d'incendiaires. Mais c'était particulièrement du côté d'Ohra qu'il préparait ses plus grands moyens dans ce genre. Pour les établir avec succès, il fallait qu'il s'emparât des hauteurs qui dominaient la tête de ce village, et où nous tenions encore les petits-postes de l'Étoile et du Capitaine; c'est ce qu'il tenta de la manière suivante.

Le 10 octobre, à 7 heures du soir, il commença un grand feu d'artillerie sur sa gauche, c'est-à-dire du côté de Langfuhr, dirigé principalement sur le front d'Oliva, ce qui incendia le couvent des Dominicains où était l'hôpital des prisonniers russes. Pendant ce tems, vers 9 heures, faisant des démonstrations sur toute sa ligne, il attaqua vivement les postes de l'Étoile et du Capitaine qui furent obligés de se replier. Quelques heures après, nos réserves arrivèrent et reprirent ces deux postes, en faisant éprouver à l'ennemi une très grande perte. Mais comme le lendemain il se présenta de nouveau avec des forces considérables, on ne jugea pas à propos de sacrifier trop de monde pour leur conservation, et ils furent évacués. Nous nous retirâmes dans la première coupure en nous maintenant néanmoins dans quelques maisons en avant. C'est dans cette nuit que l'ennemi a commencé à préparer ses batteries incendiaires de ce côté, les appuyant par une seconde et même par une troisième parallèle, ainsi que par des redoutes fermées en palissades. Dès le 15, il avait sur toute sa ligne au moins 80 pièces et environ 13 à 14 mortiers; et depuis cette époque, il n'a cessé de nous tirer toute espèce d'incendiaires et surtout une grande quantité de boulets rouges. Avec ces moyens, il ne pouvait pas manquer de brûler une partie de la ville, malgré toutes les précautions prises, lesquelles ne devaient pas avoir un succès complet, vu le manque presqu'absolu de locaux voûtés et blindés, le genre de construction des maisons et la quantité immense de magasins de toute espèce et de chantiers de bois qui remplissent la ville de Dantzig.

La nuit du 1er au 2 novembre fut la plus fâcheuse pour les incendies, qu'un vent impétueux favorisait. L'ennemi en profita pour attaquer à la fois la seconde coupure d'Ohra (la première avait dû être abandonnée), le plateau de Stolzenberg et les postes avancés de Schidlitz, où depuis 7 à 8 jours nous avions cherché à renforcer par une redoute le principal de ces postes (dit le poste du chef de bataillon); il vint à bout de s'emparer de cette redoute qui n'était pas encore achevée. On la reprit le lendemain matin. Sur le plateau de Stolzenberg, l'ennemi, après avoir repoussé nos postes, entama une première parallèle à environ 450 toises de Bischofsberg. Le plateau fut repris également le lendemain matin, et les travaux de l'ennemi entièrement rasés dans la journée. Du côté d'Ohra, l'affaire fut encore plus brillante pour nous : l'ennemi avait déjà poussé les jours précédens un cheminement en zigzags jusqu'à environ 80 toises de la petite redoute que nous avions nommée l'Avancée de Frioul, et qui formait la droite de notre seconde coupure ou retranchement d'Ohra. Il déboucha dans la nuit de cette tranchée et se jeta dans les fossés de la redoute. Parvenu à ébranler quelques palissades, il pénétra dans l'ouvrage et finit par s'en emparer. Un instant après, une compagnie de nos volontaires s'y précipite par la même ouverture, tue ou fait prisonnier tout ce qui s'y trouve et ramène l'officier russe qui commandait ce détachement. Voyant ses tentatives infructueuses en attaquant sur divers points à la fois, il se présenta la nuit suivante, du 2 au 3, avec des forces considérables, seulement sur le plateau de Stolzenberg, et parvint à s'y maintenir. Il recommença sa première parallèle, dont on n'a plus essayé de le déloger; mais qui, au lieu d'embrasser les fronts de Bischofsberg, formait une ligne convexe vers la place, et se retirait sur la droite et sur la gauche, pour éviter, d'une part, l'action des feux des lunettes en avant de Hagelsberg et, de l'autre, celle des feux des batteries Frioul.

Dès ce moment, nous pûmes juger avec assez de probabilité les projets de l'assiégeant, qui jusqu'alors avaient paru douteux. Au commencement de septembre, qui doit être regardé comme l'époque de celui du siège, son intention paraissait être de diriger une attaque régulière sur les fronts d'Oliva, entre la Vistule et les hauteurs de Zigankenberg. Il avait formé de ce côté deux parallèles avec plusieurs communications en zigzags, et établi un grand nombre de batteries; mais on doit croire que les obstacles qu'il craignait de rencontrer, soit de la part du nouveau camp retranché (qui se trouvait en face de lui et auquel nous ajoutions chaque jour un degré de force), soit des feux de revers et d'écharpe des ouvrages du Holm, dont quelques-uns prenaient à dos ses batteries, le déterminèrent à ne plus donner suite à cette attaque. En effet, après une canonnade de près d'un mois et un bombardement de quelques jours, il diminua tout à coup son feu de ce côté et sembla porter ses vues sur le faubourg d'Ohra qu'il lui fallait absolument enlever, s'il voulait parvenir à cheminer vers le Bischofsberg, par le plateau de Stolzenberg. On a vu plus haut que, dès le 10 octobre, il attaqua avec des forces considérables les avant-postes d'Ohra qui avaient été défendus longtems avec la plus grande vigueur et qu'on ne pouvait plus conserver, sans des sacrifices disproportionnés avec l'importance de ces avant-postes, et nous nous décidâmes alors à nous retirer dans les retranchemens de ce faubourg que nos troupes défendirent pied à pied, pendant quarante jours, de la manière la plus glorieuse.

Le bombardement, que l'ennemi avait commencé le 15 octobre, se soutint avec violence jusqu'à la fin du mois, principalement du côté d'Ohra. J'ai dit tout à l'heure que dans la nuit du 1er au 2 novembre, où il vint à bout d'incendier le quartier le plus précieux de la ville, il avait ouvert sa première parallèle, sur le plateau de Stolzenberg, et qu'en ayant été chassé le lendemain, il s'y établit la nuit suivante (du 2 au 3) avec des forces considérables.

Nous dûmes croire dès lors que l'assiégeant, qui, pendant deux mois d'attaque, avait été tenu à une si grande distance, malgré un très grand développement de tranchée, soutenu par le feu le plus vif et sans relâche de 80 à 100 bouches à feu, ne voulait plus se contenter de brûler la ville par ses bombes, ses obus et ses boulets rouges dont il a lancé une très grande quantité, et que son projet était de diriger une attaque régulière vers le fort de Bischofsberg.

Mais pour le faire avec succès, il ne pouvait se dispenser, au préalable, d'enlever le faubourg d'Ohra et les trois redoutes de Frioul qui le couvraient du côté des hauteurs. Ces trois ouvrages, élevés à la hâte sous le feu de l'ennemi, et dont il avait tenté vainement l'attaque de vive force dans la nuit du 1er au 2 novembre, étaient déjà abîmés depuis 20 jours par un feu continuel d'artillerie et par une pluie de bombes, de même que les retranchemens de l'intérieur du faubourg que l'ennemi plongeait et entourait par de nombreuses batteries, tant du côté des hauteurs que de celui de l'Inondation. Dans une pareille situation, on ne pouvait pas espérer de conserver longtems ce faubourg, jusqu'alors si vaillamment défendu. Cependant, contre toute attente, le courage inébranlable de nos troupes, la vigueur du feu de notre artillerie et l'habileté avec laquelle on saisissait les moyens de prendre de flanc, d'écharpe, quelquefois même d'enfilade, les positions de l'ennemi, nous maintinrent encore vingt autres jours dans ce faubourg d'Ohra, que la garnison de Dantzig peut se flatter d'avoir rendu à jamais célèbre. Enfin, dans la nuit du 21 au 22, on se décida à l'abandonner, et ce ne fut qu'après avoir forcé l'ennemi à cheminer contre les trois redoutes de Frioul, comme devant une place de guerre, après qu'il les eut embrassées par plusieurs parallèles liées par diverses communications, et qu'il les eut écrasées pendant quarante jours et autant de nuits par un feu dont il est difficile de se faire une idée : vers les derniers jours, 12 mortiers placés à moins de 100 toises étaient constamment dirigés contre ces trois ouvrages, qui n'étaient plus que des amas informes de terre. L'ennemi avait poussé ses cheminemens jusqu'au pied de leurs faces, pouvait d'un moment à l'autre déboucher de ses immenses places d'armes, se jeter en un clin d'œil, de tous côtés, sur les redoutes et sur les retranchemens de l'intérieur, avec des forces décuples de celles qui se trouvaient dans le faubourg et même leur couper la retraite sur la place, dont elles étaient à plusieurs centaines de toises.

Une plus longue résistance n'aurait rien ajouté à la durée de la défense générale, et aurait compromis des troupes précieuses à conserver.

L'occupation du faubourg d'Ohra a procuré d'abord à l'ennemi la faculté d'achever de prolonger la droite de sa première parallèle, qu'il avait été obligé, en quelque sorte, de refuser ; d'embrasser de ce côté les fronts du Bischofsberg, de manière à saisir les prolongemens de quelques-unes de ses faces, et d'inquiéter les fronts de la porte de Pétershagen et de l'écluse de l'Inondation ; mais cela ne suffisait point encore, car, comme je l'ai dit plus haut, l'occupation des hauteurs en avant du Hagelsberg, au moyen du nouveau camp retranché, l'avait obligé à refuser la gauche de cette même parallèle ; les feux de notre artillerie, sur les hauteurs du Hagelsberg, le tourmentaient beaucoup sur sa gauche et auraient pris en flanc tous les cheminemens qu'il aurait voulu faire de ce côté.

Il paraît donc certain que la prise du camp retranché était encore un préliminaire indispensable aux approches que l'assiégeant aurait voulu faire vers le Bischofsberg. Il tenta en effet quelques attaques sur ce camp. Dans la nuit du 18 au 19, il essaya d'escalader la redoute Gudin, qui forme l'extrême droite de la ligne, et la nuit suivante celle de Fiszer, placée dans l'allée de Langfuhr; mais ces attaques furent repoussées facilement. La force de tous les ouvrages du camp retranché et la bravoure éprouvée des troupes qui les défendaient devaient faire juger, après l'épreuve d'Ohra, que l'attaque de ce camp retranché aurait coûté beaucoup à l'ennemi. Aussi n'a-t-il fait contre lui aucune attaque sérieuse et, depuis le commencement de novembre jusqu'au 27, il s'est contenté d'hérisser d'artillerie toute sa parallèle sur le plateau de Stolzenberg, et il prenait même la précaution de palissader ses batteries. Peu de jours après l'abandon d'Ohra, il était parvenu à placer jusqu'à cent pièces d'artillerie sur cette seule parallèle ou les batteries en arrière d'elles, et il faisait sans relâche un feu soutenu contre le Bischofsberg qu'il inondait surtout de bombes et d'obus, sans être jamais parvenu à ralentir la vivacité du feu de la place, qui lui a causé une perte considérable; mais ce sont surtout nos feux de flanc, tant des batteries flottantes de l'Inondation que du Hagelsberg et des nouveaux ouvrages en avant, qui lui ont fait le plus de mal; et l'impossibilité où il paraissait être de les éteindre semblait avoir paralysé sa marche, puisque jusqu'à l'époque du 27 novembre où le feu a cessé, il n'avait point fait encore un pas au delà de sa première parallèle dont la gauche, encore éloignée, n'avait presque aucune action sur le Bischofsberg.

Dans cet état de choses, on peut dire que la marche de l'assiégeant était extrêmement retardée. Son attaque sur le Bischofsberg n'était parvenue qu'à la 1re parallèle déjà établie depuis 25 jours et dont il n'avait encore osé déboucher. L'énorme feu dont il avait inondé le Bischofsberg, n'avait occasionné que de légers dommages, constamment réparés à mesure qu'ils avaient lieu ; toutes les palissades brisées étaient de suite replacées. Le terrain que l'ennemi devait parcourir dans les cheminemens ultérieurs lui était extrêmement défavorable, parce qu'il se présentait en pente vers la place et se trouvait par conséquent exposé à ses feux plongeans ; ce terrain était d'ailleurs couvert en grande partie de décombres et de démolitions, qui auraient rendu meurtrier le feu de notre artillerie, et les travaux de l'ennemi extrêmement pénibles ; enfin, l'approche de la saison des glaces (qui est déjà arrivée), puisqu'au moment actuel les fossés commencent à être pris, rendaient ces mêmes travaux presque impossibles.

Il ne restait donc à l'ennemi que l'espérance de tirer parti des avantages que les glaces pourraient lui donner du côté des nombreux fronts de la place de Dantzig, qui sont couverts par les eaux, et d'essayer de profiter de la supériorité numérique de ses troupes pour tenter, pendant l'hiver, sur ces mêmes fronts, des attaques de vive force. Mais tout avait été préparé de longue main pour s'opposer à de pareilles attaques ; les quatorze fronts de l'Inondation et de la Vistule avaient été munis d'un double palissadement, même triple et quadruple dans les endroits les plus exposés. Trois mille haches à glace et un nombre suffisant de crocs étaient prêts, de même que les nacelles destinées à circuler dans les fossés et à empêcher les eaux de se geler de nouveau ; des pontons crénelés, munis chacun d'un fourneau pour les rendre habitables dans cette rigoureuse saison, étaient déjà distribués le long de sa contrescarpe, derrière chaque place d'armes rentrante, pour faire l'office des blockhaus. Une artillerie nombreuse était disposée pour armer tous ces fronts et les défendre avec la vigueur qu'elle avait déployée sur ceux du côté de terre.

Que manquait-il donc à la place de Dantzig pour pouvoir se défendre tout le reste de l'hiver ? Des vivres et une garnison suffisamment nombreuse. Il n'entre point dans l'objet de ce rapport d'exposer les malheurs qui nous ont privés de ces moyens indispensables.

Il n'en est pas moins très honorable pour cette garnison d'avoir constamment tenu l'ennemi à une grande distance d'une place devant laquelle il a déployé, de bonne heure, des moyens immenses en tous genres. Le développement total de ses tranchées est de 10 à 12.000 toises; la plupart de ses batteries étaient fermées et palissadées comme des redoutes. 150 à 160 bouches à feu, dans les derniers tems, étaient constamment en activité; sans compter une immensité de fusées incendiaires dont il serait difficile de dire le nombre. On évalue à 200.000 coups de toute espèce le feu qu'il a fait contre Dantzig, et à 30 mille celui contre Weischselmünde et le camp retranché de Farhwasser.

On peut aussi se féliciter des événemens du blocus, pendant les sept mois qui ont précédé le siège, puisqu'on a tenu l'ennemi éloigné jusqu'à une lieue au moyen de sorties vigoureuses et de divers postes fortifiés. Ce qui nous a donné l'avantage de suppléer au défaut de beaucoup de parties d'approvisionnement en vivres et de préparer en avant de la place les travaux défensifs qui ont tant retardé la marche de l'ennemi pendant le siège.

Il ne m'appartient pas de payer à chaque arme de la garnison le tribut d'éloges qu'elle mérite : c'est une tâche agréable et facile à remplir pour Monsieur le Gouverneur, mais je crois devoir faire mention, avec quelque détail, des officiers et des troupes du génie.

Monsieur le colonel de Richemont, directeur des fortifications, a développé des talens très distingués, des qualités précieuses et un zèle infatigable qui lui ont concilié l'estime et l'attachement de toute la garnison. Chargé, à Dantzig, de la direction des travaux du génie depuis plus de trois ans, on peut dire qu'il est en quelque sorte le créateur des ouvrages qui ont porté à un si haut degré la force de cette place, laquelle se trouvait hors d'état de défense au commencement du blocus, ces ouvrages n'ayant pu encore être achevés.

Il a été parfaitement secondé par le chef de bataillon Richaud, sous-directeur, que nous avons eu le malheur de perdre le 15 novembre : il a eu la tête emportée d'un boulet de canon à l'une des batteries Frioul, au moment où il observait les travaux de l'ennemi. Son rare mérite et les services qu'il avait rendus l'ont fait vivement regretter.

Le chef de bataillon Goll a déployé beaucoup d'activité, de talens et de zèle dans les travaux de Weichselmünde et de ses dépendances. Il y a fait, en peu de tems, des travaux immenses et a mis cette forteresse dans l'état le plus respectable. Sa conduite a été extrêmement distinguée lors des attaques violentes de la flotille ennemie, pendant le mois de septembre.

Le chef de bataillon Michaud, chargé constamment, depuis le commencement du blocus, du service du génie au Bischofsberg et à Ohra, a montré une grande capacité et un zèle infatigable dans un poste que les circonstances ont rendu très pénible, surtout pendant les trois derniers mois, et l'on peut dire qu'il a rendu d'importans services.

Je dois rendre la même justice au chef de bataillon Ménissier, chargé, depuis la même époque, du Hagelsberg et des nouvelles redoutes avancées. Sa conduite est aussi digne des plus grands éloges sous tous les rapports.

Le chef de bataillon Chaigneau a dirigé avec beaucoup de succès les nombreux travaux du corps de place et, pendant quelque tems, des forts Desaix et Lacoste, travaux que les inondations des mois de mars et septembre ont rendus excessivement difficiles et pénibles. C'est en grande partie à son zèle et à ses talens que l'on doit la conservation ou la restauration de beaucoup d'ouvrages.

On doit aussi beaucoup d'éloges au chef de bataillon Bernardi, qui conduisait les travaux du fort Napoléon.

M. le chef de bataillon Répécaud, chargé des ouvrages

du Holm et des nouvelles redoutes dans la plaine, en avant des fronts d'Oliva, a développé des talens distingués et une activité rare. Il a aussi obtenu des témoignages très flatteurs de la satisfaction de M. le Gouverneur pour le zèle qu'il a montré dans plusieurs violens incendies, où il a fortement contribué par son dévouement à la conservation de plusieurs établissemens précieux pour la défense, particulièrement des moulins à manège, qui étaient menacés d'une destruction prochaine.

Les chefs de bataillon Parnajeon et Girardin, revenus très malades de la campagne de 1812, n'ont pu se livrer, aussitôt que les autres officiers supérieurs du génie, aux travaux de la défense; mais, dès que leur santé a été rétablie, on les a employés très utilement, et M. Parnajeon a été surtout à même de rendre des services essentiels pour la conservation des forts Desaix et Lacoste, lors du débordement de la Vistule, au mois de septembre.

Vingt-quatre capitaines ou lieutenans de l'état-major (dont quatre du royaume d'Italie) ont secondé les officiers supérieurs avec un zèle digne des plus grands éloges. On peut dire qu'ils n'ont presque pas eu de repos pendant dix mois et demi que les travaux ont été poussés sans la moindre relâche, la nuit comme le jour. Quoique la conduite de tous ait été très honorable, quelques-uns d'entre eux ont eu des occasions particulières de faire preuve de leur dévouement; j'en rendrai par la suite des comptes détaillés, en faisant mention de mes deux aides de camp dont j'ai été extrêmement satisfait.

Les troupes du génie se composaient d'une compagnie de mineurs, d'une de sapeurs français et d'une de sapeurs polonais, d'un dépôt d'environ 50 officiers et soldats isolés et de plusieurs gardes du génie, formant ensemble un total d'environ 400 hommes; leur conduite a été parfaite, et dans les longs et pénibles travaux qu'elles ont eu à supporter, ainsi que dans les nombreux incendies où elles ont rendu d'éminens services, ces troupes ont montré l'exemple d'un courage et d'une constance à toute épreuve. Les officiers méritent surtout beaucoup d'éloges.

Un bataillon de 5 à 600 prisonniers espagnols a été d'une extrême utilité pour les travaux. M. le Gouverneur en a témoigné plusieurs fois sa satisfaction au commandant, le chef de bataillon Saint-Jean de Pointis, officier très remarquable, qui, secondé par le zèle de ses officiers, a maintenu constamment le meilleur ordre et un aussi bon esprit qu'on pouvait l'espérer dans cette troupe difficile à conduire.

Dantzig, le 3 décembre 1813.

Le général de division du génie,

CAMPREDON.

TABLEAU

Du prix des denrées à Dantzig pendant le blocus et le siège de cette place en 1813 aux époques ci-après désignées, calculé en francs et centimes.

INDICATION DES OBJETS	JANVIER	OCTOBRE	OBSERVATIONS
	fr. c.	fr. c.	Les denrées dont le prix n'est pas indiqué dans la deuxième colonne, n'existaient plus à Dantzig en octobre, 3 mois avant la remise de la place.
La livre de bœuf ou de vache.	» 40	5 »	
— de porc.............	» 30	8 »	
— de cheval............	» »	3 »	En juin, 0 fr. 40.
— de mouton..........	» 35	» »	En août, 7 fr.
— de lard.............	» 35	13 »	
Un pain de munition........	» 30	6 »	
Un petit pain blanc d'une once.	» 05	» »	En sept., 0 fr. 50.
La livre de graisse de porc...	» 50	» »	En juin, 9 fr.
— de suif.............	» »	6 »	En juin, 0 fr. 50.
— de beurre...........	» 90	16 »	En sept., 14 fr.
Une mesure de pommes de terre	» 50	» »	
La livre de poids secs........	» »	» »	En mai, 3 fr., en sept., 6 fr.
Une carotte................	» »	» 90	
Un oignon.................	» »	1 »	
Une tête d'ail...............	» »	1 »	
Un scheffel de seigle (75 à 80 livres pesant, poids de marc).	2 50	150 »	
Un scheffel de son...........	» »	45 »	Nourriture de beaucoup d'habitants pendant 4 mois.
Une livre de sel......	» 10	10 »	En sept., 8 fr.
Une bouteille de bière.......	» 05	1 »	
Un petit poisson plat........	» »	» 60	
Une livre de jambon.........	1 »	14 »	
Une once de poivre..........	» 50	5 »	
Un œuf....................	» 05	1 80	

DÉSIGNATION DES OBJETS	JANVIER		OCTOBRE		OBSERVATIONS
	fr.	c.	fr.	c.	
Une livre de haricots frais...	»	»	»	»	En juillet, 4 fr. 75.
Une bouteille de vin rouge....	2	50	8	»	
— blanc....	2	10	6	»	
— de vinaigre....	»	30	2	50	
Eau-de-vie de graines commune (la mesure).	»	70	5	»	
Une bouteille de rhum.......	3	»	»	»	En août, 10 fr.
Une poule..................	»	80	12	»	
Une livre d'huile.	2	»	»	»	En sept., 18 fr.
— de sucre..........	1	60	28	»	
— de thé.............	4	»	16	»	
— de chocolat........	4	50	32	»	
— de café............	2	»	28	»	
Une bouteille de lait........	»	05	2	»	
Une livre de fromage	»	80	»	»	En sept., 13 fr.
— de fraises.........	»	»	»	»	En juillet, 4 fr. 50.
— de cerises.........	»	»	»	»	En juillet, 3 fr. 50.
— de petits pois......	»	»	»	»	En juillet, 4 fr. 50.
Drèche (la tonne)...........	»	»	7	»	La drèche (marc de l'orge après la fabrication de la bière) servit pendant les derniers mois à la nourriture d'un grand nombre de gens du peuple.

(*Extrait de la Relation de la Défense de Dantzig en 1813 du capitaine P. H. d'Artois.*)

ÉTAT NOMINATIF *des officiers composant la troisième colonne du corps sorti de Dantzig, à l'époque de son passage à Pultusk, le 28 janvier 1814*[1].

CORPS IMPÉRIAL DU GÉNIE.

	NOMS DES OFFICIERS	DÉSIGNATION DU GRADE	EFFECTIF
État-major	MM.		
	DE CAMPREDON	général de division.	1
	LOMBART NICOLAS GOLL	capitaines aides de camp[2]	2
	MICHAUD CHAIGNEAU MENISSIER GIRARDIN PARNAJON[3] RÉPÉCAUD SAINT-JEAN DE POINTIS JEULAIN	chefs de bataillon	8
	DE FERRARY RIENCOURT (DE) DIEUDONNÉ VUILLERET CASSIÈRES COMTE SUDOUR DUJARDIN BEURNIER DARTOIS[4] PARET VÈNE	capitaines	12
	VANÉCHOUT PARENTIN LAVOYE Pierre CAMELOT	lieutenants	4
	MARTINET GUICHEMERRE MOURÈRE	adjudants resté malade à.........	4

1. Commandant français, le général de Campredon; commandant russe, le major Tatitcheff.
2. Le capitaine Garola, aide de camp du général de Campredon, était mort pendant le siège.
3. Mort colonel directeur,
4. Plus tard général de division, du Comité des fortifications.

	NOMS DES OFFICIERS	DÉSIGNATION DU GRADE	EFFECTIF
Troupe	MM. Antoine, Lieutaud, Neudles, Leroy, Charpentier, Souffarère	capitaines	6
	Lapaque, Scausse, Tresgot, Venero, Maréchal, Legrand, Fournier, Terradin, Lanta, Cuttin	lieutenants	10
	Guerrin	chirurgien	1
CORPS IMPÉRIAL DE LA MARINE.			
État-major	Dumanoir	contre-amiral.	1
	Lhuillier	major	1
	Gazille	sous-inspecteur	1
	Flessel, Vrignaud	aides de camp	2
4e équip.	Calloche	major	1
	Berrüe, Poullain	capitaines-enseig.	2
17e équip.	Saffré, Lécuyer, Kjprigent, Dufrenne, Cotnemprenn de Kersaint	capitaines-enseig.	5
	Escorsse	lieutenant	1
Bataillon du Danube	Savary		1
	Giboin-Ducluzeau	chirurgien-major	1
	Campmas, Leuffer, Chevalot	lieutenants	3

NOMS DES OFFICIERS		DÉSIGNATION DU GRADE	EFFECTIF
	MM.		
	Denaix	chef de bataillon	1
Bataillon	Plage Aliot Lombard D. Lerroy Prévost	capitaines	6
de	Dicop Gallas Leveau		
l'Escault	Taillard Bertot Kerlin Bertin Morel	lieutenants	8
		Total effectif............	82

ÉTAT NOMINATIF *des officiers généraux, supérieurs et autres, et des employés d'artillerie présents au 18 mars 1814, époque de l'arrivée à Kiow.*

DÉSIGNATION DES RÉGIMENTS	DÉSIGNATION DES COMPAGNIES	NOMS DES OFFICIERS	GRADES
État-major.		LEPIN	Général de brigade.
		HISSON	Capitaine aide de camp
		CHAPELLE	Colonel.
		MENGIN	Id.
		CABRIÉ	Id.
		CACHARDY	Major.
		CHAPUIS	Chef de bataillon.
		FARJON	Id.
		JACQUIN	Id.
		GUIDONNET	Id.
		FURGAUD	Capitaine.
		CHAPUIS	Id.
		DONZELOT	Id.
		DE BEAUTOT	Id.
		LARIGAUDIE	Id.
		PAQUERON	Id.
		MUNIER	Id.
		GAMBIER	Id.
		ROLAND	Id.
		PAQUET	Id.
		DELEAU	Chirurgien aide major.
		DÉAN	Id.

DÉSIGNATION DES RÉGIMENTS	DÉSIGNATION DES COMPAGNIES	NOMS DES OFFICIERS	GRADES
Et at-major (suite).		DUMAY	Conducteur d'artillerie.
		CEYSSEL	Id.
		RENAUDIN	Id.
		KIEFFERS	Id.
		ANDRÉ	Id.
		LUCAS	Id.
		LARMINIER	Id.
		RAMPONT	F. f^ons id.
		FOURNIER	Chef artificier.
		BLAISE	Ouvrier vétéran.
5e rég. d'artillerie à pied.	4^e	CENAY	Capitaine.
		LAURENT	1er lieutenant.
		CHAPUIS	2e lieutenant.
	5^e	GUINEBET	Id.
		ALLART	Id.
	9^e	AUMONT	Capitaine.
		ROGENEZ	2e lieutenant.
	10^e	FOUET	1er lieutenant.
		VUIBERT	2e lieutenant.
	19^e	REY	Capitaine.
7e Rég. d'artil. à pied.	7^e	PREUTHIN	Capitaine.
		GLORIEUX	1er lieutenant.
		RÉGNIER	2e lieutenant.
	12^e	MARQUIS	1er lieutenant.
		DESAILLY	2e lieutenant.

DÉSIGNATION DES RÉGIMENTS	DÉSIGNATION DES COMPAGNIES	NOMS DES OFFICIERS	GRADES
7e Rég. d'artil. à pied.	17e	Perrot	Capitaine.
		Marcoux	1er lieutenant.
		Granday	2e lieutenant..
	22e	Foltz	Capitaine.
		Morel	1er lieutenant.
8e Rég. d'artil. à pied.	21e	Montvoisin	Capitaine.
		Pouillieux	2e lieutenant.
9e Régim. d'artillerie à pied.	6e	Tournier	1er lieutenant.
		Grosjean	2e lieutenant.
	18e	Robert	Capitaine.
		Bolot	1er lieutenant.
Ouvriers.	6e	Burgstahler	Capitaine.
		Baudin	2e capitaine.
		Bosquette	1er lieutenant.
		Potu	2e lieutenant.
Armuriers.	3e	Tuquot	Capitaine.
		Guillaumin	2e capitaine.
2e Bataillon de Pontonniers.		Andrieux	Capitaine.
		Gauthier	Id.
		Dorimon	Id.
		Drieu	Id.
		Conti	Lieutenant.
		Robert	Id.
		Jouard	Id.

DÉSIGNATION DES RÉGIMENTS	DÉSIGNATION DES COMPAGNIES	NOMS DES OFFICIERS	GRADES
2e Bataillon de Pontonniers		DURAND	Lieutenant.
		JOFFÉ	Id.
		JACQUELAIN	Id.
		DOUMIC	Adjoint sous-officier.
12e bataillon principal du train.	3e	LEROY	Capitaine.
		GIRARDIN	Lieutenant.
		LAPAILLE	Sous-lieutenant.
		FOUSÈGUE	Adjudant sous-officier.
	4e	CABY	Capitaine.
		LAUVERGEAT	Lieutenant.
		BAILLY	Sous-lieutenant.
		CABY	Adjudant sous-officier.

INDEX DES NOMS

TABLE DES MATIÈRES

États de service du général de Campredon... I
Préface.. V
Avant le Blocus.
Retraite du 10e corps de la Grande-armée, de la Dwina sur Dantzig.
Exposé de la situation de la Grande-armée en décembre 1812. — Lettres, journal du général de Campredon relatifs à la retraite. — Ordre de retraite. — Picktupönen. — Tilsit......... 1
Défection du corps d'armée prussien. — Lettres des généraux d'Yorck et Massenbach, du maréchal Macdonald, duc de Tarente, et du général Bachelu..................... 7
Continuation de la retraite. — Labiau. — Kœnigsberg. — Lettres du général Heudelet, du maréchal Macdonald, du maréchal Ney, duc d'Elchingen. — Arrivée à Kœnigsberg..... 13
Le grand quartier général se retire sur Elbing. — Lettres du duc d'Elchingen, du maréchal Macdonald, du major-général.. 16
Espoir d'armistice. — Lettres du major général au duc d'Elchingen, au duc de Tarente. — Lettre du Roi de Naples, au comte Regnier.................................. 20
Lettre du comte de Saint-Marsan au major général. — Désaveu de la conduite du général d'Yorck par le Roi de Prusse. Lettre du maréchal Macdonald au Roi de Naples....... 24
Evacuation de Kœnigsberg. — Le Maréchal recule pas à pas. Lettres du major général et du maréchal Macdonald.. 27
Marche des Russes. — État du pays. — Désarroi des troupes. — Le Maréchal demande à se replier sur Elbing. — Ordre de se replier sur Elbing........................... 31
Dantzig va être menacé. — Ce qui a été fait pour sa défense. — Le général comte Rapp, gouverneur de Dantzig. — Lettres de l'Empereur au général Rapp. — Ce général réclame en vain le ravitaillement de Dantzig au Roi de Naples. — Lettre du général Rapp au major général à propos de la défense de Dantzig. — Départ d'Elbing....................... 45
Lettre du général Rapp au maréchal Macdonald. — Le général prend le commandement du 10e corps. — Derniers jours de la retraite...................................... 5

Description de Dantzig et de ses environs.............. 52

État de la place en janvier 1813. — Fortifications. — Approvisionnements. — Défenseurs........................... 55

Le Blocus.

Journal de siège. Journal et notes du général de Campredon, renfermant les événements relatifs à l'attaque et à la défense, depuis le commencement du blocus jusqu'à l'arrivée d'un officier envoyé par l'Empereur pour annoncer la cessation des hostilités.

Janvier 1813. — Premières mesures de défense. — Gelées. — Dangers qu'elles font courir à la place................ 62

Février. — L'ennemi commence à se montrer. — Première affaire. — Organisation intérieure. — Épidémie. — Débâcle des glaces. — Crue de la Vistule. — Danger des fortifications. — Travaux.. 64

Mars. — Affaire du 5 mars, mouvement tournant du général Bachelu. — Flottille armée. — Sortie du 24 mars. — Arrivée d'un bateau danois.................................. 68

Avril. — Diminution de l'épidémie. — Expédition des chefs de bataillons Szembeck et Potocki. — Lettre au général Lœwis. — Commission d'approvisionnement. — Expédients pour suppléer aux denrées qui manquent. — Arrivée du duc de Wurtemberg au camp ennemi. — Sortie dans le Nehrung. — Ravitaillement. — Héroïsme de la garnison.............. 71

Mai. — Calme. — L'argent commence à manquer. — Emprunt forcé.. 80

Juin. — Sortie du 7 juin. — Arrivée du capitaine Planat. 82

L'Armistice.

Journal de siège. Journal et notes contenant quelques détails sur la situation de la garnison et de la place à la cessation des hostilités et pendant le temps qui s'est écoulé jusqu'à la rupture de l'armistice. — Lettres de l'Empereur au comte Rapp, du comte Rapp à l'Empereur et au major général.

Juin. — Difficultés au sujet de l'armistice. — Convention entre les parties belligérantes. — Départ du capitaine Planat. 90

Juillet. — Nouvelles difficultés pour la livraison des vivres. — Lettres du duc de Wurtemberg. — Réponses du Gouverneur. — Rupture de l'armistice. — Reprise des travaux.... 108

Août. — Réouverture de l'armistice. — Lettre de Rapp au major général. — Lettre du prince de Wolkonski, réponse. — Réouverture des hostilités. — Arrêté d'expulsion des bouches inutiles.. 114

État de la garnison. — Positions des deux armées. — Nouvelle phase du siège. — Le rôle du génie commence. — Système de défense adopté.............................. 120

Le Siège.

Journal de siège. Journal et notes contenant le détail des attaques et des travaux de l'ennemi, le journal des attaques et des travaux de la défense, depuis la rupture de l'armistice jusqu'à la cessation des hostilités.............................

Août. — Nouveaux travaux hors de la place. — Prévisions de l'assiégé. — Camp retranché. — Ouvrages d'Ohra et du Frioul. — Attaque de Langfuhr et d'Ohra. — Nos troupes les reprennent.............................. 127

Septembre. — Bombardement de Weichselmünde par la flottille. — Attaque de Langfuhr. — Son occupation. — Résistance et délivrance de la garnison des maisons crénelées. — Nouveau bombardement sans résultat. — Crue de la Vistule. — Dégâts. — Travaux de l'ennemi à Langfuhr. — Première parallèle. — Bombardement formidable de Weichselmünde, sans résultat. — Le croiseur « la Nymphe de la Vistule » saute. — Évacuation du poste de Kabrun. — Deuxième parallèle. 134

Octobre. — L'ennemi est arrêté dans sa deuxième parallèle et ne peut en déboucher. — Changement de direction de ses attaques. — Bombardement de la ville, le 10 octobre, incendie, assaut et reprise du poste de l'Étoile. — Évacuation du poste de l'Étoile. — Cheminements de l'ennemi contre le Frioul. — Nouveaux ouvrages dans Stadgebieth et en avant du Frioul. — Bombardement le 18. — Vaste incendie : on sauve les approvisionnements. — Continuation du bombardement et des incendies. — Batteries flottantes. — Organisation du service des incendies. — Nouvel ouvrage en avant de la lunette Kirgener. — Évacuation de la 1re coupure.................. 155

Novembre. — Les cheminements de l'ennemi contre le Frioul avancent..............................

Incendie du 1er novembre, qui dévore les approvisionnements de la place amassés dans Speicher-Insel. — Attaque du Frioul et d'Ohra. — Attaque sur le Stolzenberg et attaque de l'avancée Kirgener. — Essais d'ouverture de tranchée sur le Stolzenberg. — Les assiégés restent partout maîtres du terrain, mais leurs vivres sont brûlés. — Départ du capitaine Marnier sur l'Heureuse-Tonton, pour prévenir l'Empereur qu'il n'y a de vivres que jusqu'au 1er janvier. — Commencement de désertion des troupes allemandes. — L'ennemi occupe le village de Stolzenberg et ouvre sa première parallèle contre le Bischofsberg — On met ce fort sur le pied de défense. — Lettres au duc de Wurtemberg et réponses du gouverneur. — Les cheminements contre les ouvrages du Frioul avancent; on place des fougasses à bombes dans les fossés. — Ces fougasses sautent. — Situation de ces ouvrages dont l'ennemi voit désormais la gorge. — Expédition de la compagnie franche. — Les batteries de la parallèle du Stolzenberg commencent à tirer. — Les tranchées entourent le Frioul et l'ennemi est presque à la gorge de ses ouvrages. — Danger pour les troupes qui défendent le Frioul et Ohra. — Évacuation. — Le duc de Wurtemberg demande qu'on lui envoie un officier général à Langfuhr.. 182

La Capitulation.

Journal personnel et notes, documents divers, donnant quelques détails sur la capitulation conditionnelle de la place de Dantzig et sur sa violation.

Le général Heudelet et le colonel de Richemont vont à Langfuhr. — Situation des assiégeants, situation des assiégés. — Réunion du conseil de défense. — Sa décision. — Négociations... 221

Première capitulation conditionnelle de la place de Dantzig, différant la reddition jusqu'au 1er janvier 1814. — Relations cordiales entre les deux armées. — Commencement d'exécution de la capitulation. — Nouvelle du refus de ratification. — Lettre du général Rapp. — Ultimatum du duc de Wurtemberg. — Conseil de guerre.. 237

Départ pour le quartier-général russe des généraux de Campredon et Bachelu. — Deuxième capitulation. — Itinéraire. — Conclusion.. 255

Rapport sur les travaux du génie........................ 273

Prix des denrées à Dantzig pendant le siège............ 297

État nominatif des officiers formant la 3e colonne sous le commandement du général de Campredon, lors de son passage à Pultusk.. 299

État nominatif des officiers et employés de l'artillerie à l'arrivée à Kiew.. 302

Index des noms.. 307

Table des matières.. 309

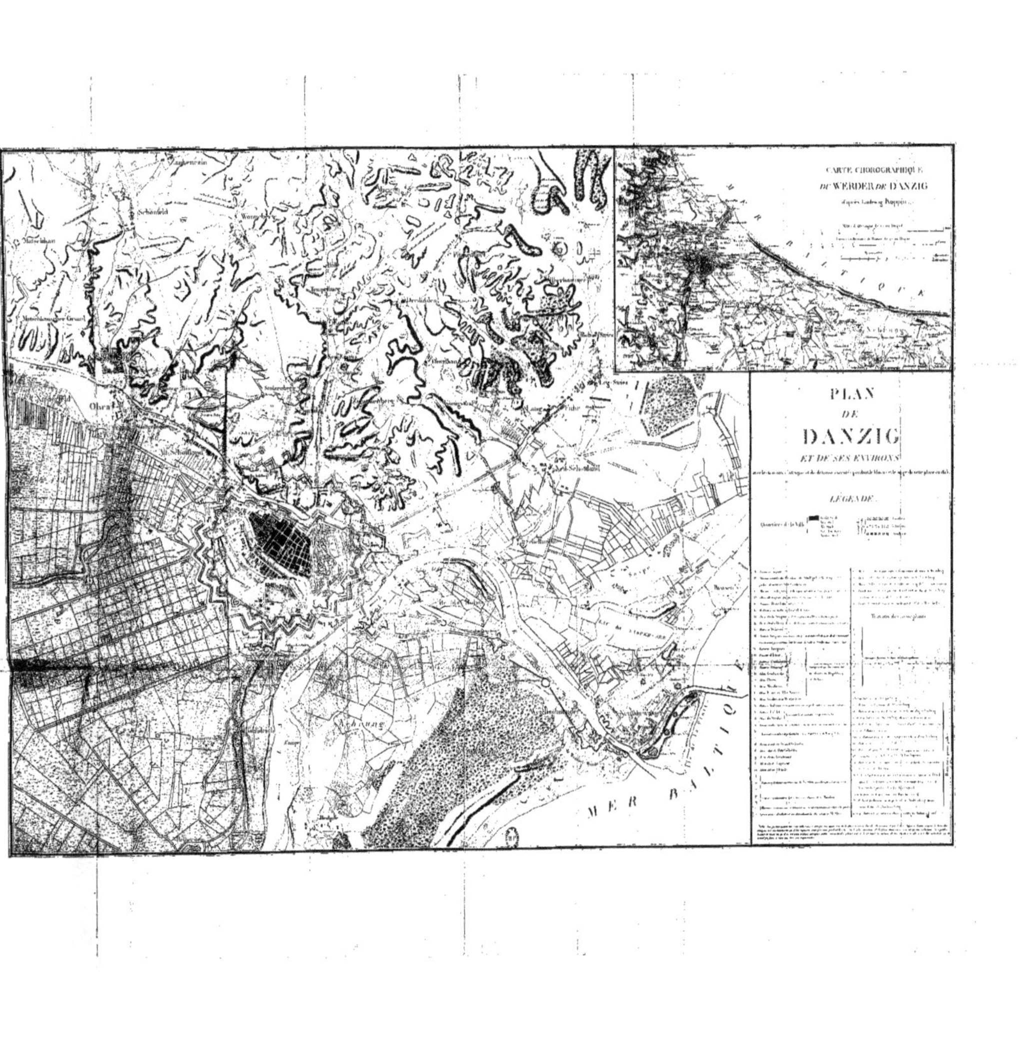
CARTE CHOROGRAPHIQUE
DU WERDER DE DANZIG
PLAN
DE
DANZIG
ET DE SES ENVIRONS
LÉGENDE
MER BALTIQUE

10e Corps d'armée

No 1.

SITUATION (1) GÉNÉRALE ET DÉTAILLÉE DE LA GARNISON DE DANTZIG

A l'époque du 21 janvier 1813, commencement du blocus de cette place, et situation sommaire au 29 novembre de la même année, jour de la cessation des hostilités, avec l'état des pertes éprouvées par la garnison pendant le blocus et le siège.

Le général en chef comte **Rapp**, gouverneur général, { **Turkheim**, chef d'escadron, **Marnier**, capitaine, } Aides de camp du général en chef.
L'adjudant-commandant **d'Héricourt**, chef de l'état-major général du gouvernement (nommé général de brigade pendant le siège).
Le général de brigade **Bazancourt**, commandant supérieur de la place. — L'adjudant-commandant **Loriné**, commandant en second.

SITUATION GÉNÉRALE ET DÉTAILLÉE DE LA GARNISON AU 21 JANVIER 1813											PERTES DE LA GARNISON DU 21 JANVIER AU 29 NOVEMBRE 1813					SITUATION SOMMAIRE AU 29 NOVEMBRE 1813				
NUMÉROS DES DIVISIONS et désignation de l'arme	NUMÉROS DES BRIGADES	NUMÉROS des régiments, bataillons et compagnies	Présents sous les armes: Officiers	Troupe	Total en officiers	Total en troupe	Total général	Aux hôpitaux	Effectif général	Chevaux	Morts de maladies ou par suite de blessures	Tués par le feu de l'ennemi	Prisonniers	Déserteurs	Total	Présents	Aux hôpitaux	Total	Chevaux	OBSERVATIONS
ÉTAT-MAJOR GÉNÉRAL DU GOUVERNEMENT ET DE LA PLACE			29	»	29	»	29	»	29	71	1	1	»	»	2	25	2	27		Pour la police de la place, on porta le nombre des gendarmes à 45. On ne fait pas figurer ici les hommes choisis dans les différents corps de la garnison et qui n'en furent distraits que momentanément.
GENDARMERIE	André, lieutenant-commandant (mort pendant le siège)		1	10	1	10	11	»	11	13	1	»	2	»	3	8	»	8		
GARDE IMPÉRIALE de toutes les armes	Martin-Laforest, chef d'escadron, commandant		7	321	7	321	328	152	480	22	153	25	»	»	178	281	21	302		
7e DIVISION. Le général de division Grandjean. L'adjudant-commandant Nowicki, chef d'état-major.		État-major de la 7e division	11	»																
	1re Brigade. Le général de brigade Bachelu (nommé général de division pendant le siège)	13e régiment bavarois	42	959																
		1er id. westphalien	46	888	338	6.630	6.968	319	7.314	427	2.225	503	456	123	3.407	3.858	319	4.207		
		10e id. polonais	83	1.609																
	2e Brigade. Le général prince Radziwill	5e id. id.	80	1.427																
		11e id. id.	70	1.080																
30e DIVISION. Le général de division comte d'Heudelet. L'adjudant-commandant Quersel, chef d'état-major.		État-major de la 30e division	43	»																
	1re Brigade. Le général Breissand tué	1re ½ brigade: 2e léger, 4e bataillon	22	748																
		4e id. id.	18	577																
		17e id. id.	21	618																
		6e id.: 16e de ligne, id.	20	446																
		21e id. id.	18	674																
		28e id. id.	17	606																
	2e Brigade. Le général Husson (blessé)	7e id.: 8e id. id.	17	502																
		14e id. id.	18	507																
		94e id. id.	17	500	399	9.883	10.213	2.918	13.191	118	8.277	654	49	213	9.223	3.559	402	3.968		Plusieurs demi-brigades, entre autres les 7e et 8e, étaient composées d'Allemands des départements nouvellement réunis à la France. Les déserteurs de cette division sont, en grande partie, des 43e et 50e régiments.
		8e id.: 25e id. id.	22	503																
		43e id. id.	20	539																
		50e id. id.	19	500																
	3e Brigade. Le général Gault (mort pendant le siège)	9e id.: 54e id. id.	19	479																
		88e id. id.	21	393																
		95e id. id.	21	408																
		17e id.: 6e léger, id.	19	530																
		27e id. id.	19	436																
		39e de ligne, id.	19	704																
33e DIVISION (Napolitains). Le lieutenant général Detrés	Le maréchal de camp Pepe	État-major de la 33e division	8	»																
		Garde royale napolitaine	1	58																
		5e régiment napolitain	23	1.033	96	3.003	3.429	336	3.545	44	1.176	270	79	6	1.839	1.594	82	1.676		
		6e id. id.	33	1.050																
		7e id. id.	21	861																
34e DIVISION. Le général de brigade Franceschi (mort pendant le siège). Le chef de bataillon Duboul, chef d'état-major. (Le général Bachelu prit le commandement de cette division lorsqu'il fut promu au grade de général de division.)	Le général de brigade Devilliers (blessé)	État-major de la 34e division	7	»																
		22e léger	19	152																
		3e de ligne, 4e bataillon	0	73																
		29e id.	38	367																
		105e id. 4e bataillon	4	54																
		113e id.	21	178	190	2.346	2.535	203	2.738	18	668	127	291	287	1.323	1.351	71	1.415		La presque totalité des déserteurs est des régiments de la Confédération.
		Régiment de Francfort	26	181																
		4e régiment de la Confédération (5 mais. duc. de Saxe)	27	980																
		5e id. id. (Lippe et Anhalt)	31	536																
		6e id. (Schwarzburg, Waldeck et Reuss)	22	358																
		14e de ligne (dépôt)	1	20																
		Saxons de Rechten (dépôt)	1	13																
CAVALERIE. Le général de brigade Cavaignac. L'adjudant-commandant De Ecrans, chef d'état-major.	Le colonel Farine (nommé général de brigade pendant le siège)	État-major de la cavalerie	9	»																
		1er régiment provisoire: 2e régiment de dragons	8	116																
		5e id. id.	3	78																
		12e id. id.	8	110																
		13e id. id.	3	101																
		2e id.: 14e id. id.	3	89																
		17e id. id.	5	87	101	1.680	1.781	57	1.738	1.816	481	125	35	35	676	1.078	64	1.142		
		19e id. id.	0	92																
		20e id. id.	9	130																
		3e id.: 3e, 6e, 8e cuirassiers	4	92																
		3e, 7e, 11e, 19e, 23e, 24e et 25e chasseurs	7	190																
		7e, 8e hussards, 18e dragons	7	105																
		9e régiment de lanciers polonais	31	413																
ARTILLERIE. Le général de brigade Lepin.	Le colonel Chapelle, chef d'état-major	État-major de l'artillerie	21	15																
		Artillerie à pied française: 5e régiment, 4e, 5e, 9e, 10e, 19e Cies	13	134																
		7e — 7e, 12e, 17e, 22e id.	10	311																
		8e — 21e id.	2	90																
		9e — 6e, 18e id.	6	136																
		Pontonniers, 2e bataillon, 2e, 3e, 4e, 5e, 6e Cies	9	164																
		Ouvriers, 6e compagnie	4	81																
		Armuriers, 3e compagnie	2	33																
		Train d'artillerie, 7e, 11e, 12e bataillons principaux, 1er, 9e, 11e bis	2	219	99	2.237	2.334	61	2.445	895	589	78	1	67	735	1.615	55	1.670		Tous les déserteurs sont des étrangers, la majeure partie des Allemands.
		Bavarois, 2e compagnie	3	70																
		Wurtembergeois, 5e compagnie	2	44																
		Saxons, 10e compagnie	4	89																
		Artillerie à pied polonaise, 1er régiment, 6e, 16e Cies	6	170																
		id. à cheval, 1er id. 4e id.	4	131																
		Artillerie régimentaire, celle du 29e de ligne et des 5 régiments de la 7e division	11	341																
		Ouvriers des poudres	»	3																
GÉNIE. Le général de division De Campredon.	Le colonel Richemont, directeur des fortifications	État-major du génie	42	39																
		Mineurs, 1er bataillon, 2e compagnie	1	93																
		Sapeurs, 2e id. 4e id.	5	191	56	944	1.000	80	1.080	67	215	31	2	102	350	696	34	730		Tous les déserteurs sont des pionniers espagnols.
		id. polonais	3	98																
		Bataillon de pionniers espagnols	5	558																
MARINE. Le contre-amiral Dumanoir.	Le capitaine de frégate Rousseau, chef militaire	État-major de la marine	6	»																
		Équipages de flottille: 4e équipage	12	100																
		17e id.	11	198	50	690	740	109	849	97	317	33	3	46	399	404	46	450		
		Ouvriers de la marine: Bataillon du Danube	6	58																
		Bataillon de l'Escaut	15	332																
TRAIN DES ÉQUIPAGES		Parc de construction	3	115	4	258	262	3	265	21	99	5	»	30	134	119	12	131		Ces hommes, presque tous du pays et de la Prusse, étaient chargés de faire aller les moulins à manège. Il y a eu par ici une défection entière.
		2e Compagnie d'ouvriers	1	143																
DOUANES (françaises)	Bonneville, directeur	Les douaniers furent organisés en bataillon et firent le service d'infanterie	13	155	13	155	168	30	198	5	57	3	16	62	138	47	13	60		Idem. Il n'est resté que les Français.
ADMINISTRATION	Reybaud, sous-inspecteur aux revues. Barthomeuf, ordonnateur.		»	»	»	»	482	2	484	49	79	0	»	5	90	382	9	391		Presque tous les morts sont des officiers de santé, victimes de leur zèle; les employés disponibles furent armés et formèrent le 2e bataillon du régiment provisoire du roi de Rome, organisé pendant ce siège. (Voyez le texte.)
DÉPOT		Il n'y avait que des hommes incapables de faire aucun service actif; la plupart hommes gelés dans la retraite de Moscou	»	»	»	»	88	1.519	1.607	»	1.219	33	»	»	1.252	312	43	355		Ils étaient employés au service des moulins à manège et à la garde des magasins de vivres.
			1.350	28.095	1.350	28.095	30.045	5.919	35.934	3.656	15.736	1.996	613	1.017	19.328	15.348	1.206	16.532		

Il ne restait, à tous les corps de la garnison, Cavalerie, Artillerie, Génie, Transports, etc., et pour l'approvisionnement de la boucherie, que 200 chevaux. On en a mangé ou perdu pendant le siège 2.036, non compris ceux mis en réquisition chez les habitants.

Lors de la capitulation, le 29 novembre, la garnison se composait de :

Sujets français	8.889
Polonais	3.626
Allemands et Espagnols	2.371
Napolitains	1.676
	16.532

Dont 1.200 hommes aux hôpitaux et environ 600 éclopées.

Le 20 décembre, la garnison étant répartie en quatre colonnes de marche conformément à l'article X de la capitulation, se trouva réduite, après le départ des troupes dont les princes s'étaient déclarés contre la France et des gens du pays qui avaient été enrôlés, à peu près à :

Sujets français	8.400
Polonais	3.500
Espagnols	400
Westphaliens	300
Napolitains	1.600
	14.400

En vertu de la seconde capitulation, les Polonais et les Westphaliens retournèrent dans leur pays; et le 2 janvier 1814, les Espagnols, les Brabançons, les Hollandais et tous les sujets français de Hambourg, de Brême, etc., ayant abandonné la garnison à sa sortie de la place, elle ne se trouva plus composée que de { Français 6.400, Napolitains 1.600 } dont 1.400 malades ou éclopés restèrent à Dantzig, savoir : 1.200 Français et 300 Napolitains.

Enfin à Thorn, les Napolitains reçurent ordre de rétrograder, en sorte qu'il n'alla en Russie que les Français, au nombre de 5.200.

(1) Extrait de la *Relation de la Défense de Dantzig en 1813*, du capitaine d'Artois.

A L... LIBRAIRIE :

Correspondance militaire de Napoléon Ier, extraite de la Correspondance générale, publiée par ordre du ministre de la guerre. Dix vol. in-18. Prix de chaque vol. . . . . 3 fr. 50

Correspondance du maréchal Davout, prince d'Eckmühl. Ses commandements, son ministère (1801-1815), avec introduction et notes, par Ch. DE MAZADE, de l'Académie française. Quatre volumes in-8°. Prix. . . . . 30 fr.

Waterloo. Étude de la campagne de 1815, par le lieutenant-colonel prince Édouard DE LA TOUR D'AUVERGNE. Un vol in-8°, avec cartes et plans. Prix. 8 fr.

Histoire de la Restauration, par M. C. DARESTE, ancien recteur des Académies de Nancy et de Lyon. Deux vol. in-8°. 15 fr.

Souvenirs sur l'Émigration, l'Empire et la Restauration, par le comte DE PUYMAIGRE, publiés par le fils de l'auteur. Un vol. in-8°. Prix. 7 fr. 50

Correspondance inédite du prince de Talleyrand et du roi Louis XVIII pendant le Congrès de Vienne, publiée sur les manuscrits conservés au Dépôt des affaires étrangères, avec préface, éclaircissements et notes, par G. PALLAIN. 3e *édition*. Un vol. in-8°. Prix. 9 fr.

(*Couronné par l'Académie française, prix Bordin.*)

L'Europe militaire et diplomatique au dix-neuvième siècle (1815-1884), par Frédérick NOLTE. Quatre vol. in-8°. Prix. . . 30 fr.

La Conquête d'Alger, par Camille ROUSSET, de l'Académie française. 2e *édition*. Un vol. in-18. Prix. . . . . 4 fr.

Les Commencements d'une conquête : **L'Algérie de 1830 à 1840**, par Camille ROUSSET, de l'Académie française. Deux vol. in-8°, avec atlas. Prix. . . . . 20 fr.

Considérations sur le système défensif de Paris, par M. FERRON, chef de bataillon du génie. Un vol. in-8°, avec une carte des environs de Paris. Prix. . . . . 2 fr. 50

La Guerre de France (1870-1871), par M. Ch. DE MAZADE. Deux vol. in-8°, avec carte. Prix. . . . . 16 fr.

PARIS. TYP. DE E. PLON, NOURRIT ET Cie, RUE GARANCIÈRE, 8.

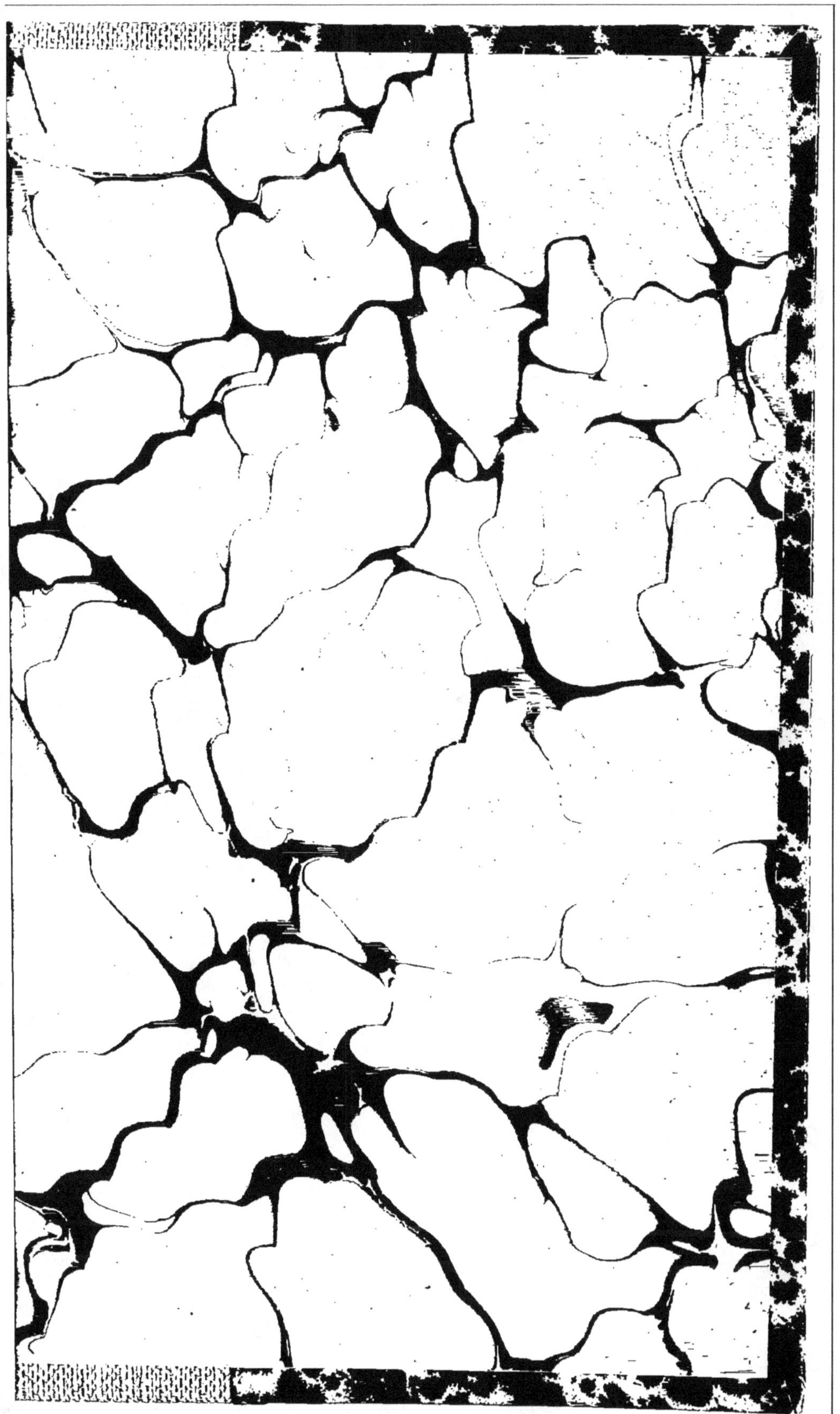

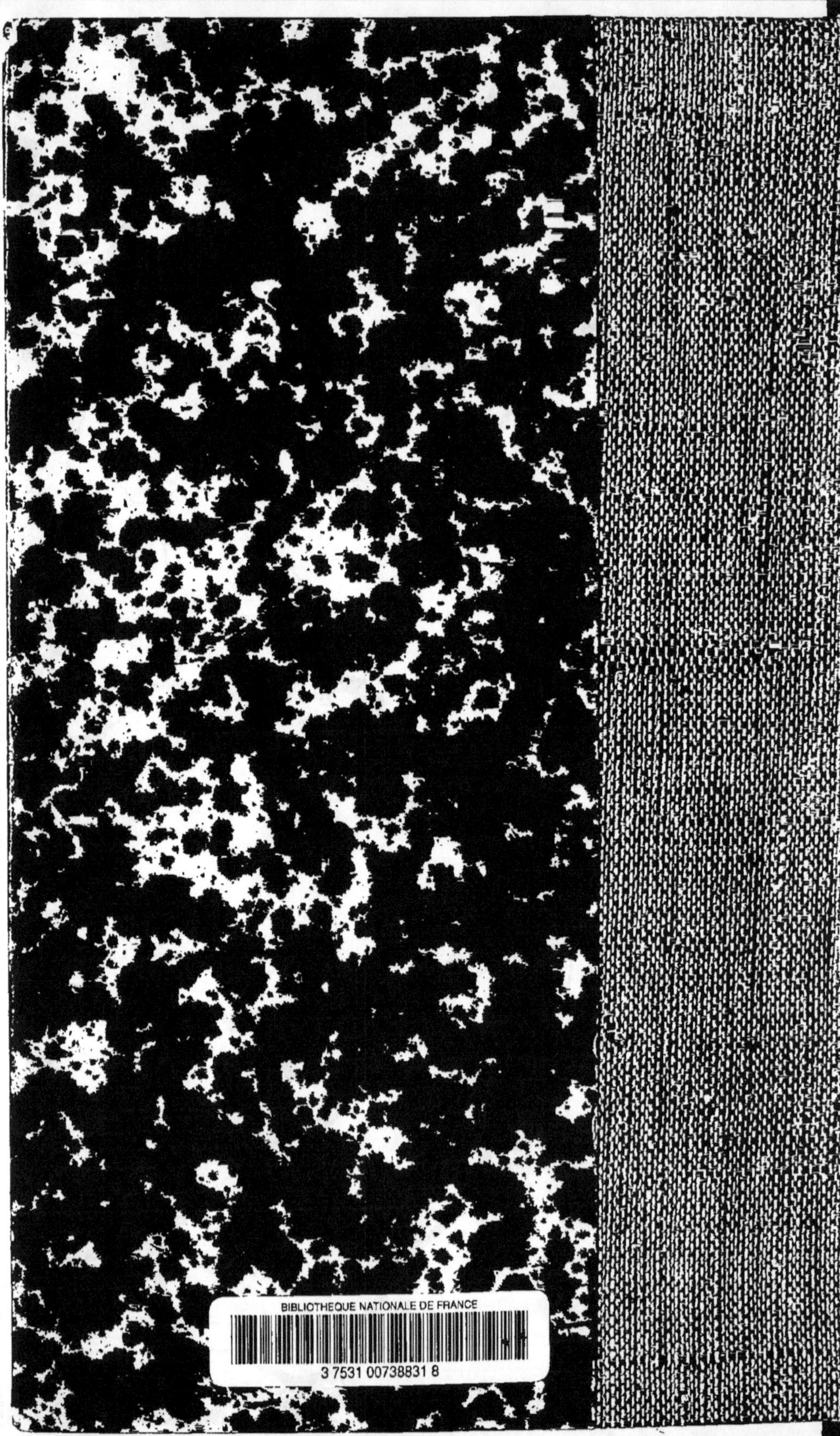

www.ingramcontent.com/pod-product-compliance
Lightning Source LLC
Chambersburg PA
CBHW072004150426
43194CB00008B/995

* 9 7 8 2 0 1 9 5 5 5 9 6 2 *